Gewidmet
meiner Frau als geduldigen Lektorin
und meinen Kindern
als ein Zugang zur Geschichte ihrer Heimat

Wilhelm Sager

Heere zwischen den Meeren

Heeres- und Kriegsgeschichte Schleswig-Holsteins

Husum

Umschlagbild: Entwurf Jan Christoph Sager
Abbildungen: Schlacht bei Bornhöved 1227
Ritter im 16. Jahrhundert bei der Einnahme Meldorfs
Die Schlacht bei Idstedt am 25. Juli 1850 auf einem
Neuruppiner Bilderbogen
Kampfpanzer Leopard 1A5

Bibliografische Information Der Deutschen Bibliothek

Die Deutsche Bibliothek verzeichnet diese Publikation in der Deutschen Nationalbibliografie; detaillierte bibliografische Daten sind im Internet über http://dnb.ddb.de abrufbar.

Satz: Fotosatz Husum GmbH
Druck und Verarbeitung: Husum Druck- und Verlagsgesellschaft
Postfach 1480, D-25804 Husum – www.verlagsgruppe.de

ISBN 3-89876-113-4

Landbrücke nach Norden

Schon in sehr früher Zeit übt Schleswig-Holstein, die „Cimbrische Halbinsel“, eine große Anziehungskraft auf benachbarte Völker und Stämme aus, und immer wieder kommt es zu Kämpfen um den Besitz dieser Landbrücke nach Norden.

Im 8. Jahrhundert ist das Gebiet von Dänen, Jüten, Friesen und Sachsen bewohnt und im Südosten siedeln die Slawen, von denen der Teilstamm der Polaben im Lauenburgischen und der der Wagrier in Ostholstein beheimatet ist.

Unter Karl dem Großen (768–814) dringen die Franken von Süden über die Elbe nach Holstein, Stormarn und Dithmarschen vor und 798 kommt es bei Bornhöved zur Schlacht auf dem Sventanafeld (Schwentinefeld). Die nordelbischen Sachsen werden von den Bundesgenossen Karls, den Abotriten, geschlagen, und die Sachsengaue werden in das Frankenreich eingegliedert. In der Realität bedeutet das aber wohl nicht viel mehr, als dass Teile eines nach Norden nicht klar begrenzten Gebietes in das Frankenreich einbezogen werden.

Die Grenzzone zwischen den sächsischen Gauen Stormarn, Holstein und Dithmarschen und den Siedlungsgebieten der Slawen bildet der so genannte „limes saxoniae“. In dieser weitgehend unbesiedelten, von ausgedehnten Mooren, Sümpfen und Urwäldern geprägten Ödlandzone, die sich von der Elbe bei Lauenburg über Segeberg bis an die Kieler Förde zieht, sind wohl vor allem die natürlichen Hindernisse von abgrenzendem und schützendem Wert gewesen. Zum Teil werden aber auch Burgen als Verstärkungen errichtet, und besonders auf der östlichen Seite dieser Grenzlinie entsteht seit dem 8. Jahrhundert ein tief gestaffeltes slawisches Burgensystem. Auch die Franken errichten erste Befestigungswerke, so die Hammaburg an der Alster (804) oder an der Stör die Burg Esefeld (um 810). Die Dänen wiederum haben bereits im 8. Jahrhundert damit begonnen, ihren Bereich nach Süden durch den Bau des Danewerks zwischen Schlei und Treene abzusichern, und sie erweitern und verstärken es bis zum Ende des 12. Jahrhunderts immer wieder.

Im Jahre 811, nach Auseinandersetzungen Karls des Großen mit den nördlichen Nachbarn, kommt es zum Friedensschluss, und die Eider wird als nördliche Grenze des fränkisch-deutschen Reichs festgeschrieben.

In den folgenden drei Jahrhunderten ist das Geschehen durch die Machtkämpfe zwischen Deutschen, Dänen und Slawen bestimmt, wobei insbesondere Haithabu im Zentrum der Auseinandersetzungen steht, bevor dieses Handelszentrum 1066 durch die Slawen zerstört wird.

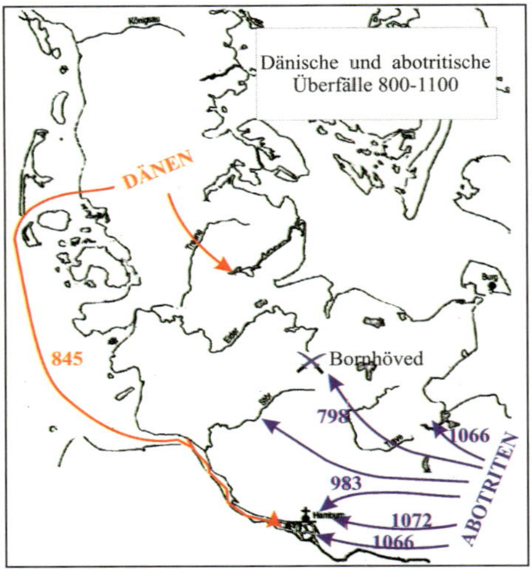

Abb. 1

Jetzt, am Beginn des 12. Jahrhunderts, zeichnen sich bereits kommende Probleme ab.

1111 wird Adolf von Schaumburg durch den Herzog von Sachsen, Lothar von Supplinburg, den späteren deutschen König und Kaiser, mit den Gauen Holstein und Stormarn belehnt, während nördlich der Eider der Königssohn Knud Laward die Sicherung des dänischen Reichs nach Süden übernimmt. Dennoch, in den folgenden Jahrhunderten bleiben die beiden Landesteile eng miteinander verbunden, und 1460 gibt der dänische König sogar das Versprechen, dass Schleswig und Holstein *„bliwen tosamende ungedeelt"*. Das aber wird schon bald unterhöhlt, als es nur 30 Jahre später bereits zur ersten Landesteilung kommt, und bei dieser Teilung sollte es nicht bleiben.

Über Jahrhunderte bleiben Schleswig und Holstein eng mit dem dänischen Staat verbunden und werden ab 1773 Teil des dänischen Gesamtstaates, bevor dieser mit dem Krieg von 1864 endet. Die vier Jahrhunderte dauernde enge Bindung an Dänemark hat zum einen immer wieder zu inneren Auseinandersetzungen um die Vormacht in den Herzogtümern geführt, zum anderen hat diese Bindung aber auch maßgeblich dazu beigetragen, dass Schleswig-Holstein immer wieder zum Teil- oder Gesamtkriegsschauplatz für Auseinandersetzungen wurde, die ihre Ursachen nur in den seltensten Fällen im eigenen Lande hatten. Vielmehr wurden hier Konflikte ausgetragen, bei denen es immer wieder um die Vorherrschaft im Ostseeraum insgesamt ging.

In der Mitte des 19. Jahrhunderts versuchen die Schleswig-Holsteiner dann die Selbständigkeit zu erlangen, aber in entscheidenden Entwicklungen werden sie alleine gelassen. Alle militärischen Anstrengungen, wie beachtlich sie auch sein mögen, sind vergebens. Das kleine Land wird zum Spielball größerer Mächte. Bismarck verfolgt seine eigenen Ziele in Bezug auf die Herzogtümer, und er hat Erfolg.

Mit der Eingliederung in den preußischen Staat und der Randlage im

Abb. 2: Frühe Siedlungsgebiete und Territorien Schleswig-Holsteins

späteren Deutschen Reich beginnen für Schleswig-Holstein „ruhigere" Zeiten. Die Kriege der zweiten Hälfte des 19. und die des 20. Jahrhunderts sehen Schleswig-Holstein nicht mehr als unmittelbaren Kriegsschauplatz.

Nach dem Zweiten Weltkrieg fällt Schleswig-Holstein zusammen mit Dänemark dann aber erneut eine größere strategische Bedeutung in der Sicherung der Ostseezugänge zu. Mit dem Wegfall des Ost-West-Konflikts und der Wandlung künftiger Kriegsbilder ist diese Bedeutung jedoch bereits wieder Geschichte.

Schleswig-Holstein liegt wieder am Rand. Aber das muss nicht immer von Nachteil sein.

Militärgeographische Kurzbeschreibung Schleswig-Holsteins

In einer militärlandeskundlichen Beschreibung aus dem Jahr 1991 heißt es u. a.:

„Schleswig-Holstein und Hamburg haben eine bedeutsame geostrategische Lage
- *als Flanke zu den Ostsee-Zugängen,*
- *als Brücke zwischen den Randmeeren Ostsee und Nordsee, die – bezogen auf die maritimen Abhängigkeiten Deutschlands – existenzwichtig sind,*
- *als Bindeglied im Rahmen der NATO-Nordflanke zu den NATO-Partnern Norwegen und Dänemark"* (TerrKdo S-H, Militärlandeskundliche Beschreibung, S. 1, Kiel 1991).

Diese Beurteilung erfolgte noch vor dem Hintergrund der politischen Lage, wie sie bis zum Ende der 80er Jahre des 20. Jahrhunderts gegeben war.

Aber auch in früheren Jahrhunderten war die Lage Schleswig-Holsteins von strategischer Bedeutung, lag es doch im Schnittpunkt vielfältiger Interessen und politischer Bestrebungen, die oftmals auch zu gewaltsamen Auseinandersetzungen geführt haben, wobei die Kriegführung auf dem Gebiet Schleswig-Holsteins immer stark durch die geographischen Bedingungen beeinflusst wurde.

In den Marschen an der Nordsee und entlang der Elbe wurden – und würden auch heute noch – durch ein dichtes Netz von Entwässerungsgräben, vielfach ungünstige Bodentragfähigkeit und letztlich fast völlig fehlende Deckungsmöglichkeiten größere militärische Entwicklungen stark eingeschränkt. Zusätzlich machten sich die Marschbewohner früherer Jahrhunderte im Notfall das Meer zum Verbündeten und öffneten Schleusen und Siele, um das Land zu überschwemmen und es so unpassierbar zu machen.

Auch entlang der immer wieder bis tief ins Land eingeschnittenen Ostseeküste sind der militärischen Entfaltung ebenfalls Grenzen gesetzt.

Lediglich der Mittelrücken der Geest hält diese naturgegebenen Einschränkungen nicht bereit, sodass die militärischen Auseinandersetzungen vergangener Jahrhunderte vorzugsweise in diesem Bereich des Landes ausgetragen wurden. Mit dem „Ochsenweg" oder „Hærvej" verlief in diesem Landschaftsabschnitt die zentrale, wahrscheinlich bis in das erste vorchristliche Jahrtausend zurückdatierbare Verkehrsader der cimbrischen Halbinsel als Bündel unbefestigter Sandpisten von Jütland bis an die Elbe. Ein Wegesystem, das besonders am Ende des Mittelalters und in den ersten Jahrhunderten der Neuzeit genutzt wurde, um das damals wichtige Exportgut Vieh zu den Fährplätzen Itzehoe und Wedel zu treiben.

Immer aber besaßen die Wege auch militärische Bedeutung. Nicht ohne Grund legten die Dänen das „Danewerk" an der schmalsten Stelle im Landesteil Schleswigs an, um sich so u. a. auch vor Einfällen zu schützen, die gerade auf dem Heerweg vorgetragen werden konnten. Ob im Dreißigjährigen Krieg, der Schleswig-Holstein durch den „Kaiserlichen Krieg" zwischen 1627 und 1629 in Mitleidenschaft zog, im Schwedisch-Dänischen Krieg zwischen 1643/44 oder im Dänisch-Schwedischen Krieg 1657–60, und auch in den Kriegen des 19. Jahrhunderts, immer wieder zogen fremde Heere auf diesem Weg nach Norden.

Der östliche Hauptweg, mit der größten militärischen Bedeutung, verlief etwa auf der Grenze zwischen Jungmoränen und Sander, während ein zweiter, westlicher Weg streckenweise dem westlichen Geestrand folgte. Abgesehen vom völlig unbefestigten Zustand der Wege, die im Sommer staubig und sandig, im Herbst und Winter morastig und fast unpassierbar waren, hielten die Wege auch ansonsten Probleme bereit. Insbesondere im Raum Rendsburg stellten Moor- und Sumpfniederungen an der Untereider und die Seenkette an der Obereider schwierige Hindernisse auf dem Weg nach Norden dar. Die beste Möglichkeit, die Eider zu überschreiten, bestand in dem Bereich, in dem eine Insel von beiden Flussarmen umflossen wurde. An dieser Stelle querten beide Wege den Fluss über eine Furt, später mittels einer Brücke.

Abb. 3

Von Rendsburg führte der Weg dann über Schleswig, Flensburg, Hadersleben nach Kolding. In Nordschleswig gab es noch Verbindungen nach Ripen und mehrere Übergangsstellen über die Königsau, bevor der Weg weiter ins nördliche Jütland führte.

Der Mittelrücken Schleswig-Holsteins, ebenso wie Ostholstein, hält neben zahlreichen Seen, vermoorten Niederungen und Waldflächen eine vom Menschen zu ganz anderen Zwecken als militärischen angelegte Behinderung bereit: die im Zuge der im 18. Jahrhundert durchgeführten „Verkoppelung“ angelegten Knicks. Diese mit hohem Buschwerk bestandenen Wälle von ca. einem Meter Höhe sind bis in die Gegenwart ein wichtiger Faktor in der militärischen Geländebeurteilung geblieben.

Eine Knicklandschaft, wie wir sie in Schleswig-Holstein vorfinden, begünstigt den Verteidiger, indem sie ihm Sichtschutz und Möglichkeiten zum Legen von Hinterhalten bietet. Der eigenen Entfaltung hingegen sind vielerlei Grenzen gesetzt. Das war in den vergangenen Jahrhunderten so, und das wäre bei konventioneller Kriegsführung auch heute weitgehend unverändert, da die Knicks für die Bewegungen mechanisierter Kräfte bedeutsame Hemmnisse darstellen.

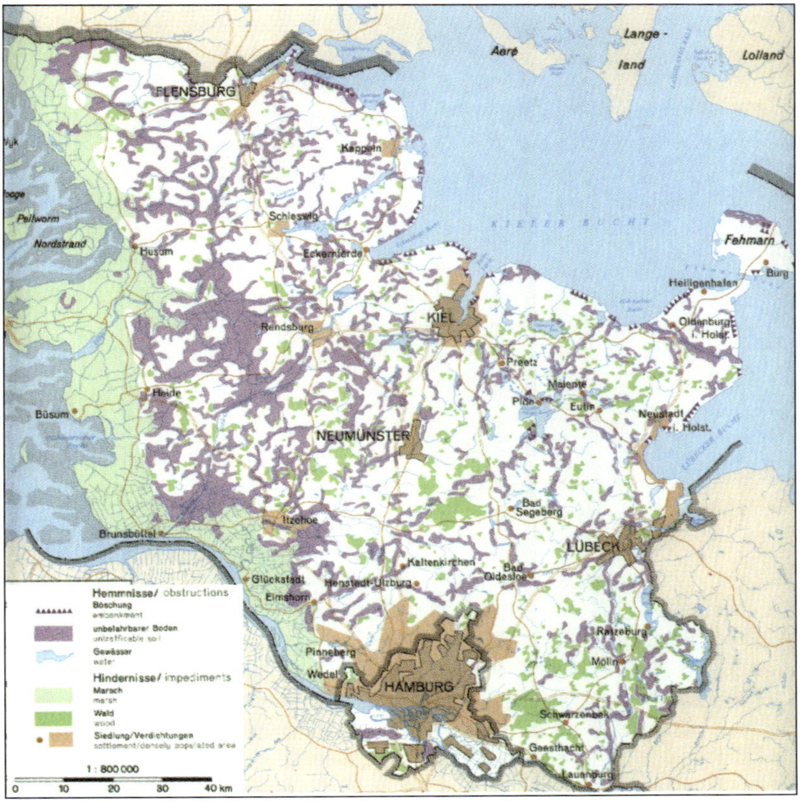

Abb. 4: Hemmende und hindernde Geländemerkmale Schleswig-Holsteins

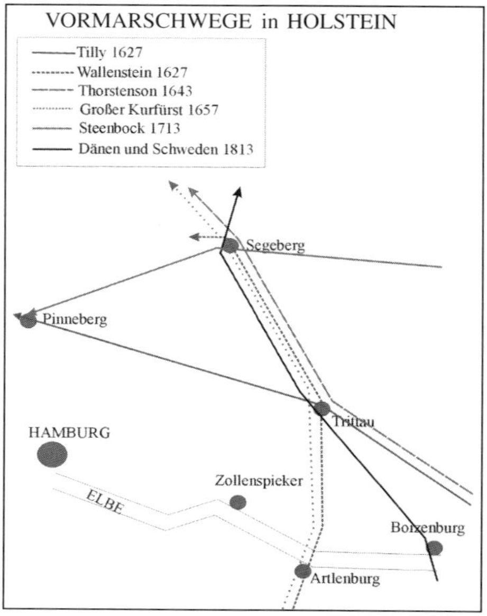

Abb. 5

Die großen natürlichen Grenzen, Ostsee, Nordsee und Elbe, waren in der Vergangenheit ein guter Schutz des Landes.

Über die Nordsee sind in den vergangenen Jahrhunderten nie fremde Heere ins Land gekommen. Landungen von der Ostsee her sind nur von Dänemark ausgegangen, und im Dreißigjährigen Krieg einmal von der mecklenburgischen Insel Poel aus zur Unterstützung der Dänen gegen die kaiserlichen Heere.

Die Elbe schließlich bildete den dritten „Festungsgraben“, über den starke feindliche Heere nur schwer übersetzen konnten. Lediglich um Hamburg waren die Stromverhältnisse so, dass Brücken über die Elbe geschlagen werden konnten. Allerdings wahrte Hamburg in den Auseinandersetzungen bis in die Mitte des 19. Jahrhunderts meist Neutralität oder es war mit den Herrschern Schleswig-Holsteins verbündet.

Nach Norden schließlich bildete die Königsau über mehrere Jahrhunderte nicht die Grenze zwischen Ländern, sondern lediglich zwischen Gebieten, die der gleichen Herrschaft unterstanden. Das änderte sich erst in der zweiten Hälfte des 19. Jahrhunderts.

Neben den bereits erwähnten Seen haben insbesondere die Eider, die Treene, die Stör und die Schlei heute wie schon in vergangenen Jahrhunderten eine bedeutende hemmende oder auch hindernde Wirkung. Auch der zum Ende des 19. Jahrhunderts ausgebaute Elbe-Lübeck-Kanal und der 1887–1895 gebaute Kaiser-Wilhelm-Kanal (Nord-Ostsee-Kanal) besitzen ebenfalls erhebliche Sperrwirkung. Der Elbe-Lübeck-Kanal zusätzlich durch die Tatsache, dass sein Südabschnitt über dem allgemeinen Geländeniveau liegt und seine Zerstörung zu zeitweiliger Überflutung großer Geländeabschnitte führen würde.

Das „Einfallstor“ nach Schleswig-Holstein lag im südöstlichen Teil, im Lauenburgischen und in einem Teil Stormarns. Auch hier wurden Bewegungen fremder Heere noch eingeengt, da sich Lübeck häufig aus den Auseinandersetzungen herauszuhalten verstand und sich von Durchmärschen freihielt.

Was die Zeit des „Kalten Krieges" betrifft, so kam Schleswig-Holstein zusammen mit den dänischen Inseln wegen der Beherrschung der Ostseezugänge besondere Bedeutung zu. Die Aufmerksamkeit der Militärs im 20. Jahrhundert galt bei der Beurteilung des Geländes insbesondere den Abschnitten entlang der ehemaligen „innerdeutschen Grenze" – also wie in früheren Jahrhunderten auch den Bereichen im Lauenburgischen. Darüber hinaus galten aber auch im Bereich der Ostsee die Flachküstenabschnitte der Lübecker und Hohwachter Bucht als Bereiche, in denen Anlandungen von Truppen des Warschauer Pakts denkbar gewesen wären.

Frühe Wehrbauten in Schleswig-Holstein

Danewerk

Die nur rund sieben Kilometer breite Landenge zwischen Schlei und der in früheren Jahrhunderten nahezu unpassierbaren Treene-Eider-Niederung besaß eine strategische Schlüsselposition in Bezug auf den Zugang nach Jütland. Zusätzlich gewann die Region mit dem Aufstieg Haithabus immer mehr an wirtschaftlicher Bedeutung.

Die schon früh gereifte Erkenntnis dänischer Könige, dass hier potenziell militärische Bedrohungen liegen könnten, veranlasste sie bereits im

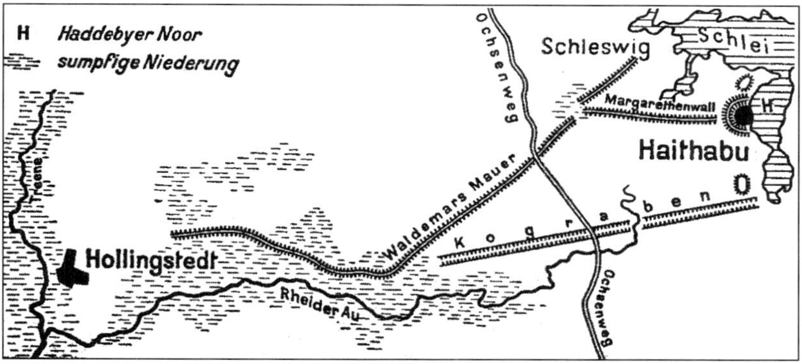

Abb. 6: Das Danewerk

Abb. 7: Ausbauphasen des Danewerks

8. Jahrhundert, den Bau von Befestigungsanlagen, dem so genannten „Danewerk“, zum Schutz der dänischen Südgrenze in Angriff zu nehmen. Bis ins 19. Jahrhundert hinein nahm diese immer wieder erweiterte und modernisierte Befestigungsanlage eine wichtige Position in der dänischen Verteidigungskonzeption ein. Selbst im 20. Jahrhundert meinte man, die alten Anlagen noch nutzen zu können, als es verzweifelt anmutende Pläne deutscher Militärs gab, im Bereich des „Danewerks“ zusätzliche Panzergräben anzulegen, um so zu retten, was nicht mehr zu retten war.

Nach heutigen Erkenntnissen unterscheidet man beim Ausbau des Danewerks fünf wesentliche Bauphasen, mit denen wohl bereits um 737 n. Chr. begonnen wurde, als zunächst der Haupt- und Nordwall als ca. zwei Meter hohe und an der Sohle etwa zwölf Meter breite Erdwälle aufgeschüttet wurden. Wo es insbesondere im Bereich der Rheider Au wegen des moorigen Untergrundes erforderlich war, wurde der Wall auf Holzkonstruktionen gegründet. Zur zusätzlichen Sicherung befand sich auf der Wallkrone eine Holzpalisade. Darüber hinaus wurde in dieser Zeit wohl auch der weiter östlich auf der Halbinsel Schwansen gelegene Ostwall gebaut. Vermutlich im 9. oder 10. Jahrhundert, jedoch bisher nicht genau datierbar, wurde der so genannte „Kograben“ als gerader Wall zwischen Selker Noor und den Niederungen der Rheider Au errichtet. Der

Wall, etwa zwei Meter hoch und mit einer Holzpalisade versehen, war zusätzlich durch einen rund drei Meter tiefen Spitzgraben gesichert. In einem dritten Bauabschnitt wurde der Hauptwall weiter ausgebaut und auf eine Höhe von ungefähr fünf Metern gebracht. Nach Westen wurde der Krummwall und nach Osten der Verbindungswall als Flankensicherung errichtet. Der Verbindungswall schloss damit die Lücke zwischen dem etwa im 10. Jahrhundert angelegten halbkreisförmigen Wall um die Siedlung Haithabu und dem Hauptwall.

Die Wallanlagen zur Sicherung Haithabus erreichten in ihrem Endausbau die stattliche Höhe von rund sieben Metern. Angenommen wird, dass sich auf der Krone dieses Walles Wehrgänge befanden. Zusätzlich gesichert wurde Haithabu vermutlich in der zweiten Hälfte des 10. Jahrhunderts nach Südwesten durch ein gestaffeltes System von Hindernissen in Form von Wällen und Gräben. Später, vermutlich im 12. Jahrhundert, wurde das „Danewerk" im Bereich des Heerweges durch den Bau der „Thyraburg", einer Turmhügelburg, weiter verstärkt. Darüber hinaus wurde die Befestigungsanlage zunächst durch eine etwa drei Meter hohe Feldsteinmauer und ab der zweiten Hälfte des 12. Jahrhunderts durch eine bis zu sieben Meter hohe Backsteinmauer gesichert.

Burgen und Wallanlagen

Burgen sind entstanden aus der Fortentwicklung römischer Befestigungswerke sowie aus den germanischen und keltischen Zufluchtsstätten (Refugien). Mit einer Burg verbindet man heute in der Regel die Vorstellung von großen, massiven Wehrbauten, wie man sie beispielsweise von Rhein und Mosel kennt. Ein diesen Vorstellungen ähnliches Bauwerk gab es in Schleswig-Holstein nur an einer Stelle, nämlich auf dem Segeberger Kalkberg; denn nur hier fand sich ein für die Anlage einer Höhenburg geeigneter und das Gelände beherrschender Platz. Als Burg aber bezeichnete man in Schleswig-Holstein ursprünglich alle durch Pfahlwerke und Wälle, später auch durch Gräben und Mauern befestigten Plätze. Die frühesten Befestigungswerke/Burgen waren dann auch Ringwallanlagen, die meist einen mittleren Durchmesser von 70–100 m hatten. Für den Bau der Anlagen wählte man möglichst unzugängliche Geländeabschnitte und – wo immer es möglich war – lehnte man die Befestigungen an natürliche Hindernisse wie Gewässer, Sumpfgebiete oder Steilhänge an. In solchen Fällen genügten dann oft nur Abschnittswälle. Verstärkt wurden die Anlagen durch Gräben, Palisaden und Vorwälle. Inselburgen wie in Warder (bei Segeberg) oder Plön und Eutin kamen

Abb. 8: Modell des slawischen Starigard/Oldenburg um 800 n. Chr

zumeist mit schwächeren Wällen und Uferpalisaden aus. Eine der größeren Anlagen (mit einer Ausdehnung von etwa 250 x 150 m) war die Burganlage von Oldenburg (wendisch: Starigard), die auf einer natürlichen Erhöhung im Niederungsgebiet des Oldenburger Grabens angelegt wurde und so nach drei Seiten natürlichen Schutz bot. Ohnehin ist insbesondere in Ostholstein eine relativ hohe Zahl derartiger Wallanlagen bekannt. Westlich des Limes Saxoniae, im Sächsischen, sind dagegen viel weniger Burganlagen nachgewiesen. So die Kaaks- und Bökelburg aus dem 8. Jahrhundert und die etwas jüngere Stellaburg. Als strategisch wichtige Anlagen gelten die in Zusammenhang mit dem Übergang über die Elbe angelegten Befestigungen von Esefeld (Itzehoe), von denen man aus dem vergleichsweise geringen Fundmaterial geschlossen hat, dass diese Anlagen wohl nur in Zeiten drohender Angriffe besetzt waren.

Viele dieser mittelalterlichen Anlagen waren oft nicht mehr als eine Ansammlung von dicht beieinander stehenden Gebäuden, oft auch nur ein als Wohnung und zur Verteidigung dienender Turm. Waren keine natürlichen Erhebungen vorhanden, wurden die Anlagen auf künstlichen Hügeln errichtet und durch Palisaden und Wassergraben geschützt. Die Zugangswege wurden oft absichtlich in schlechtem Zustand gehalten und möglichst so geführt, dass potenzielle Angreifer immer im Schussfeld der Verteidiger blieben. Besonders bei den in Schleswig-Holstein vorwiegend in flachem Gelände angelegten Wehranlagen war es bedeutend, die Anlagen nicht zu groß werden zu lassen, damit die Besatzungen sie möglichst nach allen Seiten effektiv verteidigen konnten. Kreis oder ggf. auch quadratische Anlagen waren daher im 10. und 11. Jahrhundert die bevorzugten Grundrisse.

Heeresbewaffnung im Mittelalter

Für die Krieger des Mittelalters waren Schwerter, Kurzschwerter, Äxte, Lanzen, Speere, Pfeil und Bogen und Krähenfüße die wichtigsten Waffen. Schwerter jedoch wurden fast ausnahmslos von Königen, Fürsten, Adligen und sehr wohlhabenden Männern geführt.

Schon zur Zeit der Wikinger waren die Klingen der Schwerter damasziert, d. h., die Klingen wurden aus einer Verbindung von Eisen und Stahl geschmiedet und erhielten so zum einen Härte und zum anderen Elastizität. Die besten Klingen waren fränkischen Ursprungs, und um diesen Vorsprung in der Waffentechnologie zu wahren, erließ der fränkische König Karl der Kahle sogar ein Ausfuhrverbot. Aber genau wie heute fanden Waffenhändler genügend Wege, um das Embargo zu unterlaufen.

Neben den als Nahkampfwaffen eingesetzten einschneidigen Kurzschwertern war das Fußvolk oft mit Streitäxten bewaffnet. Häufigste Waffe war jedoch der Speer, der als Wurf-, Hieb- und Stoßwaffe eingesetzt werden konnte. Ebenso ließ er sich in der Abwehr von Schwert- und Axthieben gut nutzen. Im günstigsten Fall war es sogar möglich, mit dieser Waffe die Kettenhemden zu durchstoßen und sie damit zur „panzerbrechenden“ Waffe zu machen.

Als „Fernwaffe“ nutzte man Bogen, die aus Ulmen- oder Eibenholz gefertigt wurden, wobei Eibenbogen wegen ihrer großen Elastizität die weitaus besten Bogen waren, mit denen Schussweiten bis zu ca. 200 m erreicht werden konnten. Auch diese Waffen konnten bei Einsatz der richtigen Pfeile zum Teil „panzerbrechende“ Wirkung erzielen.

Um erwartete Reiterangriffe abzuwehren, bediente man sich der so genannten Krähenfüße, die man im angriffsgefährdeten Gelände ausstreute in der Hoffnung, dass die Pferde sich daran die Hufe verletzten.

Die politischen Verhältnisse im Hochmittelalter

Im 12. Jahrhundert (1115) wurde nördlich der Eider der Königssohn Knud Laward als Herzog eingesetzt. Mit ihm nahm eine Entwicklung ihren Ausgang, die zu einer Sonderstellung Schleswigs im dänischen Reich führen sollte.

Im wendischen Teil des Landes hatte in der Mitte des 11. Jahrhunderts (1066) der Abotritenfürst Kruto die Macht, die ihm jedoch schon 1093 in einer Schlacht auf der Schmilauer Heide bei Ratzeburg von Heinrich, einem Sohn des 1066 ermordeten Fürsten Gottschalk, wieder entrissen wurde. Kurz nach Heinrichs Tod, 1127, wurden seine beiden Söhne ermordet, sodass das Abotritenreich ohne Herrscher war.

Diese Situation nutzte der Herzog von Sachsen und deutsche König, Lothar, und erreichte, dass Knud Laward, der Herzog in Schleswig, von den Abotriten zu ihrem König gewählt wurde. 1131 jedoch wurde Knud auf einer Jagd in Dänemark durch seinen Vetter ermordet, weil dieser sich seine Anwartschaft auf den dänischen Thron sichern wollte. Nach Knuds Tod wurde die Macht im Gebiet der Abotriten unter zwei entschiedenen Gegnern der Christianisierung geteilt. Pribislav übernahm Wagrien und Polabien, Nicklod herrschte über Mecklenburg.

Wie Lothar bereits Einfluss auf die Herrschaftsfolge im Abotritenreich genommen hatte, so entschied er auch über die Machtverhältnisse westlich des „limes saxoniae“. Mit der Einsetzung Adolf von Schauenburgs als Grafen in Holstein und Stormarn im Jahr 1111 stellte er die Weichen in diesem Teil des Reichs neu.

Von Bedeutung ist dann wieder das Jahr 1134, als der Bremer Domherr Vicelin den deutschen Kaiser von der Wichtigkeit der Wendenmission überzeugte. Er schlug dem Kaiser vor, zu diesem Zweck eine Burg anzulegen, für die er auch schon den aus seiner Sicht richtigen Standort anbieten konnte.

EXKURS: Die Siegesburg im Zentrum der Vormarschstraßen

Aus der holsteinischen Landschaft ragte der „Alberg“ in vergangenen Jahrhunderten als nackter Felsblock hervor, noch 20 Meter höher als heute. Dieser Berg war die beherrschende Höhe der Region. Er lag im Grenzbereich des „Limes Saxoniae“, westlich des breiten, versumpften und zum Teil tief eingeschnittenen Travetals, das ein natürliches Hindernis zwischen den Gauen Holstein und Stormarn auf der westlichen und den Wagriern und Polaben auf der östlichen Seite bildete. Die westlich der Stadt gelegene Furt bildete von alters her den natürlichen Übergang über die Trave und konnte als Einfallstor in das Flachland des holsteinischen Mittelrückens genutzt werden, wie es Anfang des 11. Jahrhunderts geschah, als hier die Wenden durchzogen und später, 1043 auf der Lürschauer Heide, durch die Dänen geschlagen wurden. Dieses Einfallstor konnte durch den Bau einer Burg auf dem anderthalb Kilometer ostwärts liegenden Berg hervorragend gesichert werden.

Kaiser Lothar ließ den Berg erkunden und soll nach dem Bericht Helmods von Bosau im Jahre 1131 persönlich vor Ort gewesen sein. Er muss von den Vorzügen der Lage überzeugt gewesen sein, denn er ordnete an, unverzüglich mit dem Bau einer Burg zu beginnen, für die ihm der Name „Siegesburg“ am treffendsten erschien.

Drei Jahre später überzeugte sich der Kaiser in Begleitung von Vicelin vom Fortschritt des Burgbaus, und Helmold berichtet über ein Gespräch am Rande des Besuchs, das zwischen den Wendenfürsten Pribislav und Nicklod stattgefunden haben soll: *„Siehst du diesen festen und emporragenden Bau? Siehe, ich prophezeihe dir, diese Burg wird eine Zwingburg für das ganze Land. Denn von hier ausrückend werden sie zuerst Plune überwältigen, dann Aldenburg und Lubeke; darnach werden sie über die Traberna gehen und Racesburg und das ganze Land der Polaben erobern. Aber auch das Land der Obotriten wird ihren Händen nicht entgehen.“ Der andere antwortete: „Wer hat uns dieses Unglück bereitet und dem König diesen Berg verraten?“ Da erwiderte der Fürst: „Siehst du den kleinen Mann mit dem kahlen Haupte, der dort beim König steht? Der hat dieses ganze Unglück über uns gebracht“* (zitiert nach: Heine, Hrsg., Helmold, Chronik der Slaven, S. 162 f., Kettwig 1990).

Die Burg wurde fertig gestellt und am Fuß des Berges ließ der Kaiser eine Kirche und später auch ein Kloster errichten, von wo aus unter Führung Vicelins die Missionierung in Angriff genommen wurde.

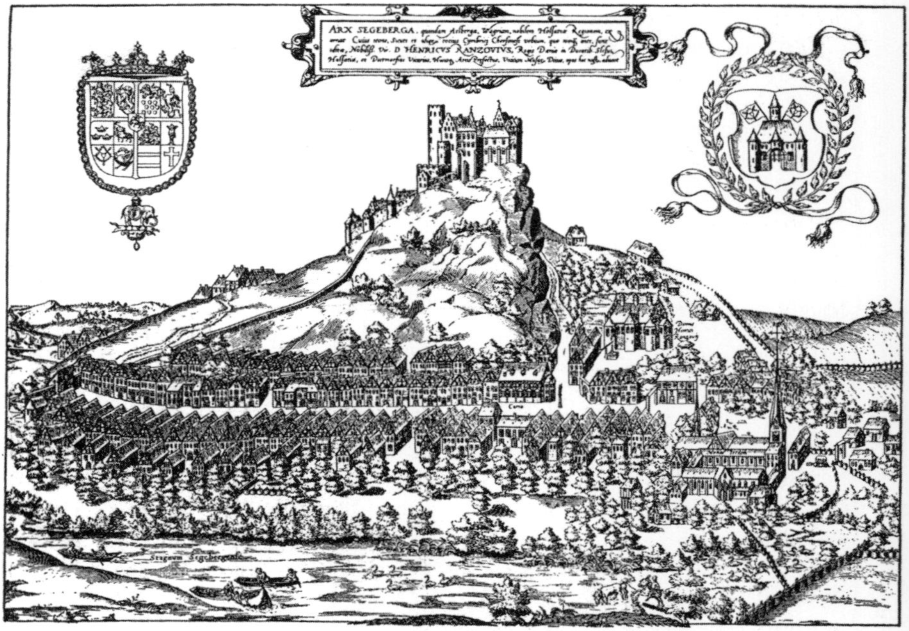

Abb. 9: Die Siegesburg Ende des 16. Jahrhunderts. Kupferstich von Braun und Hogenberg

Nach dem Tod Kaiser Lothars (1137) kam es zu Streitigkeiten um das Erbe. Das Herzogtum Sachsen, zu dem auch die Grafschaft Holstein gehörte, fiel an den Askanier Albrecht den Bären. Diese Zeit der inneren Auseinandersetzungen nutzten die Wenden aus, um in Raubzügen ihre Macht zu demonstrieren. Die junge Siedlung unterhalb der Burg ging in Flammen auf. Die verhasste Zwingburg widerstand den Angriffen, wurde aber Opfer der inneren Auseinandersetzungen zwischen Graf Adolf II. und Heinrich von Badewide, der, eingeschlossen auf der Burg, das Spiel verloren geben musste. Vor seinem endgültigen Abzug ließ er jedoch noch Feuer legen, das die Burg stark in Mitleidenschaft zog.

Graf Adolf II. ließ die Burg, die er zu seinem Wohnsitz machte, ebenso wieder aufbauen wie die Siedlung. Das Kloster wurde um 1140 weiter westlich, in Högersdorf, auf der „sicheren Seite“ der Trave neu errichtet, später aber nach Segeberg zurückverlegt. Bei der Verlegung, so alte

Schriftstücke, soll auch die Tatsache eine Rolle gespielt haben, dass das „laute Treiben des Marktfleckens der Geruhsamkeit der Chorherren abträglich“ gewesen sei.

Von Segeberg aus begann Adolf II. planmäßig mit der Kolonisation Wagriens, und schon bald war seine Machtposition über Holstein, Stormarn und Wagrien unangefochten.

Gegen Ende des 12. Jahrhunderts bewies sich, wie gut der Platz für den Bau einer Burg gewählt war. Heinrich der Löwe, über den Kaiser Barbarossa 1179/80 die Reichsacht verhängt hatte, nahm den Kampf um sein nordelbisches Lehen auf. Sein Versuch, im Zuge dieser Kämpfe die Segeberger Burg einzunehmen, schlug fehl und 1182 musste er ins Exil nach England gehen. Als er 1189/90 die Grafschaft erneut überfiel, um nochmals zu versuchen, die Herrschaft über Nordelbien zurückzuerobern, ließ er die Stadt belagern und ihm gelang die kurzzeitige Einschließung der Burg. Erfolg war Heinrich jedoch auch dieses Mal nicht beschieden.

Das Abtreten Heinrichs des Löwen von der politischen Bühne schuf zunächst ein Machtvakuum, das die Dänen zur Ausdehnung nach Nordelbien zu nutzen versuchten.

Wieder wurde Segeberg ein ganzes Jahr lang durch die Heere Waldemars belagert, bevor die Besatzung die Burg gegen freien Abzug übergab. Ein Vierteljahrhundert dauerte die „Dänenzeit“, bevor sie mit der Schlacht bei Bornhöved (1227) beendet wurde. Graf Adolf IV. konnte die Herrschaft erneut übernehmen. Für Segeberg begannen bessere Zeiten. Die Grafen nahmen ihren ständigen Wohnsitz auf der Burg, und nachdem sich im letzten Drittel des 13. Jahrhunderts mit Graf Adolf V., dem Friedfertigen, von der Kieler Linie der Schauenburger ein Seitenzweig abgespalten hatte, nannte man ihn auch den Grafen von Segeberg. Man sprach gar von der „Grafschaft Segeberg“, die sich von Bornhöved über Segeberg und Oldesloe bis an die Bille, Elbe und die Grenzen von Hamburg erstreckte.

Mit der Wahl des dänischen Königs Christian I. zum Landesherrn, 1460 in Ripen, fiel königlicher Glanz auf Segeberg. Wann immer der König in den Herzogtümern weilte, nahm er bevorzugt auf der Siegesburg Unterkunft. Aber nicht nur das, im „Blauen Turm“ der Burg wurde der Ripener Freiheitsbrief verwahrt, und Landtage wurden hier abgehalten. Die Bedeutung der Stadt im 15. und 16. Jahrhundert wird auch daran deutlich, dass bei der Teilung der Herzogtümer nach Christians I. Tod der königliche Besitz als „Segeberger Anteil“ bezeichnet wurde.

Die beiden Söhne Christians I., Johann und Friedrich, hatten Schleswig-Holstein untereinander aufgeteilt. Herzog Friedrich wählte den gottorfischen und König Johann erhielt den königlichen, den „Segeberger Anteil“.

Mitte des 16. Jahrhunderts, 1534, kam Segebergs vorläufiger Tiefpunkt. 1533, nach dem Tod Friedrichs III., versuchte die Stadt Lübeck unter Führung ihres Bürgermeisters Wullenweber auf die dänische Thronfolge Einfluss zu nehmen, um so die alte Machtstellung Lübecks zu sichern. Als Verbündete gewann Wullenweber die Grafen Christoph von Oldenburg und Johann von Hoya, nach denen die folgenden Auseinandersetzungen als „Grafenfehde“ (1534–36) in die Landesgeschichte eingingen. Im Zuge dieser Auseinandersetzungen hatten im Frühjahr 1534 unerwartet lübische Söldner unter Führung des Stadthauptmanns Marcus Meyer das Schloss Trittau erobert. Sie zogen weiter nach Norden, plünderten das Kloster Ahrensbök, brandschatzten Plön und wandten sich dann gegen Eutin. Diese kriegerischen Handlungen ließen auch in Segeberg die Alarmglocken schrillen. Zum einen unternahm man jetzt von Segeberg aus Streifzüge zur Störung und Behinderung des freien Warenverkehrs zwischen Lübeck und Hamburg, zum anderen rüstete man sich für einen möglichen Angriff der Lübecker gegen die Stadt. Bei diesen Vorbereitungen fügten sich die Verteidiger allerdings zunächst einmal selbst großen Schaden zu, als bei einem Probeschießen mehrere Pulverfässer in die Luft flogen und Teile der Burg zum Einsturz brachten. Zwei Wochen später, am 27. Mai 1534, erschienen die Lübecker, von Oldesloe kommend, dann tatsächlich vor den Toren der Stadt.

Wie zur damaligen Zeit üblich, hatten auch die Bürger Segebergs zur Sicherung der Burg beizutragen und im Notfall die Burgbesatzung zu verstärken. Sie waren verpflichtet, „*wachte tho holden up dem huse*“ (zitiert nach: March, Die mittelalterliche Wehrorganisation im Amt Segeberg, in: Heimatkundliches Jahrbuch des Kreises Segeberg, 1974, S. 65). So hatten sich, dieser Pflicht Folge leistend, die Bürger der Stadt schon frühzeitig in Erwartung eines Angriffs zur Verstärkung mit ihren Waffen auf der Burg eingefunden und setzten sich jetzt gegen die lübischen Angriffe tapfer zur Wehr. Der Versuch der Lübecker, die Burg hoch oben auf dem Berg zu stürmen, scheiterte kläglich. Endgültig besiegelt aber war das Schicksal der Lübecker, als die von Johann Rantzau geführte Streitmacht des schleswig-holsteinischen und dänischen Adels eintraf. Schon nach einer Woche, am 3. Juni 1534, sahen sich die Lübecker zum Abzug gezwungen. Aber sie nahmen Rache. Segeberg und die vorgelagerte Ortschaft Gieschenhagen wurden geplündert und weitgehend niedergebrannt. Drei Häuser in Segeberg und zwei Häuser in Gieschenhagen seien übrig geblieben, so eine Eintragung im Segeberger

Stadtbuch. Was aber mindestens genauso schlimm war, war die Tatsache, dass die Lübecker alle auf dem Rathaus gelagerten Privilegien, das Siegel und die Urkunden mit allen Gerechtigkeiten entweder mitnahmen oder verbrannten.

Es hat Jahre gedauert, bis sich die Stadt von diesem Schlag erholt hatte. Bis 1540 kam der Wiederaufbau nur sehr schleppend, danach aber recht zügig voran.

Mit dem Sohn Johann Rantzaus, Heinrich, begannen in Segeberg wieder bessere Zeiten. 1554, gerade 28-jährig, wurde Heinrich Rantzau zum königlichen Rat ernannt, ein Jahr später zum Amtmann von Segeberg und nach einem weiteren Jahr verwaltete er als Statthalter des Königs den königlichen Herrschaftsanteil. Rantzau wählte Segeberg zu seiner „Residenz". Er ließ die Burg als Amtssitz renovieren und erbaute sich einen Palast unterhalb der Burg, am Kleinen Segeberger See. Die Rantzausche Zeit ließ Segeberg für ein paar Jahrzehnte aufblühen, bevor mit dem Dreißigjährigen Krieg auch für Segeberg eine neue Leidenszeit begann. Das Schicksal nahm seinen Lauf, als der Dänenkönig Christian IV. (1588–1648) im Jahre 1621 auf der Siegesburg verschiedene norddeutsche protestantische Fürsten, unter ihnen der vertriebene König von Böhmen, sowie Gesandte aus England, Holland und Schweden empfing, um seine Kriegspläne gegen die „Kaiserlichen" zu erörtern. Man beschloss allerdings, zunächst noch keine kriegerischen Handlungen aufzunehmen, sondern lediglich ein Heer aufzustellen, um Niedersachsen zu unterstützen.

Für König Christian IV. waren die Weichen aber wohl schon anders gestellt.

Im Juni 1625 überquerte er mit seiner Streitmacht bei Haseldorf die Elbe und marschierte in den niedersächsischen Reichskreis ein. Bei Lutter am Barenberg endete der Feldzug am 27. August 1626 in einem Desaster.

Die Vergeltung für Christians Feldzug in Niedersachsen folgte ein Jahr später, im August 1627, als sich die Heere Tilly's und Wallensteins den Grenzen des Herzogtums Holstein näherten und bei Trittau auf holsteinisches Gebiet vordrangen.

Während Tilly gegen das feste Schloss Pinneberg vorging, zogen Wallensteins Truppen auf dem alten Heerweg über Oldesloe nach Segeberg, bevor sie sich nach Westen wandten.

Die Kaiserlichen stießen bei ihrem Vormarsch nicht auf nennenswerten Widerstand. Wie es um die eigenen Truppen zum Teil bestellt war, kann man beispielsweise einem Brief des Hauptmanns der Segeberger Kompanie vom 8. September an den Segeberger Amtmann Caspar von

Buchwald entnehmen, in dem er feststellt: „... *von den Mußqueten die sie haben seind unter Hundert kaum Zehen gut, auch hat keiner weder Pulver noch Lunden, so ich dan meine munition unter sie austheilen sollte, würde ich wenn es noth thete meinen soldaten ... nicht geben können, auch wissen sie sich nicht ins Gewehr zu schicken, derohalben, wenn es zum Treffen kommen sollte, ich nichts würde mit ihnen ausrichten können ...* " (zitiert nach: Schwettscher, Das Amt Segeberg während des 30-jährigen Krieges, in: Beilage zum Segeberger Kreis- und Tageblatt vom 13. 3. 1936).

Die Stadt wurde dann auch kampflos mitsamt der Burg den Kaiserlichen überlassen und blieb bis Juli 1629, noch über den Frieden von Lübeck (12./22. Mai 1629) hinaus, besetzt. Da sich die Besatzer aus dem Lande ernährten, kann man wohl davon ausgehen, dass in dieser Zeit Plünderungen an der Tagesordnung waren. Häuser allerdings sind in diesen Jahren durch Kriegseinwirkungen wohl nicht zerstört worden.

Schlimmer dürften die Jahre 1643 bis 1646 für die Stadt gewesen sein. Nachdem im August 1644 kaiserliche Truppen unter General Gallas zur Unterstützung Dänemarks in Holstein erschienen waren, zog der schwedische General Thorstenson seine Truppen zusammen und überquerte die Eider bei Rendsburg. Auf eine Schlacht, die Thorstenson suchte, ließ Gallas es aber noch nicht ankommen. Möglicherweise entschied das über Segebergs Schicksal. Thorstenson zog über Neumünster gegen Segeberg. Von hier aus hatten etwa 150 holsteinische Freischärler, die „Freien Knechte", auf eigene Faust ihren Kleinkrieg gegen die Schweden betrieben. Auf der Burg hatten sie immer wieder Unterschlupf nach ihren Streifzügen gegen die Schweden gefunden. Dafür mussten nicht nur die „Schnapphähne", wie die Freischärler genannt wurden, sondern die ganze Stadt teuer bezahlen. Eine Anzahl der „Freien Knechte" wurde von den Schweden ergriffen und grausam hingerichtet. Die Siegesburg ließ Thorstenson niederbrennen und auch die Stadt kam nicht ungeschoren davon. Das Ende der einzigen Hochburg Schleswig-Holsteins war gekommen, denn wiederaufgebaut wurde die Burg danach nicht mehr.

Auseinandersetzungen im 13. Jahrhundert

Waldemar II., König der Dänen und Slawen, hatte 1214 vom deutschen Kaiser die Abtretung Nordelbiens erreicht. Sein Herrschaftsbereich erstreckte sich nun über die Ostseeküste von Wagrien über Mecklenburg und Pommern bis nach Estland, und auch in Livland hatte er Fuß gefasst.

Da geschah es, dass Graf Heinrich von Schwerin, dessen Grafschaft auch von den Dänen besetzt war, den dänischen König 1223, mitten im Frieden, während einer Jagd auf der dänischen Insel Lyö gefangen nahm und ihn nach Mecklenburg in Haft brachte. Alle dänischen Versuche, den König zu befreien, scheiterten, bis Waldemar sich bereit fand, u. a. auf Holstein, Stormarn und Wagrien zu Gunsten von Graf Adolf IV. zu verzichten.

Waldemar aber rüstete sofort nach seiner Freilassung ein neues Heer aus und gewann 1226 die Festung Rendsburg zurück. Im Jahr darauf gelang es ihm auch noch, die Dithmarscher zu besiegen und sie zur Heeresfolge zu verpflichten, um dann weiter gegen Holstein vorzurücken und Itzehoe und Segeberg zu belagern. Graf Adolf aber konnte die Belagerer zum Abzug zwingen.

Graf Adolf von Holstein und Graf Heinrich von Schwerin sammelten bei Lübeck ein Heer, dem neben den eigenen Truppen auch Kontingente des mit ihnen verbündeten Herzogs Albert von Sachsen, des Erzbischofs Gerhard II. von Bremen und ein Lübecker und Hamburger Kontingent angehörten. Diese Truppen zogen nun über Segeberg nach Norden, zunächst durch Geländeabschnitte, die für eine offene Feldschlacht denkbar ungünstig waren. Die Umgebung Segebergs war geprägt durch die sumpfige Traveniederung und den ausgedehnten Travena-Wald. Nach Norden schloss sich dann ein lang gestreckter Moorgürtel an, der von Tensfeld bis Rickling reichte. Dann aber öffnete sich das Gelände und weder Wälder noch Moore behinderten die Entfaltung von Heeren.

Schon einmal hatte hier eine Schlacht getobt und jetzt, 1227, kam es hier wieder zur entscheidenden Begegnung. Über den Verlauf dieser Schlacht gibt es nur kurze Darstellungen in zeitgenössischen Chroniken. Die sächsische Weltchronik stellt kurz und knapp fest: „*Da kam auch der Herzog Otto, zu helfen seinem Oheim, dem König. Da kam der Bischof von Bremen und der Herzog Albrecht von Sachsen und Graf Adolf und Graf Heinrich von Schwerin zu Lübeck zusammen und zogen gegen den König. Sie trafen aufeinander bei Bornhöved am St.-Marien-Magdalenentage. Da entstand ein großer Kampf, der König war sieglos, und es wurde Herzog Otto von Lüneburg gefangen und des Königs Volk*

Abb. 10: Die Schlacht von Bornhöved auf einer Darstellung in der Sächsischen Weltchronik. Die Miniatur zeigt auf der linken Seite Graf Adolf IV. unter dem weiß-roten Lübecker Banner. Auf der rechten Seite hat der Dänenkönig Waldemar sein Pferd bereits zur Flucht gewendet.

mächtig geschlagen und gefangen" (zitiert nach: Degn, Schleswig-Holstein. Eine Landesgeschichte, S. 56, Neumünster 1994).

Die Dänen wurden in dieser Schlacht vernichtend geschlagen, verloren ihre Vormachtstellung im Ostseeraum, und die Eider wurde erneut die Nordgrenze des Deutschen Reichs.

Nach dem Tod Waldemars II. (1241) kam es rund ein Jahrhundert lang zu ständigen Auseinandersetzungen zwischen den jeweiligen dänischen Königen und den Schleswiger Herzögen, die immer wieder Rückhalt bei den holsteinischen Grafen fanden.

Belohnt wurden die Grafen mit der Übertragung des dünn besiedelten Gebiets zwischen Eider und Schlei als Pfandbesitz. Der dänische Versuch, diese rückgängig zu machen, scheiterte 1261 in der Schlacht auf der Lohheide, westlich der Heerstraße Schleswig-Rendsburg.

Die Schauenburger Grafen v. Holstein-Stormarn hatten erstmals Fuß nördlich der Eider gefasst.

Die Geburtsstunde Schleswig-Holsteins

1448, nach dem Tod des dänischen Königs, bot der dänische Reichsrat dem Schauenburger Grafen Adolf VIII. die dänische Krone an, um so Schleswig zurückzugewinnen. Der kinderlose Adolf lehnte ab und empfahl statt seiner Christian von Oldenburg zur Wahl, der dann als Christian I. den dänischen Thron bestieg.

Der Tod des kinderlosen Adolf VIII., 1459, hatte neben dem Aussterben des Schauenburger Grafengeschlechts zur Folge, dass sich die Ritterschaft Holsteins und Schleswigs 1460 in Ripen zusammenfand, um den dänischen König Christian I. zu ihrem Landesherrn zu wählen. Christian I. war nun in Personalunion dänischer König, Herzog von Schleswig und Graf von Holstein, als der er zugleich Lehnsmann des deutschen Kaisers war (ab 1474 wurde Holstein vom Kaiser zum Herzogtum erhoben). Im Gegenzug sicherte Christian zu, dass die beiden Landesteile *„bliwen tosamende ungedeelt"*. Schleswig-Holsteins eigentliche Geburtsstunde im staatsrechtlichen Sinn, obwohl hier ein sehr eigenwilliges Staatsgebilde entstand.

Die Regierung teilten sich zum einen der König von Dänemark und Norwegen mit seiner Residenz in Kopenhagen und zum anderen der Herzog von Schleswig-Holstein, der auf Schloss Gottorf residierte. Schaut man sich die politische Landkarte der damaligen Zeit an, dann

König von Dänemark (Kopenhagen)	Herzog von Schleswig-Holstein (Gottorf)
• Als dänischer König = Oberlehnsherr von Schleswig • Als Graf/Herzog von Holstein = Lehnsmann des deutschen Kaisers *** – Regent in den königlichen Anteilen – Mitregent in den gemeinschaftlichen Anteilen	• Als Herzog von Schleswig = Lehnsmann des dänischen Königs • Als Graf/Herzog von Holstein = Lehnsmann des deutschen Kaisers *** – Regent in den herzoglichen Anteilen – Mitregent in den gemeinschaftlichen Anteilen

breitet sich der bekannte „Flickenteppich“ vor dem Betrachter aus. Die königlichen und herzoglichen Anteile waren nicht zusammenliegend, sondern über das ganze Land verstreut. Damit nicht genug, es gab auch noch Gebiete, die von beiden Herrschern gemeinsam regiert wurden, so die adligen Güter und Klöster sowie einige Städte.

Zwangsläufig verlief diese Machtteilung nicht immer harmonisch. Der Gottorfer hatte es schwer, seine Interessen gegen den viel mächtigeren König durchzusetzen, und so verbündete er sich still und heimlich mit dem dänischen Erzfeind, den Schweden. In der Folge blieb es nicht aus, dass das Land in blutige kriegerische Auseinandersetzungen zwischen den damals Mächtigen hineingezogen wurde.

Diese kriegerische Periode schleswig-holsteinischer Geschichte endete schließlich mit der Niederlage Schwedens und seiner Verbündeten im „Nordischen Krieg“.

Dithmarschen – Ein Kapitel für sich

Nach der Schlacht von Bornhöved (1227) war Dithmarschen Teil des Erzbistums Bremen geworden, und der Bischof setzte einen Vogt als oberste Gerichtsinstanz ein. Die Dithmarscher aber hatten andere Vorstellungen. Bereits Ende des 13. Jahrhunderts war der bischöfliche Vogt wieder von fünf einheimischen Vögten abgelöst. Sofern man in dieser Zeit von Staatlichkeit sprechen kann, lag sie in Dithmarschen in den Händen der Organe der Kirchspiele. Insgesamt bildete sich für Dithmarschen im Laufe der Zeit eine „Föderative Republik“ aus, deren politische Ordnung auf dem „Landrecht“ von 1447 basierte.

Während Hamburg es verstand, mit den Dithmarschern in Frieden auszukommen, versuchten die Grafen von Holstein und die Herzöge von Schleswig immer wieder, diese Region zu unterwerfen.

Es gab aber keine „Zentralgewalt“, die die Kräfte geschlossen zum Einsatz hätte bringen können. Vielmehr wurden auch hier die Kirchspielgemeinden zu Garanten der äußeren Sicherheit der „Bauernrepublik“. Sie waren zu allererst für die Abwehr von Angriffen von außen zuständig. Als „Verbündete“ hatten sie die besonderen Geländegegebenheiten, die mit Mooren, Marschen und Gewässern immer wieder Engpässe boten, in denen mit geringen personellen Kräften einem Gegner hoher Schaden zugefügt werden konnte.

Als Graf Gerhard III. 1319 in Dithmarschen einfiel, stieß er dann auch zunächst auf keinen nennenswerten Widerstand, sondern konnte weitgehend ungehindert über Hademarschen-Albersdorf auf Wöhrden vorgehen. Die Bewohner des Ortes verschanzten sich in dem einzigen Massivbau, der Kirche, bis vom Feind gelegtes Feuer sie zum Ausfall zwang. Sie erschlugen eine Vielzahl ihrer Gegner und trieben den Rest in die Flucht.

Hundert Jahre später der nächste Versuch: Graf Albrecht von Holstein und sein Bruder Herzog Christian IV. von Schleswig fielen 1403 über Dithmarschen her. Bei Dellbrück errichteten sie einen Stützpunkt, von dem aus sie plündernd durchs Land zogen. Für Albrecht endete das Unternehmen tödlich, als er vom Pferd stürzte. Sein Bruder versuchte es im kommenden Jahr aufs Neue, aber in der Schlacht bei Hamme (4./5. August 1404) fiel auch er wie zahlreiche Adlige im Kampf gegen die Dithmarscher.

1474 erhob Kaiser Friedrich III. Holstein, Stormarn, Wagrien und Dithmarschen zum Herzogtum Holstein und belehnte den dänischen König Christian I. mit diesem Herzogtum des Deutschen Reichs. Der Einspruch der Dithmarscher zusammen mit dem Erzbischof von Bremen brachte nach Einschaltung von Papst Sixtus IV., der 1476 bestätigte, dass der Erzbischof von Bremen Besitzer Dithmarschens sei, den Durchbruch. 1487 erfolgte der Widerruf der Belehnung der Herzöge von Holstein mit Dithmarschen durch den deutschen Kaiser.

Der dänische König Johann und auch Herzog Friedrich sahen die Sache allerdings anders. Ihre anfänglichen Versuche, zu einer friedlichen Lösung zu kommen, scheiterten am energischen Widerstand der Dithmarscher. Man rüstete zum Feldzug.

Die Schlacht von Hemmingstedt

Die Dithmarscher besaßen eine „Wehrverfassung", nach der alle Männer vom 15. Lebensjahr an bis ins Greisenalter zur Verteidigung des Landes verpflichtet waren und ihre Ausrüstung selbst zu stellen hatten. Die Kämpfer der Dithmarscher Streitmacht waren für den Einsatz im bewegungshemmenden Marschgelände bei angepasster Bewaffnung auch unter taktischen Gesichtspunkten gut vorbereitetet. Alle waren mit langen Spießen ausgerüstet, an deren unterem Ende sich eine Scheibe befand, die ein Einsacken im nassen Grabengrund verhindern sollte. So ließen sich Gräben zügig überwinden. Zusätzlich verfügten die Dithmarscher zu diesem Zeitpunkt noch über etwa 40 bis 50 Feldgeschütze.

Am 28. Januar 1500 wurde in Neumünster eine große Heerschau abgehalten, bei der insbesondere der rund 4.000 Mann starke Söldnerverband, die „Schwarze Garde", Eindruck machte, der unter der Führung des Obersten Schleinz, besser bekannt unter dem Namen Junker Slenz, stand. Außer dieser Garde hatte der dänische König noch weitere Landsknechte angeworben, sodass sich die Gesamtzahl der Söldner auf etwa 6.000 belief. Das Ritterheer aus Dänen, Schleswig-Holsteinern und Reitern anderer Regionen umfasste weitere rund 2.000 Mann. Schließlich gab es noch ein Aufgebot von Bürgern und Bauern und ein Landwehraufgebot von rund 4.000 Mann. Dieser Übermacht von größtenteils kampferprobten Männern standen nur rund 6.000 Dithmarscher gegenüber.

Anfang Februar 1500 setzte sich der Kriegszug in Bewegung und erreichte am 11. Februar über den einzigen natürlichen Zugang über Grünental und Hademarschen noch am gleichen Tag Albersdorf. Die Dithmarscher trafen keinerlei Vorkehrungen, diesen Zugang zu verlegen, sondern sie überließen die Geest kampflos den Invasoren. Die stießen unter Umgehung der Süderhamme weiter über Wolmersdorf auf Meldorf vor.

Vor Meldorf hatten die Dithmarscher geworbene Söldner eingesetzt, die jedoch beim Herannahen des Gegners flüchteten. Die wehrfähigen Dithmarscher selbst hatten die Stadt verlassen und erwarteten den Feind an der Bohlenbrücke über die Süderau, südlich von Meldorf.

Ohne nennenswerten Widerstand nahm das Invasionsheer Meldorf ein und wütete unter der zurückgebliebenen Bevölkerung, was die Wut und Entschlossenheit der Dithmarscher nur noch steigerte. Der König wartete hier vom 14. bis 16. Februar vergeblich auf die Unterwerfung der Dithmarscher. Zu lange, wie ihm schon bald bewusst werden sollte. Das Wetter schlug in diesen Tagen um und verwandelte die Marschwege innerhalb kurzer Zeit in fast unpassierbaren Morast. Trotz Bedenken einiger Anführer ließ der König ohne Rücksicht auf Tauwetter und Nebel zum Weitermarsch blasen. Die Garde voran, dann das Aufgebot der Bürger und Bauern, gefolgt von den Rittern und am Schluss die Artillerie und der Tross. Alles in allem ein Zug von rund 10 km Länge, der über Epenwöhrden gegen Hemmingstedt zog.

Die Dithmarscher hatten derweil mit dem Bau von Befestigungsanlagen auf dem Weg zwischen Meldorf und Hemmingstedt begonnen. Vor Hemmingstedt hatten sie den Weg durch Gräben und Schanze versperrt und zusätzlich die angrenzende Marsch durch Befestigungen gesichert.

Die Schanze bei Hemmingstedt wurde mit 3–400 Mann besetzt, die über einige Geschütze verfügten.

Der Vormarschweg der Invasoren war nicht breit. Möglichkeiten zur Entfaltung in der angrenzenden Marsch waren so gut wie nicht vorhan-

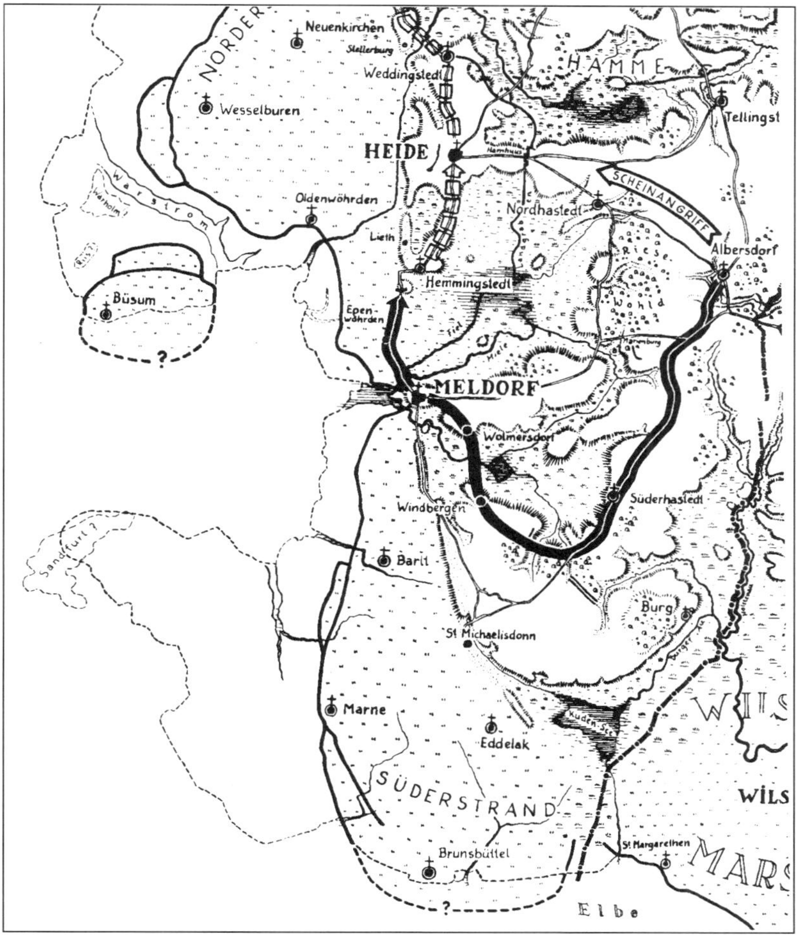

Abb. 11: Skizze zur Schlacht bei Hemmingstedt

den. Vermutlich befand sich das Ende der Marschkolonne noch in Meldorf, als die Spitze vor Hemmingstedt überraschend auf die Dithmarscher traf und durch heftigen Beschuss zum Stehen gezwungen wurde. Die folgende Kolonne aber drängte weiter nach, sodass sich die Truppen regelrecht verkeilten. Dennoch gelang es den Angreifern, eine einigermaßen sinnvolle Gefechtsordnung einzunehmen und den ersten Ausfall der Dithmarscher abzuwehren. Zeitweilig drohte sogar die Umfassung der Schanze.

In dieser Lage nahm der Dithmarscher Wulf Isebrandt die Führung der Bauern in die Hand und leitete einen Gegenangriff ein, der allerdings misslang.

In der Chronik des Landes Dithmarschen von Neocorus heißt es hierzu: „*Als nun die Garde auf solch schlimmen Wegen fast ermattet war, erblickte sie die Schanze der Dithmarscher, die erst in der vorigen Nacht vor dem Weg aufgeworfen worden war. Da schossen die Dithmarscher, die hinter derselben lagen, ohne Unterbrechung mit ihrem Feldgeschütz in die Feinde, was nicht ohne Schaden vor sich gehen konnte. Da das Geschütz auf den Weg gerichtet war, sie aber auf demselben herkamen und dem Schuss nicht ausweichen konnten, wurden ihrer viele erschossen. Die vorangingen, legten ihre langen Spieße über die Gräben und warfen Flechtwerk darüber, damit sie vom tiefen Weg auf das feste Land kämen. Andere nahmen die Bretter, um sie als Stege zu benutzen und sich zu retten. Als aber das Fußvolk oder die Garde in großer Menge hinüberkam, mussten sie da trotzdem so gedrängt zusammenstehen, dass sie nicht zur*

Abb. 12: Die Schlacht bei Hemmingstedt. Ausschnitt aus einem Holzschnitt aus dem Oldenburgischen Chronicon von 1599

Wehr kommen konnten. Auch waren die Landsknechte ohnehin schon nass und halb erfroren. […]

Da nun kein anderer Rat zu finden war, gedachten sie, die Dithmarscher mit ihrer großen Menge zu umgehen und mit großer Macht von hinten und von allen Seiten zu überfallen.

Als die Dithmarscher das merkten, machten ihrer etliche einen Ausfall aus der Schanze und griffen die Feinde an. […] Zweimal fanden sie sich wieder zusammen, fielen auf die Feinde, die ermattet im Frost und Dreck dastanden, schlugen sie tot und stürzten sie in die Gräben. Und Gott gab, dass das Wasser immer mehr und mehr wurde, das durch die geöffneten Schleusen mit solcher Macht hereindränget, dass man den Weg nicht mehr von den Gräben und die Gräben nicht mehr von Weg und Land unterscheiden konnte" (zitiert nach: IPTS, Hrsg., Quellen zur schleswig-holsteinischen Geschichte, Band I, S. 108, Kiel 1987).

Die Bauern hatten inzwischen die Schleusen geöffnet, und das steigende Wasser überflutete die bisher trockenen Flächen. Mit der inzwischen auf 2–3.000 Mann angewachsenen Schanzenbesatzung setzte Wulf Isebrandt zum erneuten Angriff an.

Jetzt schlug die Stunde der geländekundigen und zu allem entschlossenen Dithmarscher Bauern. Mit ihren Springstöcken überwanden sie die Gräben und griffen von beiden Seiten der Marschstraße an. Sechs Kompanien der „Schwarzen Garde" wurden völlig aufgerieben, woraufhin sich die Landsknechte abzusetzen begannen. Die Dithmarscher gingen zur Verfolgung der fliehenden Garde und Landsknechte über, die bei ihrem Rückzug die nachfolgende Landwehr in Panik versetzte. Bis nach Meldorf jagten sie die Gegner, bevor sie auf die Ritter stießen. Sie griffen zuerst die Pferde an, dann die am Boden durch ihre Rüstungen unbeweglichen Ritter.

Die Reste des zerschlagenen Invasionsheeres flohen durch Dithmarschen und Holstein bis nach Rendsburg.

Schätzungen gehen davon aus, dass die „Schwarze Garde" etwa 800 Mann verlor, unter ihnen Junker Slenz, die Reiterei büßte rund 150 Ritter und das übrige Heer etwa 4.000 Soldaten ein. Aber die Zahlen sind nur Schätzungen, und auch über die Opfer auf Seiten der Dithmarscher ist nichts Genaues bekannt.

Die locker geführten Dithmarscher Bauern hatten mit ihrem persönlichen Kampfgeist und dem erstaunlichen Zusammenhalt der Bauernarmee einen überwältigenden Sieg über eine Truppe von kampferprobten Landsknechten und Rittern errungen und so ihre Unabhängigkeit zunächst gewahrt. Knapp sechs Jahrzehnte später jedoch wurde das letzte Kapitel der unabhängigen Bauernrepublik aufgeschlagen.

1559 formierte der dänische König eine neue Streitmacht zum Kampf gegen Dithmarschen.

Alles in allem wurde ein Heer von rund 20.000 Mann aufgeboten. Etwa 14.000 Mann Fußvolk, 4.000 Landsknechte, 2.400 Reiter. Dazu wurden 18 Feldgeschütze und 6 schwere Mauerbrecher mitgeführt. An der Spitze der Streitmacht stand Johann Rantzau.

Die Dithmarscher verfügten über rund 12.000 Mann Fußvolk und 100 vorwiegend leichte Geschütze, zumeist Beutestücke aus der Schlacht bei Hemmingstedt.

Das feindliche Heer sammelte sich Ende Mai im westlichen Holstein, von wo es am 22. Mai auf Albersdorf vorging.

Rantzau hatte zusätzlich Truppen zur Sicherung der Grenzen eingesetzt und die Elbe durch Kriegsschiffe überwachen lassen. Die von Rantzau vorgetriebene Aufklärung brachte ihn zu dem Entschluss, zunächst Meldorf anzugreifen, um so Nord- und Süddithmarschen zu trennen. Der Angriff sollte von drei Seiten erfolgen. Zusätzlich waren Scheinangriffe auf die Thielenbrücke und gegen die Süderhamme geplant.

Am 3. Juni um 2 Uhr bezogen die Truppen ihre Ausgangsräume und

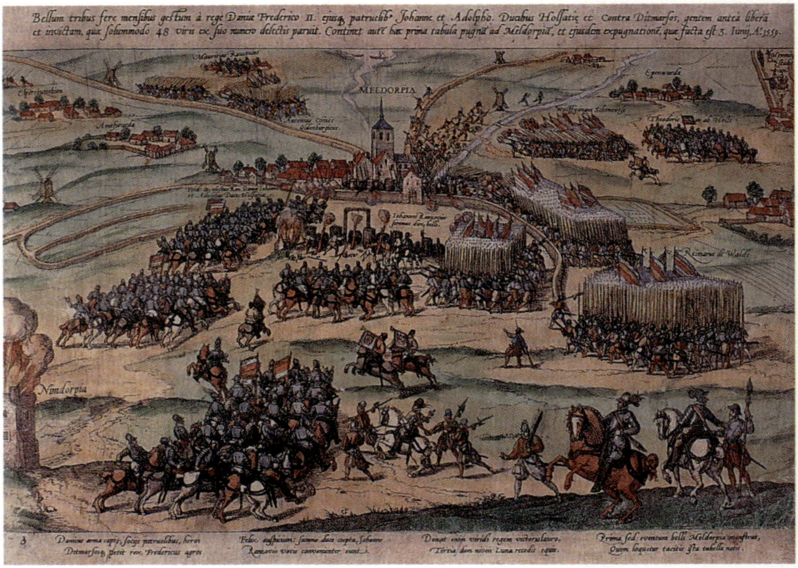

Abb. 13: Die Einnahme von Meldorf 1559

Abb.14: Attacke der fürstlichen Reiterei gegen die Dithmarscher

traten zum Angriff gegen Meldorf an, das sie bereits gegen 11 Uhr genommen hatten. Am 6. Juni ließ Rantzau den Vormarsch in südlicher Richtung auf Brunsbüttel fortsetzen. Die Verschanzung der Dithmarscher an der Elbe wurde umgangen, deren Besatzung in die Flucht geschlagen. Zwei Tage später fiel Brunsbüttel, und das Heer kehrte zunächst in sein Ausgangslager nach Albersdorf zurück. Hier formierte es sich neu, um dann am 13. Juni den Vormarsch auf Heide zu beginnen. Ein Scheinangriff auf die Schanze bei Hemmingstedt lenkte die Dithmarscher so ab, dass es Rantzau gelang, die weitgehend von Verteidigern entblößte Thielenbrück-Schanze im Handstreich zu nehmen, um dann weiter gegen den Aubrückdamm vorzustoßen.

Kurz vor Heide stieß die Vorhut auf einen Trupp Dithmarscher mit einigen Geschützen, die aber, als sie die Übermacht des Gegners erkannten, auf Heide zurückgehen wollten. Die Reiter aber waren schneller und zerschlugen den Bauerntrupp völlig.

Aus Heide ausbrechende Bauern wurden ebenfalls weitgehend vernichtet. Immer wieder versuchten die Dithmarscher, die feindlichen Angriffe auf die Stadt abzuwehren, aber sie wurden aus ihren Stellungen geworfen und versuchten in die Stadt zurückweichen, wo ihnen aber auch der Weg verstellt wurde. Die feindliche Reiterei drang in die Stadt nach, wo sie durch starkes Abwehrfeuer der Einwohner zunächst zum Zurückweichen gezwungen wurde.

Rantzau ließ die Stadt daraufhin von mehreren Seiten aus in Brand setzen und aus allen Rohren beschießen, bis die Stadt durch das Fußvolk gestürmt wurde.

Der Kampf war entschieden. Die restlichen Truppen der Dithmarscher, die in Wöhrden lagerten, fügten sich in das Unvermeidliche. Am 14. Juni boten sie die Kapitulation an.

Die freie Bauernrepublik Dithmarschen hatte aufgehört zu existieren.

Festungen in Schleswig-Holstein

Mit der mittelalterlichen Stadt verbindet man häufig die Vorstellung von einem wehrhaften, durch Mauern, Türme und Gräben stark befestigten Gemeinwesen. Das aber waren wohl eher die Ausnahmen.

Die Befestigung einer Siedlung geschah immer nur dann, wenn eine tatsächliche militärische Bedrohung von außen vorlag oder eine solche doch zumindest zu erwarten war. Auf Grund königlicher oder landesherrlicher Anordnung oder durch den freien Entschluss der Bürger der Städte selbst wurde dann der Bau von Befestigungen in Angriff genommen.

Die bauliche Ausführung der Anlagen orientierte sich in erster Linie an der realen oder denkbaren militärischen Bedrohung. Sie richtete sich aber natürlich auch nach den topographischen Gegebenheiten, dem für die Befestigungszwecke vorhandenen Baumaterial, den bautechnischen Fertigkeiten der örtlichen Baumeister und Handwerker und nicht zuletzt nach den finanziellen Möglichkeiten der betreffenden Stadt.

Schon der Bau der Befestigungen verlangte eine weitgehend arbeitsteilige Organisation, aber erst recht nach der Fertigstellung waren Regelungen für eine effektive Verteidigung, auch unter Beteiligung der Bürger, zu treffen.

Abb. 15: Angriffsvorbereitungen auf eine befestigte Stadt im 15. Jahrhundert

Hinzu kam, dass Sicherheit nicht zum Nulltarif zu haben war. Anlage und Instandhaltung, Verstärkung und/oder Erneuerung der Befestigungsanlagen, die zentrale Beschaffung und Bevorratung von Waffen und Kriegsgerät, all das verursachte nicht unerhebliche laufende Kosten. Zusätzlich zu den steuerlichen Abgaben wurden die Bürger dann auch noch zu Schanzarbeiten, Hand- und Spanndiensten und Wachdiensten herangezogen.

Es war also nicht verwunderlich, dass, wenn man schon eine Befestigungsanlage bauen musste, diese technisch so stark zu bauen war, dass einem Angreifer schon beim bloßen Anblick die Wehrhaftigkeit der Stadt deutlich wurde, und er schon deshalb von einer Belagerung möglichst absah. Die Festung bot so auch schwächeren und selbst in der offenen Schlacht besiegten Truppen die Möglichkeit, sich hierhin in die Sicherheit zurückzuziehen, und es war dem Gegner überlassen, ob er sich auf eine möglicherweise lange Belagerung einlassen wollte.

Die „Rüstungsspirale" aber drehte sich schon damals. Immer neue und effektivere Waffen erforderten immer stärkere Befestigungen. Solange potenzielle Angreifer auf die unmittelbare Stoßkraft von Maschinen, die in der Art von Rammböcken konstruiert waren, und solange sie auf die Schleuderkraft von Waffen nach dem Grundprinzip der Bögen angewiesen waren, so lange bestanden Befestigungen in erster Linie aus Mauerwerk, bei dem der Grundriss so gut wie keine Rolle spielte. Entsprechend sind die Stadtbefestigungen des Altertums und des Mittelalters angelegt: hohe starke Mauern mit Verteidigungsmöglichkeiten von den Mauerkronen und aus Türmen heraus.

Ab dem 16. Jahrhundert gewann dann die Artillerie auch im Festungskampf immer größere Bedeutung. Als Reaktion auf die als Mauerbrecher eingesetzten Geschütze wurden die Verteidigungsanlagen zusätzlich verstärkt, und man beschritt neue Wege im Festungsbau. Das modernere Bastionärswesen bot der Verteidigungsartillerie wesentlich bessere Wirkungsmöglichkeiten. Durch die zurückgewonnene Beherrschung des eigenen Vorfeldes erlangte man die Überlegenheit über die Belagerer zurück. Als Gegenreaktion entwickelte man neue Angriffstaktiken. Laufgräben für die gedeckte Annäherung wurden angelegt, Feldgeschütze wurden durch Feldbefestigungen geschützt, und man setzte die Artillerie nicht nur zum Schießen von Breschen ein, sondern zusätzlich auch zur Bekämpfung der Festungsartillerie.

Diese Entwicklung haben auch die Stadtbefestigungen in Schleswig-Holstein durchlaufen.

Lübeck, das auf der ca. 100 ha großen, von Trave und Wakenitz umflossenen Insel eine sehr günstige topographische Lage aufwies, wurde von Norden her anfangs durch eine landesherrliche Burg geschützt, die die Bürger der Stadt aber schon nach Erringung der Reichsfreiheit (1226) wieder abrissen. 1239 wurde dann erstmals eine Stadtmauer erwähnt, die vermutlich zuerst an der Nordseite aufgeführt wurde, weil dort die topographischen Bedingungen eine Mauer vordringlich erscheinen ließen. Zuletzt errichtete man eine durchgängige Mauer hinter der Trave, die noch mit zahlreichen Durchlässen versehen war. Diese auf einem 6 Fuß tiefen Fundament aus Feldsteinen ruhende Mauer soll nach ihrer Vollendung 14 bis 15 Fuß, an einzelnen Stellen 16 Fuß hoch gewesen sein und eine Länge von der Effenberggrube bis zum Marstall von etwa 6.500 Fuß gehabt haben (Lübecker Fuß ≅ 0,28762 m). Stadtmauer und Tore, namentlich das 1444 errichtete, stark befestigte Burgtor im Norden, das Absalomtor an der Hüxstraße von 1450, der mit Kanonen bestückte „Blaue Turm" am Eingang zur Beckergrube (1452), ein weiterer Turm an der Glockengießerstraße (1459) und schließlich das 1479 fertig gestellte Holstentor boten zusammen mit Wakenitz und Trave jahrhundertelang genügend Schutz.

Die wenn auch wohl idealisierte Abbildung Lübecks in der Schedelschen Weltchronik von 1493 vermittelt einen Eindruck, wie die Stadt damals ausgesehen haben könnte.

Spätestens im 17. Jahrhundert erkannten die Lübecker jedoch, dass ihre bisherigen Befestigungsanlagen nicht mehr dem neuesten Stand der Festungstechnik entsprachen, und man setzte 1601 eine Wallbehörde ein. Bereits 1604 wurde der niederländische Festungsbaumeister Jan van Ryswyck dann mit der Planung neuer Befestigungsanlagen an der Trave-

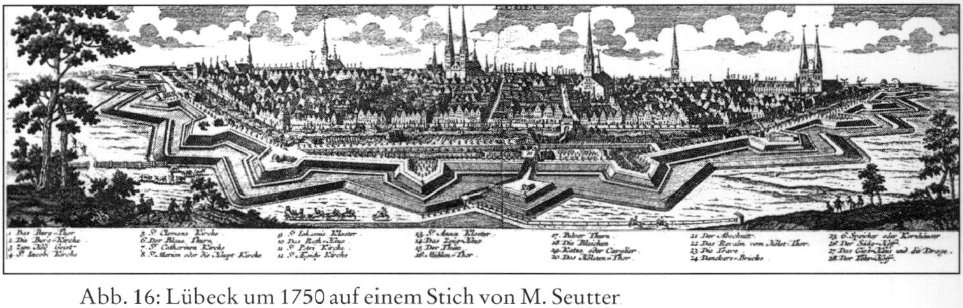

Abb. 16: Lübeck um 1750 auf einem Stich von M. Seutter

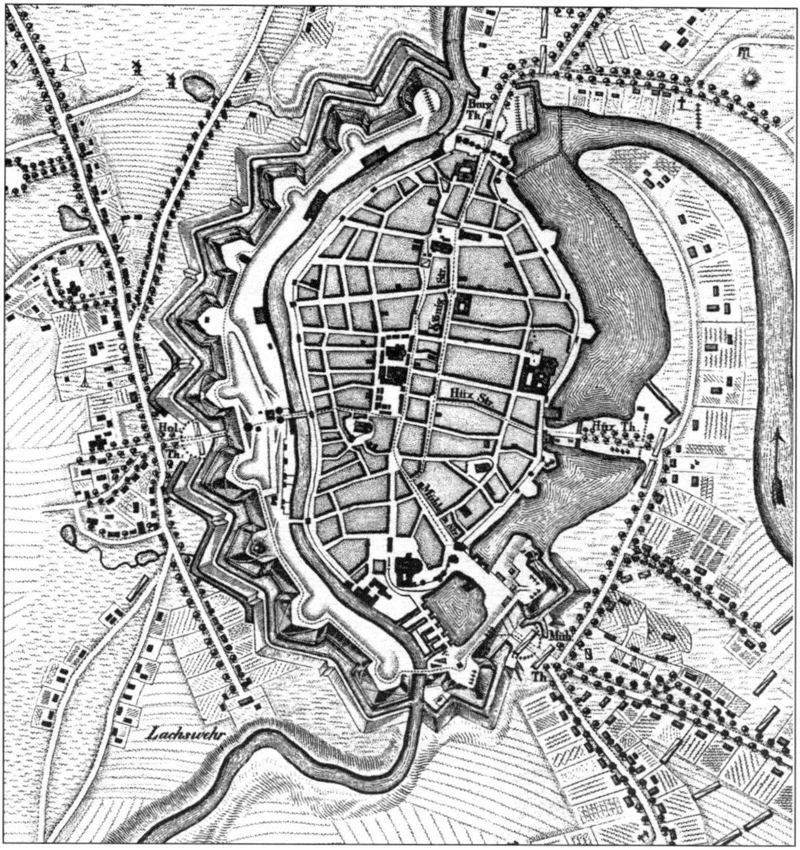

Abb. 17: Grundriss von Lübeck, der aus Anlass der französischen Eroberung im November 1806 erstellt wurde

front beauftragt. Insbesondere im Bereich des Holstentores erwiesen sich die Ausbauarbeiten als besonders schwierig, aber bis ca. 1660/70 waren die Anlagen, die inzwischen hauptsächlich durch Jan van Valckenburg und Johannes von Brüssel ausgeführt wurden, weitgehend abgeschlossen.

Die Befestigungen hatten jetzt ihren endgültigen Ausbaustand erreicht und präsentierten sich so, wie sie auf einer Karte dargestellt sind, die 1806 aus Anlass der Schlacht Blüchers gegen die Franzosen gefertigt wurde. In Zusammenhang mit Stichen aus dem 18. Jahrhundert vermittelt sie ein gutes Bild der gewaltigen Anlagen.

Spätestens ab Mitte des 19. Jahrhunderts verloren permanente Stadtbefestigungen jedoch ihre militärische Bedeutung. Sie verfielen oder mussten anderen Bauprojekten weichen. Auch in Lübeck wurden die Prioritäten neu gesetzt. An Stelle der gewaltigen Befestigungsanlagen wurden Hafenbecken und Eisenbahnstrecken gebaut. Nur Bruchstücke der alten Befestigungen haben die Zeit überdauert.

Auch in den damaligen Herzogtümern wurde am Beginn des 16. Jahrhunderts der Bau von neuzeitlich befestigten Städten in Angriff genommen, an deren Beginn Rendsburg und Krempe standen.

Krempe

Krempe, dessen wirtschaftlicher Aufschwung im 15. Jahrhundert begann und das später zur Landesfestung ausgebaut wurde, war anfangs kaum nennenswert befestigt, und der *„ole borchgraven"* dürfte kaum einen potenziellen Angreifer abgeschreckt haben. Das änderte sich, als Christian III. die Stadt ab 1533 zu einer starken Festung nach den neuesten Erkenntnissen des Festungsbaus zum Schutz der holsteinischen Elbmarschen ausbauen ließ. Der Braun-Hogenbergsche Stich aus dem Jahr 1584 vermittelt eine Vorstellung von der Wehrhaftigkeit der Stadt, wie sie sich, durch Mauern und Bastionen geschützt, einem möglichen Angreifer präsentierte. Ab 1607 wurde die Anlage unter dem dänischen König Christian IV. weiter ausgebaut und hatte zwei Jahrzehnte später ihre erste und letzte Feuertaufe zu bestehen. Mehrere Monate lang belagerte

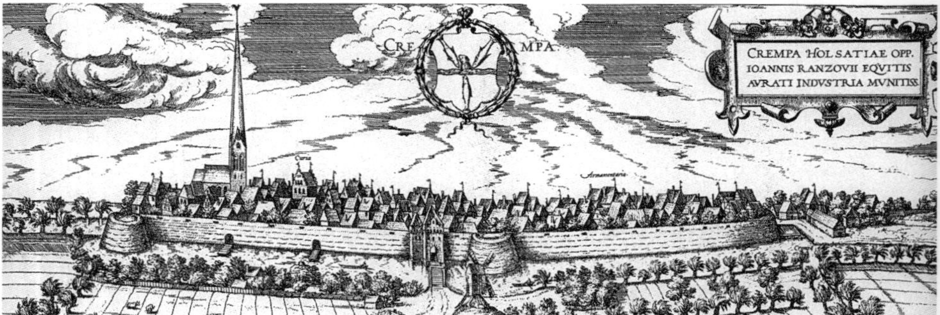

Abb. 18: Krempe von Norden um 1584. Nach einem Stich von Braun und Hogenberg in Civitatis Orbis terrarum

Wallenstein 1627/28 die Stadt. Die Mauern scheinen sich bewährt zu haben, aber letztlich wurde die Stadt durch den Hunger bezwungen und Wallenstein marschierte am 14. November 1628 in die stark beschädigte Stadt ein.

Erholt hat sich Krempe von diesem Schlag nie. Die Befestigungen verfielen und wurden Anfang des 18. Jahrhunderts endgültig geschleift.

Glückstadt

Eine neue Stadt, das 1617 von Christian IV. gegründete Glückstadt, übernahm die militärische und wirtschaftliche Funktion von Krempe. Die Stadt, die nach Plänen des in holländischen Diensten stehenden französischen Festungsbaumeisters Pieter de Percheval errichtet und deren Ausbau ab 1619 energisch vorangetrieben wurde, bewährte sich im Dreißigjährigen Krieg besser als Krempe. Als einzige im Lande wider-

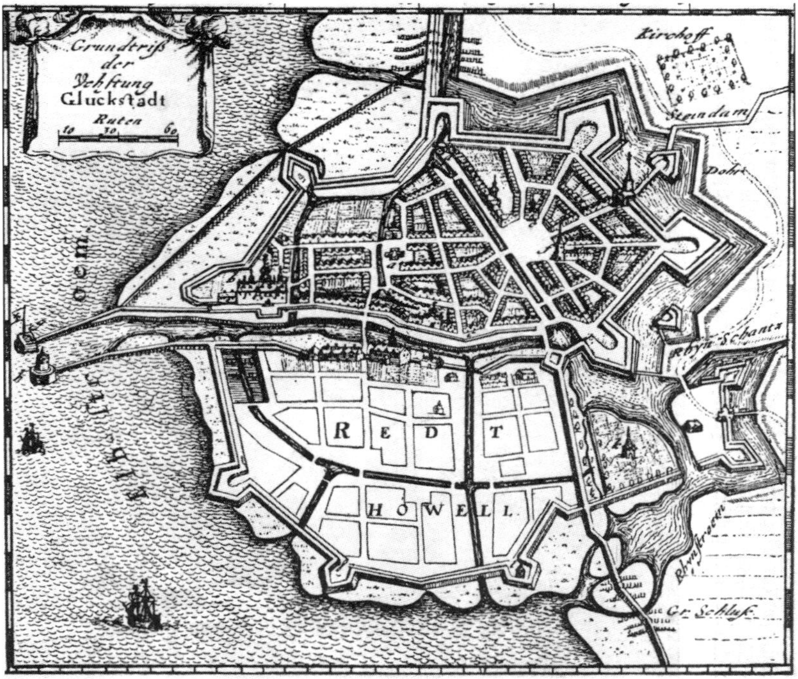

Abb. 19: Glückstadt 1652 auf einer Karte von Johannes Mejer

standen die Glückstädter Festungsanlagen allen Belagerungen des Krieges. Betrachtet man Pläne der Befestigungsanlagen der Stadt, dann scheint es, dass sich der Baumeister von den Erkenntnissen seines Heimatlandes hat leiten lassen.

Während ihres Unabhängigkeitskrieges gegen die Spanier, in der zweiten Hälfte des 16. Jahrhunderts, entwickelte man in den Niederlanden die durch Wassergräben, Erdwälle ohne Mauerbekleidung und durch zahlreiche Außenwerke gekennzeichnete, so genannte Niederländische Befestigungsmanier. Diese Technik wurde ganz wesentlich durch die holländischen Wasser- und Bodenverhältnisse bestimmt. Die Festungen bestanden aus Erdwällen mit Bastionen, breiten und tiefen Wassergräben, einem gedeckten Weg mit großen Waffenplätzen, dem Glacis und zahlreichen Außenwerken.

Tönning

Dem gleichen Festungsbaumeister, der mit dem Bau von Glückstadt beauftragt war, Pieter de Percheval, werden auch die Pläne für die Befestigung von Tönning zugeschrieben. Die strategisch günstig an der Eidermündung gelegene Stadt wurde immer wieder zum Zankapfel zwischen den damaligen Machthabern. Der Dreißigjährige Krieg ebenso wie die folgenden Nordischen Kriege hatten in Tönning nachhaltige Spuren hinterlassen, sodass sich der Gottorfer Herzog, Friedrich III., 1644 veranlasst sah, die Stadt zur Festung ausbauen zu lassen. Halbkreisförmig an die Eider angelehnt erhob sich die Befestigungsanlage mit zunächst sieben Bastionen. Nur drei Jahrzehnte später, 1675, verlor der Gottorfer die Festung an Christian V., der sie sofort schleifen ließ. 1692 erfolgte dann unter Herzog Christian Albrecht der Wiederaufbau, indem im Wesentlichen die gleiche Grundstruktur beibehalten wurde. Neben zwei Eckbastionen erhielt das neue Werk jetzt fünf große Bastionen im Gegensatz zu den sieben früheren. Einer dänischen Belagerung mit starkem artilleristischem Bombardement hielt die

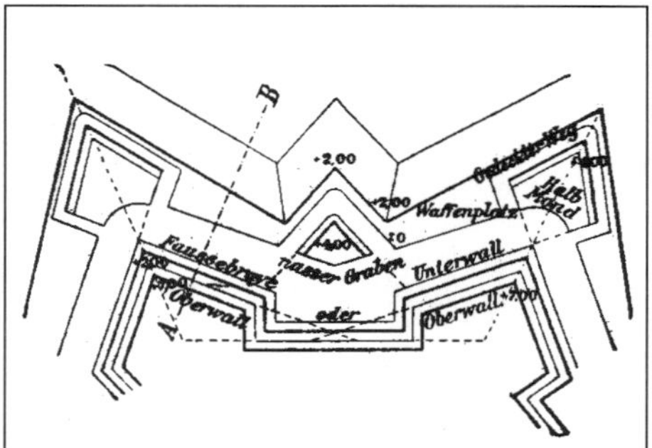

Abb. 20: Niederländische Befestigungsmanier

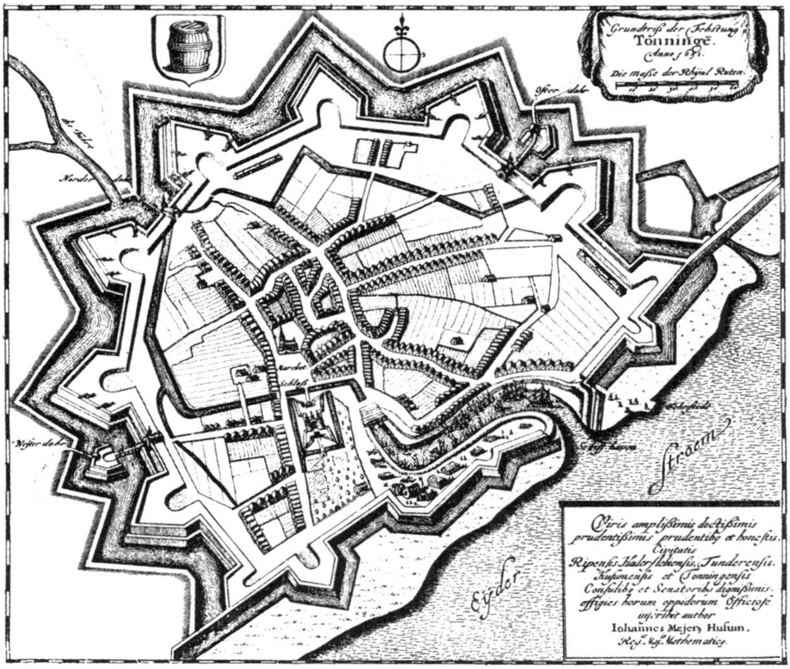

Abb. 21: Grundriss von Tönning 1651 aus Dankwerths Landesbeschreibung

Festung im Jahre 1700 stand. Allerdings kam der Besatzung Tönnings die Politik zu Hilfe, als den Belagerern am 1. Juni bekannt wurde, dass mit Gottorf verbündete Schweden in Holstein einmarschiert waren. Die Dänen zogen sich daraufhin zurück. In der Folge wurden die Befestigungen abermals, besonders durch zusätzliche vorgeschobene Bastionen, ausgebaut, und der Einfluss der insbesondere durch den französischen Festungsbaumeister Vauban verfeinerten Bautechnik wird hier, wie auch bei den Rendsburger Befestigungsanlagen, sichtbar. 1713 ließ der („neutrale") Gottorfer Herzog den schwedischen General Steenbock mit seinen Truppen in die Stadt einziehen. Auch nach dessen Kapitulation im Mai 1713 hielt sich die Stadt noch bis in das folgende Jahr gegen die weitere Belagerung durch dänische Truppen, bevor sie sich am 7. Februar 1714 ergab. Die Festungswerke wurden erneut geschleift. Dieses Mal endgültig.

Rendsburg

Neben den bisher angesprochenen Festungsanlagen nimmt Rendsburg eine herausgehobene Stellung ein. Die Lage an der Kreuzung der alten Handelswege Ochsenweg und Eider war von alters her ein wichtiger Knotenpunkt an der Grenze zwischen den Herzogtümern. Dennoch, begünstigt durch die Insellage der Stadt, der bereits um 1235 das Stadtrecht verliehen wurde, hielten die Stadtväter eine Umwallung – mit Ausnahme der alten Burg – zunächst für überflüssig. Erst in den 30er Jahren des 16. Jahrhunderts, unter Christian III., legte man erste Befestigungen an, um so einen sicheren Stützpunkt zur Verteidigung gegen denkbare Angriffe aus dem Süden zu haben und auch eine günstigere Ausgangsposition für eigene Angriffe zu schaffen. Ausgegangen wurde bei dieser ersten Befestigung von einem Wall, der möglicherweise mit Palisaden oder einer Brustwehr zusätzlich geschützt war. Bis in die Mitte des folgenden Jahrhunderts hat man sich dann offensichtlich lediglich auf Ausbesserungsarbeiten beschränkt.

Zwischen 1669 und 1673 wurde unter Leitung des dänischen Generalinspekteurs für das Festungswesen, Henrick Ruse (auch Rysenstein), eine zweite Anlage errichtet. Ruse hatte sich zuvor wenig schmeichelhaft über den Zustand der Befestigungsanlagen geäußert. In einem Gutachten hatte er 1655 festgestellt, dass die Anlagen einem *„gefortificierten Bauern=Kirchhof“* glichen, und dass er *„den Ort so schlecht [befinde], dass er bald keine Festung genannt werden mag“* (zitiert nach: www.uni. e/gza/5/Rendsburg/rendsburg). Ruse ließ die Wälle und Bastionen verstärken und zusätzlich Außenwerke, so genannte Ravelins, als einen der wichtigsten Bestandteile des bastionierten Festungsbaus errichten.

Abb. 22: Entwurf Vaubans für eine Befestigungsanlage

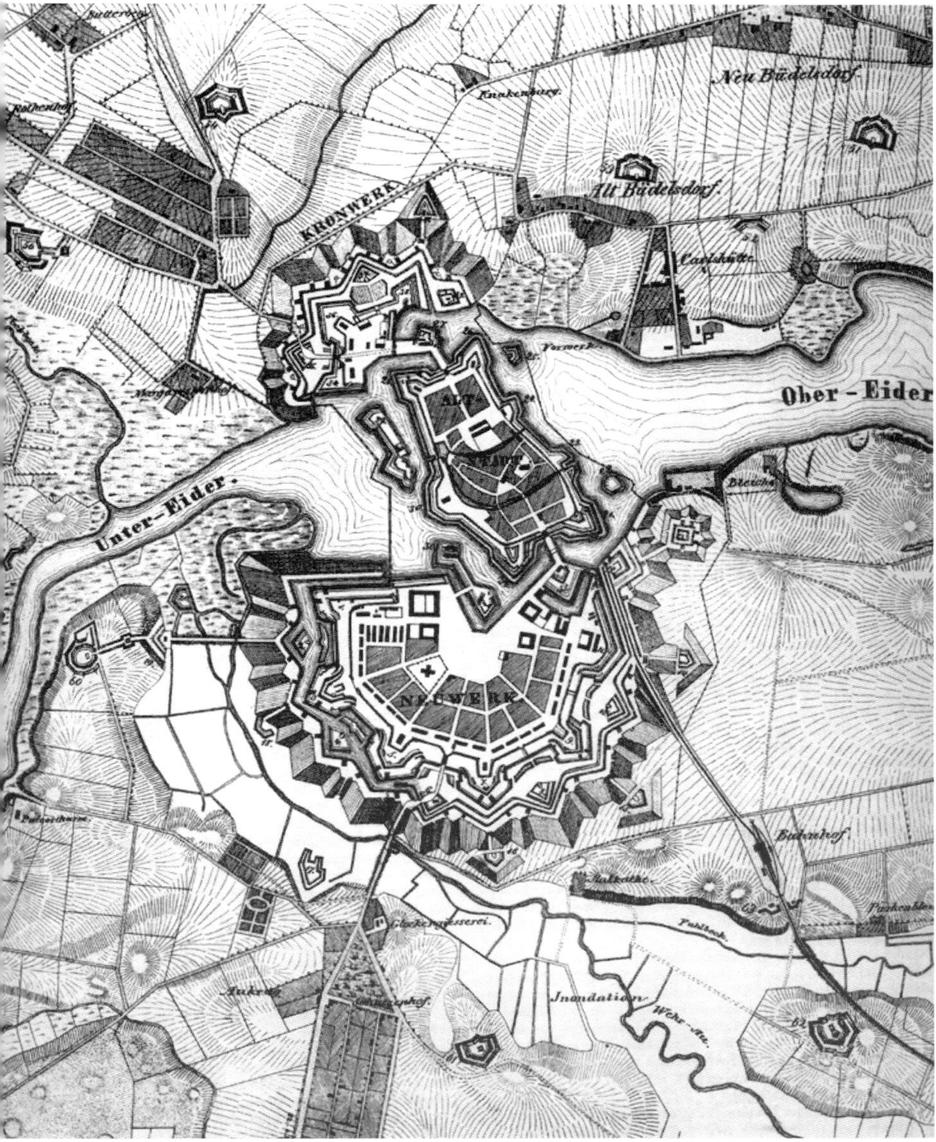

Abb. 23: Rendsburg 1850. Ausschnitt aus der Karte von W. Fürste „Umgebung der Festung Rendsburg nebst Inondation“

Es sieht aber so aus, als sei die Fortentwicklung im Festungsbau an Ruse weitgehend vorübergegangen. Er war noch alten Techniken verhaftet, die zu wenig Rücksicht auf die Waffenentwicklung, insbesondere im Bereich der Artillerie, nahmen.

Neue Erkenntnisse im Befestigungswesen kamen jetzt vorwiegend aus Frankreich, wo seit 1675 der Festungsingenieur Sebastian de Vauban (1633–1707) die führende Rolle auf dem Gebiet der Kriegführung übernommen hatte. Systematisch ließ er alle schwachen Abschnitte der französischen Grenze befestigen.

Er entwickelte ganz neue Ideen. An Stelle von Mauern, die beim Beschuss zerbrachen und deren Splitter die Belagerten gefährdeten, ließ er Erdwälle aufwerfen. Sie waren billiger und sicherer. Die Außenwerke ließ er nicht mehr wie früher rund, sondern winklig anlegen, um das gesamte Vorfeld der Festung durch flankierendes Feuer decken zu können.

Montgomery schreibt in seiner Kriegsgeschichte, dass bei Vauban der Festungsbau zur geometrischen Übung wurde und dass seine Verteidigungsanlagen so stark wurden, dass es sich nicht mehr lohnte, sie unter Einsatz kostbarer Menschenleben frontal anzugreifen. Bei seiner mathematischen Begabung und seinem Blick für das Gelände, das er optimal in seine Planungen einzubeziehen verstand, gelang es Vauban, seine Festungen so anzulegen, dass jede Außenfläche von den dahinter und daneben liegenden Werken flankiert und mit Feuer unterstützt werden konnte. Das Grundelement dieses Entwurfs war ein sich wiederholendes, mit seiner Spitze nach außen zeigendes Dreieck. Diese Spitze war für den Gegner schwer anzugreifen und zwang ihn, seine Kräfte zu exponieren, denn die Seiten lagen in einem Winkel, der es den benachbarten Dreiecken ermöglichte, zu flankieren. Das war das Prinzip der großen Bastionen an jeder Ecke der polygonen Hauptbefestigung. Zwischen den großen Bastionen lagen kleinere, und zwar so nah beieinander, dass sie sich gegenseitig mit leichten Waffen unterstützen konnten.

Andere Dreiecke verschiedener Größe, die so genannten Ravelins (oder Demilunes, wenn sie halbmondförmig waren), standen in einem trockenen Graben weiter im Vorfeld, deckten einander und wurden von rückwärts gedeckt. Oft legte Vauban solche Vorwerke vor den Festungswall des Hauptwerks, was jede Belagerung zusätzlich erschwerte.

Die von Vauban erarbeiteten Grundsätze für den Belagerungskrieg blieben bis in die zweite Hälfte des 19. Jahrhunderts gültig, als die größere Reichweite der Artillerie die Voraussetzungen für Angriff und Verteidigung grundlegend veränderte (vgl.: Montgomery, Kriegsgeschichte, Weltgeschichte der Schlachten und Kriegszüge, S. 294ff., Frankfurt/ Main, 1972).

Es ist also nicht verwunderlich, dass man sich auch hierzulande diese neuen, effektiveren Verteidigungstechniken zu Nutze machen wollte. Schon 1690 entschied man sich daher in Rendsburg zum Bau neuer Befestigungsanlagen nach Plänen von Jobst von Scholten, die sich wohl an den Erkenntnissen Vaubans orientierten und die bis 1695 verwirklicht wurden. Im Norden wurde ein „Kronenwerk" und im Süden das so genannte „Neuwerk" errichtet, wodurch ein wirksamer Waffeneinsatz der im Vorfeld liegenden Geländeabschnitte sichergestellt werden konnte.

Die wichtigsten Befestigungswerke stellten die neun ca. 10 m über der Grabensohle ansteigenden Bastionen dar, die sich gegenseitig durch flankierendes Feuer unterstützen konnten und so tote Winkel vermieden. Die Bastionen erhielten zu Ehren der Königsfamilie Namen wie: Königsbastion, Königinnenbastion, Kronprinz, Prinz Georg, Prinz Carl, Prinz Wilhelm. Vor den Bastionen des „Neuwerks" befand sich ein zusätzlicher Wall, der nach außen durch Mauern geschützt war. Davor lag noch ein zum Teil flutbarer Graben, in den hinein Ravelins gebaut waren.

Zusätzlich waren im Vorfeld zum Schutz wichtiger Geländeabschnitte Schanzen angelegt.

Nach Abschluss der Arbeiten war Rendsburg die stärkste Festung im Land und neben Kopenhagen die wichtigste im dänischen Gesamtstaat. Als später die Eisenbahn Neumünster-Rendsburg gebaut wurde, legte man den Bahnhof bewusst außerhalb der Stadt an. Erst im Nachhinein wurde die Strecke bis in die Stadt hinein verlängert. Das wiederum begünstigte am Beginn der schleswig-holsteinischen Erhebung den Coup der Soldaten unter Führung des Prinzen von Noer, die 1848 per Bahn ungehindert in die Festung einfahren konnten. Rendsburgs Zeit als Festungsstadt auf der Grenze der beiden Herzogtümer endete schon zwei Jahre nach Niederschlagung der Erhebung, als sie 1852 auf Weisung des dänischen Königs geschleift wurde.

Friedrichsort

Der Schutz des dänischen Gebietes gegen Angriffe von Süden her hat wohl nicht nur den Ausbau Rendsburgs zur stärksten Festung im Lande begründet. Auch der Ausbau von Christianspries, dem späteren Friedrichsort, kann in diesem Zusammenhang gesehen werden. Zwischen beiden Orten war ursprünglich zusätzlich noch die Befestigung durch eine Schanze geplant.

Der dänische König Christian IV. ließ 1632 die Güter Knoop, Seekamp, Bülk und Holtenau ankaufen, um eine Festung auf dem damals Priesort genannten Platz errichten zu lassen.

Nach ihrer Fertigstellung erhielt sie den Namen „Christianspries“, der Name aber wechselte in den folgenden Jahrhunderten mit dem Namen des jeweiligen Königs, bis es nach der Regierungszeit Friedrichs V. bei dem Namen „Friedrichsort“ blieb.

Anders als die übrigen Festungsanlagen des Landes war Friedrichsort nicht zum Schutz einer Stadt angelegt worden, sondern war als ausschließlich militärische Anlage geplant, ohne jedoch jemals große militärische Bedeutung zu erlangen.

Im Dezember 1643 wurde die Festung von den Schweden unter General Thorstenson erfolgreich angegriffen. Nach nur einem Tag, am 19. Dezember, musste die Besatzung kapitulieren.

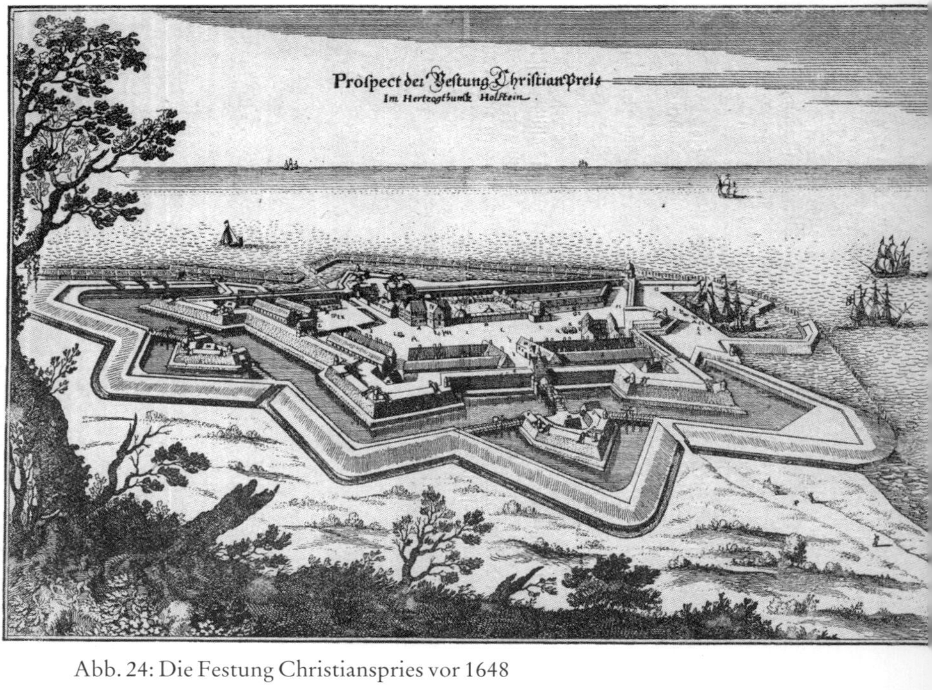

Abb. 24: Die Festung Christianspries vor 1648

1648 wurde Christianspries größtenteils niedergelegt und 1663 ließ Friedrich III. neue Werke unter dem Namen Friedrichsort anlegen. Das 18. Jahrhundert hat die Festung dann unbeschadet überstanden, bevor sie 1813, einige Tage nach der Schlacht bei Sehestedt, durch die Schweden genommen wurde. Während der Zeit der Schleswig-Holsteinischen Erhebung befand sich Friedrichsort in den Händen der Schleswig-Holsteiner, bevor sie von 1850 bis 1852 wieder an die Dänen fiel.

Nach dem Krieg von 1864 wurde die Festung durch preußische Pioniere umgebaut, verstärkt und, durch eine Wohnsiedlung erweitert, zur Marinegarnison ausgebaut. Bis zum Beginn des 20. Jahrhunderts diente Friedrichsort dann zusammen mit den Forts Falkenstein, Herwart und Holtenau der Sicherung des Reichskriegshafens.

Für Schleswig-Holstein war damit das militärgeschichtliche Kapitel des Festungsbaus eigentlich abgeschlossen. Ohnehin war mit der Einführung der gezogenen Rohre der Artilleriegeschütze, die um die Mitte des 19. Jahrhunderts aufkamen, auch für die Festungen die hohe Zeit vorüber. Auch die nach der so genannten preußischen Befestigungsmanier erbauten Festungen mussten ständig weiter aufgerüstet werden, um den immer größeren Schussweiten, der besseren Treffgenauigkeit, der größeren Durchschlagskraft und der höheren Sprengkraft Rechnung zu tragen.

Dennoch, bis in die Zeit des Zweiten Weltkriegs meinte man sich in seiner Verteidigungsstrategie auf Festungsanlagen verlassen zu können. Zwischen den Weltkriegen legte man starke Befestigungsanlagen wie die Maginotlinie, den Westwall oder den Atlantikwall an.

Auch die dänische Küste war aus Sicht des Oberkommandos der Wehrmacht ein möglicher Landungsabschnitt alliierter Streitkräfte. So machte man sich ab 1944 mit hoher Priorität an den Ausbau des dänischen Abschnitts des Atlantikwalls. Schleswig-Holstein war in dieses System mit dem so genannten „Friesenwall" einbezogen, der mit Schützen- und Panzergräben sowie Geschützstellungen eine „zweite Invasion" der Alliierten verhindern sollte.

Übrig geblieben von diesem verzweifelten Vorhaben sind unheimliche, vor sich hinrostende, aber wohl auf lange Zeit nicht endgültig zu beseitigende Bunker und betonierte Geschützstellungen in den Dünen der jütländischen Nordseeküste.

Taktik und Bewaffnung der Landsknechtsheere

Nach Zahl und Verwendung stellte das Fußvolk in der Regel den größten Teil europäischer Heere dar. Da jedes Heer sowohl für den Angriff als auch zur Verteidigung einsetzbar sein musste, war die Bewaffnung entsprechend zu wählen. Soldaten mussten mit Blankwaffen, also Hieb- und Stichwaffen, aber auch mit Fernwaffen ausgerüstet sein.

Ganz allgemein galt für diese Zeit, dass bei den Stangenwaffen für Hieb und Stich neben Äxten vorwiegend Hellebarden eingesetzt wurden. Hellebarden waren lang gestielte Beile, die als Hiebwaffe entwickelt worden waren und von den Landsknechten aber gleichermaßen als Hieb- und Stichwaffe genutzt wurden. Das an einem ca. 2 m langen Stiel befindliche halbmondförmige Beil mit einer rückwärtigen Spitze war besonders gut geeignet, angreifende Reiter vom Pferd zu reißen und anschließend mit der gleichen Waffe zu bekämpfen. Im Laufe des 16. Jahrhunderts wurde die Hellebarde dann aber durch den langen Spieß oder die Pike verdrängt.

Die mit der Pike, einem ca. 3,5 bis 4 m langen Langspieß, ausgerüsteten Soldaten nannte man „Pikeniere“. Aber schon gegen Ende des 17. Jahrhunderts hatte diese Form der Waffenträger bereits weitgehend wieder ausgedient. Neben die ursprünglichen Fernwaffen wie Bogen und Armbrust trat zunehmend das Feuergewehr, das im ersten Viertel des 16. Jahrhunderts endgültig zur Hauptwaffe wurde. Pikeniere wurden immer mehr durch die Musketiere abgelöst, die ursprünglich mit Musketen, großkalibrigen Handfeuerwaffen mit Luntenschloss, bewaffnet waren. Dennoch differenzierte man auch jetzt noch nach den im geschlos-

Abb. 25: Offizier und Musketier. Anfang des 17. Jahrhunderts

Abb. 26: Ritter im 16. Jahrhundert auf einem Stich über die Einnahme Meldorfs im Jahre 1559

senen Haufen kämpfenden Pikenieren und den mit Feuerwaffen ausgerüsteten Arkebusieren bzw. den Musketieren.

Zusätzlich entwickelten sich im 17. Jahrhundert dann die Grenadiere, anfangs auch als Granatiere bezeichnet, die ursprünglich zum Werfen von Handgranaten bestimmten Soldaten des Fußvolks.

Das 17. Jahrhundert brachte wesentliche Änderungen im Kriegswesen. Zu einem der wichtigsten Reformer wurde Gustav Adolf von Schweden, der dem offensiven Zusammenwirken der Waffen die größte Bedeutung beimaß.

Zu Lasten der Pikeniere erhöhte er die Zahl der Musketiere ganz wesentlich, die schon bald ganze Regimenter bildeten.

Waren in den Feldschlachten der Vergangenheit Feuerwaffen fast ausschließlich von der Infanterie geführt worden, da Geschütze wegen ihrer Unbeweglichkeit für diese Form der Kriegführung nur eingeschränkt verwendbar waren, so änderte sich das mit der Weiterentwicklung der Geschütze grundlegend. Je beweglicher und effektiver sie wurden, umso mehr wuchs die Bedeutung der Artillerie. Zur Begleitung des Gefechts setzte man jetzt leichte Feldgeschütze ein, während die schwere Artillerie als Reserve zurückbehalten wurde, um sie je nach Lageentwicklung im Schwerpunkt einsetzen zu können. Die neuen Möglichkeiten, die die Feuerwaffen boten, hatten Auswirkungen auf die gesamte Gefechtsfüh-

Abb. 27: Exerzieren mit der Muskete

rung. Die leichteren Feuerwaffen, die ohne Stützgabeln auskamen, machten Aufstellungen von geringerer Tiefe als bisher möglich, und die bis in die 1. Hälfte des 17. Jahrhunderts weit verbreitete Form der tiefen gevierten Infanterie verschwand. Der Wunsch, möglichst viele Feuerwaffen gleichzeitig wirken zu lassen, führte zu breiteren, weniger tiefen Aufstellungen, die in der Linientaktik ihre ausgeprägteste Form erreichte. Diese von Gustav Adolf von Schweden entwickelte und von Friedrich dem Großen perfektionierte Taktik wurde im 18. Jahrhundert zur üblichen Form der Infanterietaktik. In dieser Schlachtordnung befand sich die Infanterie in der Regel in der Mitte und die Kavallerie auf den Flügeln. Im langsamen Gleichschritt von 75 Schritt in der Minute gingen die Bataillone nebeneinander in Linie vor, bevor ab 200 m Entfernung zum Feind ununterbrochen gefeuert wurde.

Die zweite wichtige Waffengattung der damaligen Zeit war die Kavallerie, die sich aus den schwer gepanzerten Rittern des Mittelalters entwickelt hatte. Für eine geraume Zeit waren die Ritter die Hauptträger des Gefechts gewesen, die in den Heeren überaus wichtig waren. Das hatte seinen Grund darin, dass das Mittelalter ursprünglich die Zeit war, in der die Überlegenheit im Kampf weniger auf der Zahl der Kämpfer beruhte als vielmehr auf der Qualität der Einzelkämpfer. Solche Eliteheere waren immer nur in begrenzter Zahl aufstellbar. Die Ritter waren mit der Kraft und Schnelligkeit ihrer Pferde im Vorteil und konnten aus dem Sattel mit Lanze und Schwert kämpfen , aber, wenn es erforderlich wurde, auch abgesessen weiterfechten.

Die Führung solcher Ritterheere war im eigentlichen Kampf aber so gut wie ausgeschlossen. Das bedeutete natürlich nicht, dass in diesen Heeren überhaupt keine taktischen Grundsätze befolgt wurden. Der Anmarsch zur Schlacht musste geordnet durchgeführt werden und man achtete auf Sicherung und gedeckte Annäherung an den Feind. Man versuchte, den Gegner flankierend zu packen und dabei die eigene Flanke zu decken, und war bemüht, nach Möglichkeit Reserven zu bilden. In der eigentlichen Schlacht war der Ritter dann aber weitgehend Einzelkämpfer.

Bereits seit dem 11. Jahrhundert trat wieder vermehrt das Fußvolk auf dem Schlachtfeld in Erscheinung, und im 13. Jahrhundert wurden Tendenzen hin zum Kampf im Verband mit planmäßigem Zusammenwirken zwischen Rittern und Fußvolk immer deutlicher. Immer mehr kam das Fußvolk aus der Rolle der Nebenwaffen heraus und entwickelte sich hin zu Spezialeinheiten. Das Rittertum entwickelte sich hingegen immer mehr zum kostspieligen, im Kampfwert immer fragwürdiger werdenden Unternehmen. Die Ritter unterschätzten die ständig steigende Effektivität des Fußvolks und die zunehmende Durchschlagskraft der Waffen. Sie antworteten mit immer schwereren Rüstungen, die mindestens zwei bis drei Pferde für jeden Ritter erforderlich machten, um den Reiter überhaupt in die Schlacht tragen zu können.

Im Angesicht beständig steigender Feuerkraft begann ab Mitte des 16. Jahrhunderts der Wandel. Die

Abb. 28: Dragoner im 17. Jahrhundert

Rüstungen wurden leichter und am Ende dieser Entwicklung stand die schnell bewegliche, vielseitige Kavallerie.

Sehr frühzeitig unterschied man je nach Kampfauftrag nach leichter und schwerer Kavallerie. Die schwere Kavallerie, zu der die Kürassiere zählten, war in erster Linie für den geschlossenen Angriff in der Schlacht vorgesehen, während die zur leichten Kavallerie zählenden Husaren vorwiegend für Aufklärungs- und Sicherungsaufgaben eingesetzt wurden. Dragoner und Ulanen wurden zum Teil als schwere, zum Teil als leichte Kavallerie eingesetzt.

Kürassiere hatten sich aus den mit Pallasch und Pistolen bewaffneten schweren Reitern entwickelt. Dragoner waren aus den erstmals Mitte des 16. Jahrhunderts in Frankreich aufgetretenen Arkebusieren als besondere Reitergattung hervorgegangen und stellten eine Form der berittenen Infanterie dar, die vorrangig mit Handfeuerwaffen kämpfte und zum Gefecht in ihren Anfangszeiten meist noch absaß, den infanteristischen Charakter ihrer Kampfführung aber später ablegte. Schließlich gab es noch die Husaren und Ulanen, die sich aus den nationalen Reiterscharen der Polen und Ungarn entwickelt hatten.

Organisation und Bewaffnung des dänischen Heeres im 17. und 18. Jahrhundert

Christian IV. führte seine Feldzüge zwischen 1625 und 1629, wie damals allgemein üblich, in erster Linie mit speziell für den jeweiligen Krieg geworbenen Söldnern. Daneben aber war durch die Landbevölkerung im Kriegsfall ein Aufgebot zu stellen, und die Ritter leisteten persönlich Ross- und Reiterdienste. Schon die Erfahrungen der Kriege des 16. Jahrhunderts hatten die Kostspieligkeit und die Nachteile reiner Söldnerheere gezeigt und immer mehr Fürsten zum Umdenken gebracht. Sie belebten das Volksaufgebot und versuchten z. B. mit der Landwehr alte Fehler zu vermeiden. Schon in Friedenszeiten wurden Waffen in Zeughäusern bereitgehalten; regelmäßige militärische Übungen sollten gewährleisten, dass die ausgehobenen Mannschaften auf kriegsverwendungsfähigem Stand gehalten wurden. Auch im Königreich Dänemark führten diese Erkenntnisse in der Regierungszeit Christians IV. zu einer Änderung in der Wehrverfassung mit der Tendenz hin zum Aufbau eines stehenden Heeres. Die Ritter und Gutsbesitzer nahmen nicht mehr unbedingt selbst am Krieg teil, sondern sie stellten Reiter und Pferde und

Feldzeichen dänischer Infanterieverbände Mitte des 17. Jahrhunderts

oben:
Dronningens Livregiment Glückstadt

unten:
Slesvigske nationale Infanteriregiment Rendsburg

Abb. 30

Abb. 29: Infanterieuniformen, wie sie etwa um 1675 in den dänischen Regimentern gebräuchlich waren
Von links nach rechts: Musketier des Musketier Weyhers Gevorbne Fodregiment; Musketier, Maximilian Rosenkrantz' Gevorbne Fodregiment; Unteroffizier, Gamle Nationale Sjællandske Fodregiment; Offizier, Feltherrens Gevorbne Fodregiment; Offizier, Kongens Livregiment; Musketier, Kongens Livregiment; Pikenier, Gamle Fyenske Nationale Fodregiment; Trommler, Gamle Nordjydske Nationale Fodregiment

übernahmen die Kosten für die vom Landesherrn angeworbenen Reiter. Auch die Städte schickten nicht mehr die eigenen Bürger, sondern sie warben Soldaten an. Die Truppe aber wurde nicht erst in Kriegszeiten geworben, sondern bereits mit wesentlichen Kerneinheiten auch in Friedenszeiten unterhalten.

Diese Entwicklung war eng mit der Waffenentwicklung verbunden, da modernere Waffen, insbesondere bei der Artillerie, mit kurzfristig angeworbenen Soldaten kaum effektiv einzusetzen waren.

In der zweiten Hälfte des 17. Jahrhunderts war das dänische Heer in Infanterie, Kavallerie und Artillerie gegliedert. Die Regimenter der Infanterie bestanden um 1675 aus jeweils zwölf Kompanien mit je zehn Rotten Musketieren und vier Rotten Pikenieren. 1676 wurden die Infanterieregimenter dann von zwölf auf acht Kompanien reduziert. Jede Kompanie zu je 107 Mann, die vier Garnisonskompanien zu je 100 Mann. Damit hatten die Infanterieregimenter, die unter der Führung

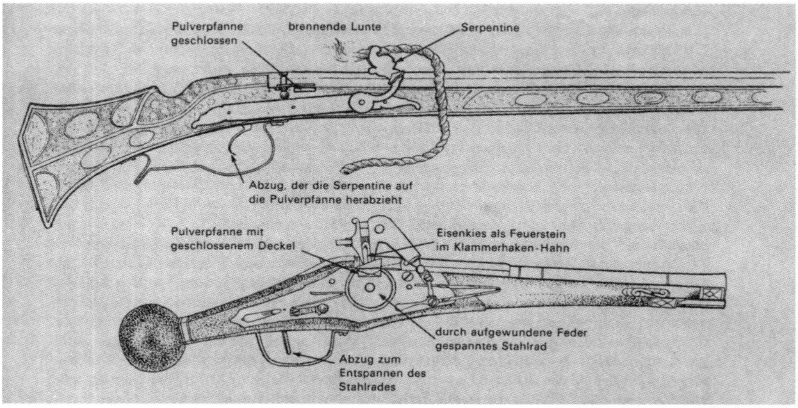

Abb. 31: Arkebusen und Musketen wurden zunächst mit Lunten gezündet. Pistolen hatten so genannte Radschlösser mit einem Feuerstein.

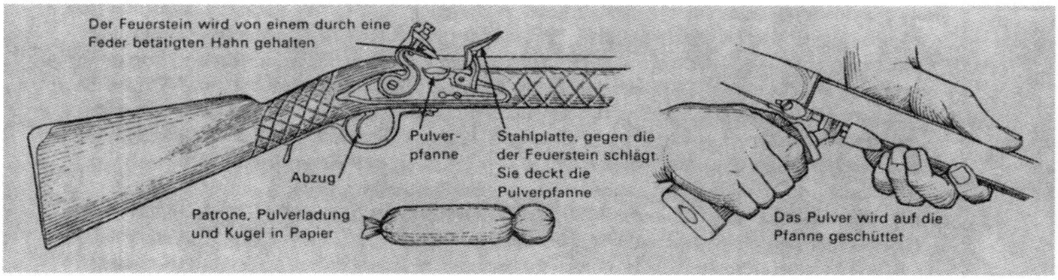

Muskete mit Steinschloss

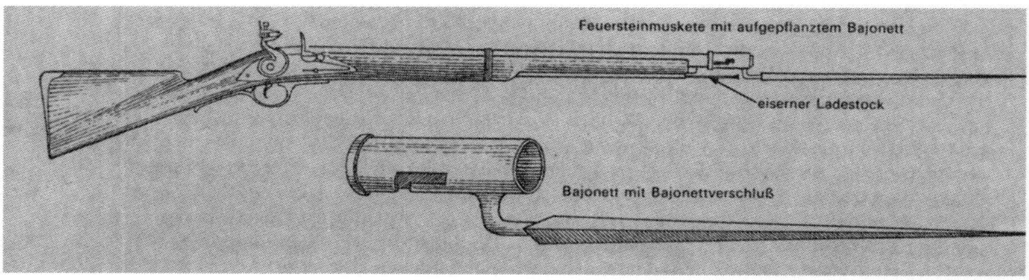

Die Muskete mit aufgepflanztem Bajonett war als Schuss- und Stichwaffe die Hauptwaffe der Infanteristen.

eines Obristen standen und im Krieg das Bataillon als taktische Einheit kannten, einschließlich Stab eine Gesamtstärke von 1.265 Mann.

Bei der Infanterie bestand die Bewaffnung der Offiziere aus Spieß, Säbel und Pistole, die der Unteroffiziere aus Hellebarde, Degen und zum Teil auch schon Pistole.

Die Mannschaften waren in Musketiere und Pikeniere unterteilt. Anfang des 17. Jahrhunderts bestanden die Infanterieeinheiten zu etwa der Hälfte aus Pikenieren und zur anderen Hälfte aus Musketieren. Später nahm die Zahl der Musketiere zu Lasten der Pikeniere immer weiter zu. Ab etwa 1675 waren die Musketiere einheitlich mit Luntenschloss-Gewehren ausgestattet, aber schon ab 1676 begann man mit der Einführung von Steinschloss-Gewehren. Diese Gewehre hatten gegenüber den alten Luntenschloss-Waffen den Vorteil, dass sie bei jedem Wetter weitgehend problemlos funktionierten. Dennoch blieben Luntenschloss-Gewehre zunächst noch die hauptsächlich eingesetzten Waffen. Zusätzlich gab es jetzt auch schon Musketen, die mit Doppelschlössern (Lunten- und Radschloss oder Stein- und Radschloss) ausgerüstet waren.

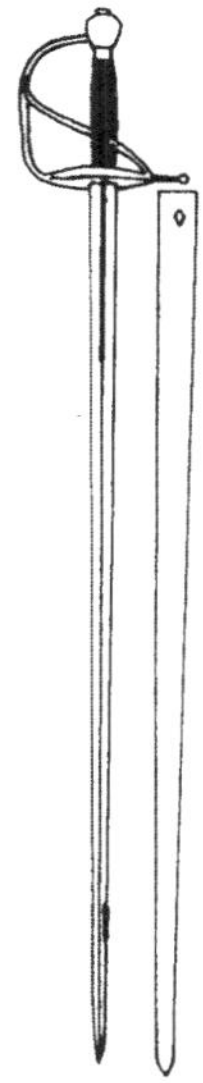

Abb. 32: Dänischer Fußvolkdegen, um 1680

Bajonette waren zu dieser Zeit noch nicht eingeführt. Stattdessen führten Musketiere einen Degen. In einigen Regimentern, so z. B. im Plönschen Regiment, waren Musketiere zusätzlich mit der so genannten Saufeder ausgerüstet, die besonders im Nahkampf oder zum Bau „Spanischer Reiter" eingesetzt wurde.

1678 ordnete Christian V. an, dass für die Musketiere die Spieße abgeschafft würden und sie stattdessen mit Musketen und Saufedern ausgerüstet werden sollten. Pikeniere waren mit rund 4,5 m langen Spießen bewaffnet, die mit Stahlklingen unterschiedlicher Querschnitte versehen waren. Zusätzlich führten die Pikeniere Degen.

Die ab 1667 auftretenden Grenadiere waren mit Steinschlossgewehren und zusätzlich mit drei Granaten ausgerüstet. Granatwerfer als Waffe wurden ab ca. 1676 eingeführt. Als schwere Waffen wurden jedem Infanteriebataillon zwei 3-Pfünder-Kanonen, so genannte leichte Stücke, als Feuerunterstützungswaffen beigegeben. Diese Waffen waren besonders effektiv gegen Infanterie, da das Feuer der Musketiere und Füsiliere nur auf etwa 100 m wirksam war. Ab 1676 wurden den Bataillonen dann bereits Pioniere angegliedert.

Die Kavallerie wurde 1670 vollständig neu gegliedert und im Gegensatz zur Infanterie in eine primär nationale Streitmacht umgebildet. Für alle Kavallerieregimenter gab es eine einheitliche Grundgliederung mit acht Kompanien und einer Gesamtstärke von 1.000 Mann.

Im Angesicht des kommenden Krieges wurde die Anzahl der Kompanien auf zwölf erhöht, jedoch bei gleicher Gesamtstärke. 1679 wurde die Stärke der Regimenter auf sechs Kompanien mit 453 Mann reduziert, die im Krieg in zwei oder drei Schwadronen aufgeteilt werden konnten.

Die Soldaten der Kavallerie- und Dragonerverbände waren im Grundsatz gleich organisiert und ausgerüstet. Kavalleristen waren mit Säbeln, Radschlosspistolen und Karabinern, die Dragoner hingegen mit Säbeln ausgerüstet, die gleichermaßen für Hieb und Stoß geeignet waren. Darüber hinaus führten sie ein Lunten- oder Steinschlossgewehr, eine Pistole und ein Seitengewehr.

Die dänische Artillerie wurde zu Beginn als eigenständiges Korps mit vier Batterien zu je 111 Mann aufgestellt. Die Bewaffnung bestand aus 58 Kanonen zu 12, 10 bzw. 3 Pfund Kugelgewicht. Jedes Infanteriebataillon war – wie oben erwähnt – mit je zwei 3-Pfündern ausgerüstet, die von Artilleristen bedient wurden.

Die Zeit des Dreißigjährigen Krieges

Mit dem so genannten Zweiten Prager Fenstersturz am 23. 5. 1618 und dem daraus folgenden böhmisch-pfälzischen Krieg nahm eine Folge von Kriegen ihren Ausgang, die sich zu einem europäischen Flächenbrand ausweitete und als der „Dreißigjährige Krieg“ in die Geschichte einging.

Bis 1625 waren weder Dänemark noch die Herzogtümer Schleswig und Holstein von den Kriegswirren betroffen. Im Gegenteil, sie erfreuten sich einer wirtschaftlichen Blütezeit.

Der dänische König Christian IV. (1588 – 1648) war jedoch darauf bedacht, seine Einflusssphäre in Nordwestdeutschland zu sichern, wobei er Sicherung wohl vorrangig als Ausdehnung seines Einflussbereichs über die Elbe nach Süden verstand.

Auch gegen den Widerstand des dänischen Reichsrates sammelte Christian IV. ein Heer von 10.000 Mann zu Fuß und 3.000 Mann zu Pferde, bevor er sich 1625 in Lauenburg zum Kreisobersten des so genannten niedersächsischen Reichskreises wählen ließ, eine Wahl, die auch der deutsche Kaiser unterstützte, da er von der Friedfertigkeit Christians überzeugt war.

Christian aber hatte schon lange vorher seine Fäden gesponnen. Im Januar 1625 hatte er mit Herzog Johann Ernst von Sachsen-Weimar in Kopenhagen eine Übereinkunft getroffen, dass der Herzog bis zum Mai des gleichen Jahres 4.000 Reiter anwerben werde. Im Juni 1625 standen die vereinbarten Kontingente tatsächlich zur Verfügung, und die Wahl zum niedersächsischen Kreisobersten gab Christian dann die Möglichkeit, diese Truppen als Teile der Kreisarmee auszugeben.

Christians Truppen, die er in Steinburg und Süderdithmarschen gesammelt hatte, waren jetzt auf insgesamt 30.000 Mann und 8.000 Reiter angewachsen und schienen ihm stark genug, um unter dem Vorwand, die protestantischen Interessen verteidigen zu wollen, gegen das Heer der katholischen Liga unter Feldmarschall Tilly zu Felde zu ziehen.

Der Feldzug Christians IV. in Niedersachsen

Im Juni 1625 überquerte Christian IV. mit der gesamten Streitmacht bei Haseldorf die Elbe und marschierte in den niedersächsischen Reichskreis ein. Fünf Wochen später setzte er bei Hameln mit den Truppen auf das linke Weserufer über, bevor er weiter auf Höxter marschierte, wo er bereits auf die ersten Regimenter Tillys stieß. Tilly hatte vom Vormarsch Christians erfahren und sein Hauptquartier in Hersfeld verlassen, um mit seiner Armee nach Norden zu marschieren.

Christian ging mit seinen Truppen nördlich Hameln in Stellung, während Tilly am 29. Juli 1625 die Weser überquerte. Zur Schlacht

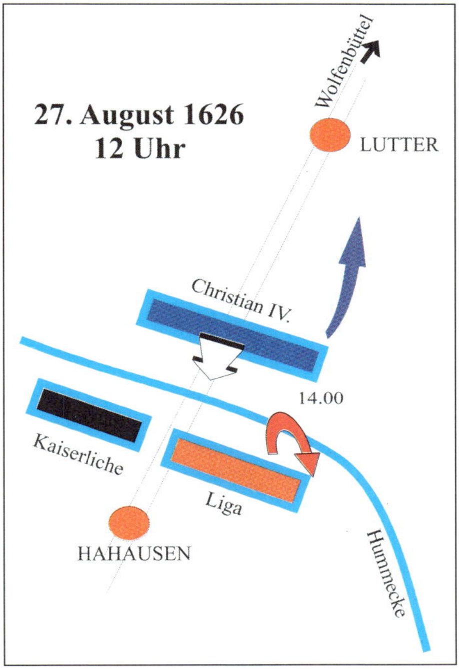

Abb. 33: Schlachtverlauf bei Lutter am Barenberg

Abb. 34: Die Schlacht bei Lutter am Barenberg, Kupferstich eines unbekannten Künstlers

kam es aber noch nicht. Christian IV. stürzte am 20. Juli so unglücklich vom Pferd, dass er für mehrere Tage als Truppenführer ausfiel. Seine Truppen wichen derweil nach Verden an der Aller zurück, während Tilly alle befestigten Orte entlang der Weser besetzte. Einzige wesentliche Ereignisse dieses Sommers blieben die Befreiung des von Tilly besetzten Nienburg sowie ein verlustreicher Vorstoß auf Hannover, bevor beide Heere ihre Winterquartiere bezogen.

Der Feldzug des Jahres 1626 begann für den Dänenkönig nicht sehr viel versprechend. Während der mit ihm verbündete Ernst von Mansfeld, der sein Winterquartier im Lauenburgischen aufgeschlagen hatte, am 25. April an der Dessauer Elbbrücke von Wallenstein geschlagen wurde, musste die Kavallerie des Königs bei ihrem Versuch, das von Tilly belagerte Göttingen zu entsetzen, eine empfindliche Niederlage einstecken.

Nach dem Fall Göttingens ließ Tilly Nordheim belagern, wurde jedoch von Christian zur Aufgabe gezwungen und wich mit seinen Truppen ins Eichsfeld aus, wo er Verstärkung durch Truppen Wallensteins erhielt, sodass sich Christian zum Rückzug in Richtung Wolfenbüttel gezwungen sah. Ständige Attacken der Kavallerie Tillys sowie schlechte Wetterverhältnisse brachten Christian zu dem Entschluss, die gegnerischen Truppen zwischen Hahausen und Lutter am Barenberg zu erwarten. Am 27. August 1626 bezog Christian die Stellungen, die auf den Flügeln durch die Ausläufer des Harzes bzw. durch das Flüsschen Neille gedeckt waren und die vorwärts durch einen sumpfigen Abschnitt des Hummeckebaches geschützt waren. Tillys Truppen marschierten nördlich der Ortschaft Hahausen auf. Nach kleineren anfänglichen Erfolgen der Dänen wendete sich das Blatt ziemlich schnell, und Christians Truppen flohen auf allen Abschnitten.

Auf einem alten Stich der Schlacht bei Lutter kann man die damalige Form der Kampfführung gut erkennen. Man stellte die Truppen in mehreren quadratischen Formationen von Pikenieren und Hellebardenträgern auf, die von einer Musketierumrahmung geschützt wurden.

Bei der Reiterei fochten die Kürassiere ebenfalls in geschlossenen viereckigen Schwadronen. Daneben wurde eine ausgesprochen leichte Reiterei für das „zerstreute Gefecht" eingesetzt. Diese Truppen waren besonders dazu geeignet, den Gegner immer wieder zu beschäftigen, aber mit ihrer Hilfe konnte man auch eigene Bewegungen verschleiern. Als dritte Waffengattung spielte die Feldartillerie eine wichtige Rolle. Schwere Geschütze konnten allerdings in der Regel während der Schlacht nicht mehr die Stellung wechseln. Diese Geschütze wurden dann flankierend, oder bei gutem Schussfeld und Annäherungshindernissen vor die Front gestellt. Leichte Geschütze wurden dagegen zum Teil schon bei den Haufen des Fußvolks mit vorgeführt. Weil aber zur damaligen Zeit leichte Rohre nur relativ geringe Waffenwirkung hatten und die schwere Artillerie wegen ihrer Unbeweglichkeit bei Niederlagen regelmäßig verloren war, war die Zahl der Feldartillerie schon im 16. Jahrhundert rückläufig gewesen. Erst Gustav Adolf von Schweden verhalf der Feldartillerie zu ihrem endgültigen Durchbruch, als die Waffenentwicklung es möglich machte, der Feldartillerie als begleitenden Waffe wichtige Feuerunterstützungsaufgaben für die Infanterie zuzuweisen.

Der niedersächsische Feldzug endete für Christian mit einem Desaster. Der König sammelte seine restlichen Truppen und zog sich über die Elbe nach Holstein zurück.

Für Christian kam es jetzt darauf an, so schnell wie möglich neue Truppen anzuwerben. Zusagen, die England und Frankreich dem Dänen

Abb. 35: Quadratisch aufgestellte Formation von Pikenieren und Hellebardenträgern, umgeben von Musketieren (Ausschnitt aus einem Stich von der Einnahme Meldorfs 1559)

gegeben hatten, erwiesen sich als nicht sehr zuverlässig. Die finanziellen Unterstützungen blieben aus. Im April 1627 schickte England schließlich einige schottische Truppenkontingente, kurze Zeit später trafen dann noch rund 4.000 Franzosen ein. Damit war die Gesamtstärke der dänischen Truppen wieder auf knapp 30.000 Mann angewachsen.

Die Vergeltung für Christians Einfall in Niedersachsen folgte ein Jahr später, im August 1627, als die Heere Tillys und Wallensteins in Holstein einmarschierten.

In dem Bereich, der als „Einfallstor" für feindliche Heere nach Holstein galt, lagen die gottorfschen Ämter Trittau, Reinbeck, Tremsbüttel und Steinhorst, und Forderungen waren nach Christians Niederlage bei Lutter laut geworden, unverzüglich mit Schanzarbeiten in diesen Grenzbereichen zu beginnen. Nach Ansicht des königlichen Statthalters, Gert Rantzau, waren auf dem Abschnitt zwischen Reinbek und

Oldesloe sieben größere Schanzen mit je 200 bis 300 Mann Besatzung und elf kleinere Werke mit je 50 Mann Besatzung für die Verteidigung der Grenzlinie erforderlich. In Oldesloe sollten zusätzlich 1.000 Mann als Reserve bereitgehalten werden. In Tremsbüttel, Todendorf, Trittau und Reinbek sollte darüber hinaus je eine Kompanie zu Pferde einquartiert werden. Aber erst im Frühjahr 1627 begann man mit den Befestigungsarbeiten. Viel zu spät, wenn diese Maßnahmen denn überhaupt etwas hätten bewirken können (vgl.: Knüppel, Günter, Das Heerwesen des Fürstentums Schleswig-Holstein-Gottorf 1600–1715, S. 18ff., Neumünster 1972).

Tilly und Wallenstein in Schleswig-Holstein

Im Sommer 1627 näherten sich die Truppen Wallensteins und Tillys den Grenzen des Herzogtums Holstein, und Tilly überschritt bei Bleckede, Wallenstein bei Artlenburg die Elbe, bevor sich beide Heere mit rund 50.000 Mann im Raum Büchen vereinigten.

Das Herzogtum war auf den bevorstehenden Kampf nur unzureichend vorbereitet. Um dem Gegner in offener Feldschlacht entgegenzutreten, fehlten die Truppen. Lediglich einige befestigte Schlösser, kleinere Befestigungsanlagen entlang der südlichen Grenze zu Holstein und Festungen wie Glücksburg, Krempe oder Rendsburg stellten gewisse Hindernisse für den gegnerischen Vormarsch dar.

Von Lauenburg aus überschritten die kaiserlichen Heere am 4. September bei Trittau die holsteinische Grenze und traten mit 68 Reiterkompanien zum Angriff gegen das von schottischen Truppen verteidigte Schloss Trittau an, das schon nach kurzer Zeit genommen wurde.

Abb. 36: Reiter im Dreißigjährigen Krieg

Während Tilly über Rahlstedt und Eidelstedt gegen das feste Schloss Pinneberg vorging, zogen Wallensteins Truppen über Oldesloe und Segeberg, bevor sie sich nach Westen wandten und Haseldorf, Wilster und Steinburg besetzten, um dann weiter auf Itzehoe und Breitenburg vorzurücken.

Zu harten Kämpfen kam es für Wallensteins Truppen um das Schloss Breitenburg, das vom schottischen Major James Dunbar mit seinen gut 300 schottischen und etwa 100 bis 150 holsteinischen Soldaten, die dem Landesaufgebot angehörten, tapfer verteidigt wurde. Ein Außenwerk nach dem anderen musste erstürmt werden, und die Belagerung dauerte vom 7. bis zum 18. September.

Am 19. September endlich setzten Wallensteins Truppen zum Sturm an und konnten das erste Rondell und die untersten Werke nehmen, bevor sie das Schloss am 28. September endlich einnehmen konnten. Das ganze Schloss wurde ausgeplündert, Kunstschätze und wertvolle Handschriften aus Rantzaus Bibliothek wurden zerstört oder verschleppt, und der Besatzung wurde kein Pardon gewährt. Noch vor dem Ende des Blutbades von Breitenburg hatten Wallensteins Truppen ihren Vormarsch weiter fortgesetzt und standen bereits am 22. September vor der Festung Rendsburg. Hilfe vom dänischen König war zu dieser Zeit für die Festungsbesatzung nicht mehr zu erwarten, sodass auch Rendsburg, trotz tapferer Verteidigung durch die Besatzung, kapitulierte und sich damit ganz Holstein in den Händen der kaiserlichen Truppen befand.

Parallel war es am 7. September zu ersten Gefechten für Tillys Truppen gekommen, und am 10. September hatte die Beschießung und Belagerung Pinnebergs begonnen. Die Schlossbesatzung musste sich nach tapferem Widerstand am 28. September wegen Munitions- und Verpflegungsmangels ergeben. Wie in Trittau gewährte man auch hier den Truppen freien Abzug. Dennoch wurden die Kaiserlichen in diesem Gefecht von einem herben Verlust betroffen. Eine Musketenkugel verletzte Tilly so schwer am Knie, dass er nach Lauenburg zurückgebracht werden und der weitere Vormarsch ohne ihn stattfinden musste.

Bei einem Besuch Wallensteins auf Schloss Gottorf erreichte Herzog Friedrich III., dass sein Gebiet als neutral anerkannt wurde. Das aber geschah um den Preis, sich die Feindschaft des dänischen Königs zuzuziehen und zu dulden, dass die Kaiserlichen ganz nach dem Grundsatz, der Krieg ernährt den Krieg, das Land ausplünderten.

Im Spätherbst 1627 übertrug Wallenstein den Oberbefehl an den Feldmarschall Graf von Schlick, während er selbst die Hauptmacht nach Mecklenburg zurückführte.

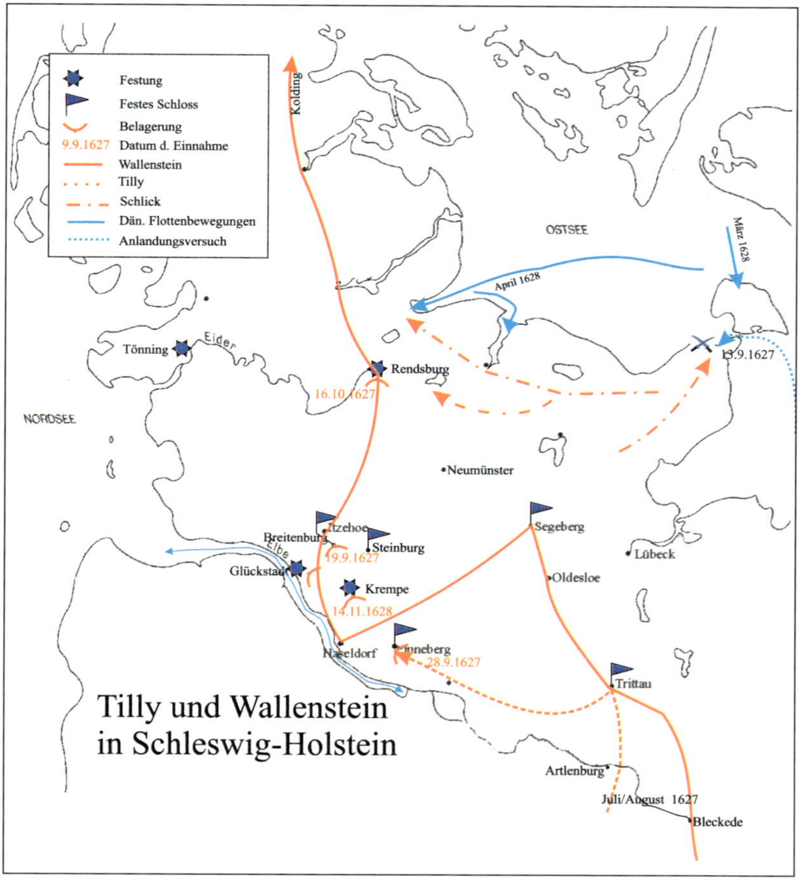

Abb. 37

Schlick hatte bereits das östliche Holstein eingenommen und eine Anlandung von Truppen der Mansfeld'schen Armee, die von der Insel Poel aus bei Heiligenhafen anlanden sollten, zurückgeschlagen. Er setzte seinen Vormarsch über Bordesholm und Kiel fort, nahm Eckernförde, um dann über Schleswig und Flensburg bis nach Jütland vorzudringen.

Am 7. Oktober stand er mit seinen Truppen in Hadersleben und erreichte wenig später Kolding. Am 18. Oktober stieß er zwischen Hobro und Aalborg auf die letzten dänischen Truppen. 3.000 Dänen streckten

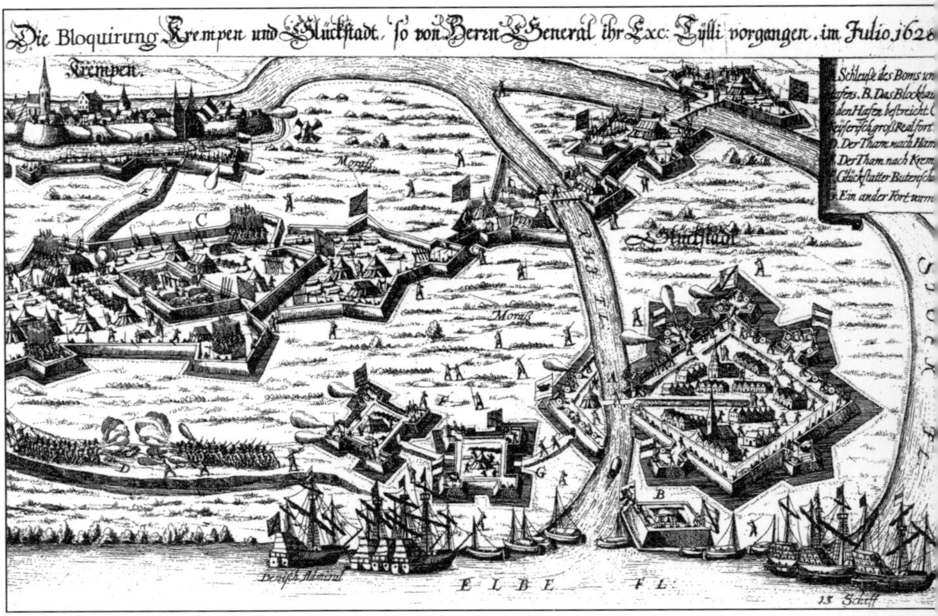

Abb. 38: Die Belagerung von Krempe und Glückstadt im Jahr 1628 auf einer phantasievollen zeitgenössischen Darstellung

die Waffen. Von allen festen Plätzen in den Herzogtümern hielten sich zu dieser Zeit immer noch zwei: Glückstadt und Krempe. Krempe mit rund 1.200 Mann und Glückstadt mit etwa 2.000 Mann Besatzung leisteten den feindlichen Truppen erheblichen Widerstand. In Krempe errangen nicht die feindlichen Truppen den Sieg, die Stadt musste vielmehr wegen fehlenden Proviants am 24. November 1628 übergeben werden.

Die Lage in Glückstadt war für die Verteidiger günstiger, vor allem weil die dänische Flotte die Elbe beherrschte und so Verstärkungen und Proviant in die Stadt gelangen konnten. Immer wieder erfolgreich durchgeführte Ausfälle aus der Stadt gegen die Belagerungstruppen bereiteten dem Gegner erhebliche Probleme, sodass die Belagerung wenig Wirkung zeigte. Entschieden wurde die Auseinandersetzung aber durch die Naturgewalten, als am 17. November 1628 die „Allerheiligenflut" über das Land hereinbrach und der Belagerung so ein Ende setzte.

Nach einem „Blitzkrieg" von nur sechs Wochen war der Feldzug vorüber und die Armee Christians IV. zerschlagen.

Der Friede zu Lübeck und die Folgen

Auch wenn Christian eine vernichtende Niederlage hatte hinnehmen müssen, ging der Friedensschluss für ihn verhältnismäßig günstig aus. Im Frieden von Lübeck vom 12. Mai 1629 musste er seine Ambitionen jenseits der Elbe zwar aufgeben, seine angestammte Herrschaft über die Herzogtümer und Jütland blieb dagegen unangetastet.

In der Folge räumten die Kaiserlichen Truppen langsam die Herzogtümer und hinterließen ein ausgeplündertes und verwüstetes Land. Dennoch, während im übrigen Deutschland der Krieg weiter tobte, folgten für die Herzogtümer zunächst vierzehn Friedensjahre, bevor der Krieg unvermutet zurückkehrte.

Der Schwedische Krieg / Thorstenson-Krieg 1643–45

Ein anderer nordischer Herrscher sah seine Zeit gekommen, um in die Auseinandersetzungen einzugreifen: Gustav Adolf von Schweden, der jetzt die Führung der protestantischen Mächte im Kampf gegen den Kaiser übernahm.

Mit Sorge betrachtete man in Kopenhagen, wie Macht und Einfluss der Schweden wuchsen, und die alten Rivalitäten brachen wieder auf.

Letztlich war es ein relativ geringer Anlass, der den Krieg neu aufflammen ließ. Die Dänen erhöhten 1643 die Sundzölle (Öresund), eine Maßnahme, die sich in erster Linie gegen Schwedens wachsende Macht in der östlichen Ostsee richtete.

Dem wollte die schwedische Vormundschaftsregierung unter Oxenstierna zuvorkommen und befahl dem schwedischen General Thorstenson, der zu dieser Zeit mit seinen Heeren in Schlesien und Mähren stand, seine Streitmacht in Gewaltmärschen nach Norden zu führen.

Ohne vorherige Kriegserklärung überschritt Linnardt Thorstenson am 11. November 1643 bei Steinhorst die holsteinische Grenze und richtete sein erstes Hauptquartier in Rümpel bei Oldesloe ein.

Die Herzogtümer wurden völlig unvorbereitet getroffen, die Festungen waren nicht im optimalen Zustand, und es standen nur knapp 2.000 Mann unter Waffen. Der Gottorfer Herzog Friedrich erkaufte sich die Neutralität unter Zahlung von 100.000 Reichsthalern und Überlassung der Häfen Kiel und Eckernförde.

Geplant hatten die Schweden die Einnahme ganz Dänemarks. Neben Thorstensons Einmarsch in Holstein war ein zweites schwedisches Heer in Schonen eingefallen. Beide Heere sollten sich auf den dänischen Inseln vereinen. Mit Hilfe der dänischen Flotte konnte Schweden an diesem Plan allerdings gehindert werden. Jütland aber war bereits im Januar 1644 von den Schweden genommen.

Zeitweilig verlagerte sich der Kampf auch auf See. Christian IV. hatte seit Anfang 1643 damit begonnen, eine Flotte auszurüsten, um so die Schweden von Insel-Dänemark fern zu halten. Im Frühjahr 1644 lief die Flotte aus. Zum ersten Treffen mit einer holländischen Hilfsflotte kam es am 16. Mai beim Lister Tief, als die Dänen ihren ersten Sieg erfochten. Zwischenzeitlich war Fehmarn am 29. Juni durch den schwedischen Admiral Claes Fleming besetzt worden. Christan IV. erschien mit seiner Flotte in der Ostsee, und es kam am 1. Juli in der Kieler Bucht, die auf alten Karten auch als „Kolberger Heide“ eingezeichnet ist, zur gleichnamigen Seeschlacht. Die Schweden verfügten über 31 Kriegsschiffe, sieben Brander und vier Galioten. Die größten Schiffe waren mit bis zu 75 Kanonen ausgerüstet.

Die Flotte Christians IV. bestand aus etwa 40 Kriegsschiffen mit rund zehn Galioten und Brandern. Nur sechs seiner Schiffe führten über 30 Geschütze, sein Hauptflaggschiff „Trefoldighed“ besaß 48 Kanonen.

Wenn die Schlacht auch nicht die Entscheidung brachte, so gelang es der dänischen Flotte doch, die Schweden zum Ausweichen auf Chritianspries

Abb. 39: Soldaten überfallen ein Dorf. Allgemeine Darstellung der Gräuel des Dreißigjährigen Krieges von H. U. Franck, 1643

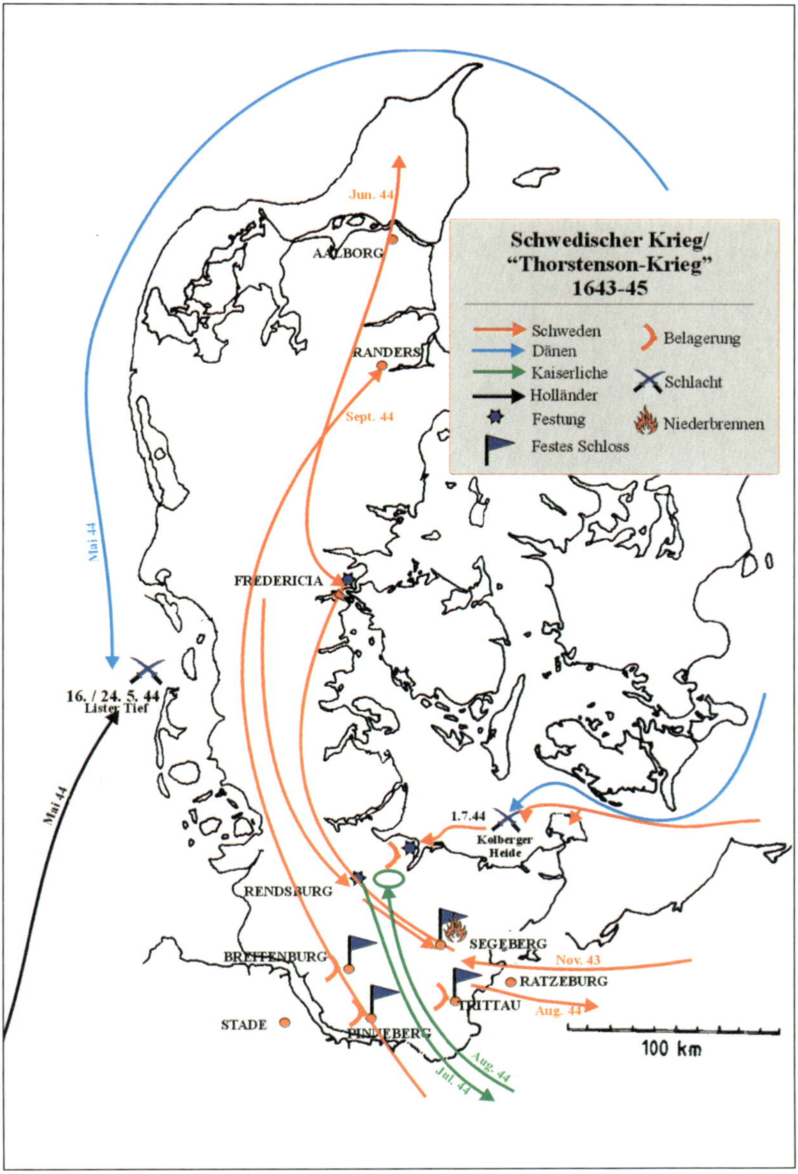
Schwedischer Krieg/
"Thorstenson-Krieg"
1643-45
Schweden
Dänen
Kaiserliche
Holländer
Festung
Festes Schloss
Belagerung
Schlacht
Niederbrennen
Jun. 44
AALBORG
RANDERS
Sept. 44
Mai 44
FREDERICIA
16. / 24. 5. 44
Lister Tief
Mai 44
1.7.44
Kolberger Heide
RENDSBURG
SEGEBERG
BREITENBURG
Nov. 43
RATZEBURG
TRITTAU
Aug. 44
STADE
PINNEBERG
100 km
Aug. 44
Jul. 44

Abb. 40

zu zwingen, wohin die Dänen ihnen folgten und den Kieler Hafen auf der Höhe von Bülk blockierten. In den inneren Hafen von Kiel konnten sich die Schweden nicht vorwagen, da zwischenzeitlich ein kaiserliches Heer unter General Gallas zur Unterstützung Christians IV. in Holstein erschienen war und Kiel besetzt hatte. Die Blockade der Dänen war aber wohl nur sehr lückenhaft, denn der schwedischen Flotte gelang es am Abend des 1. August, die dänische Blockade zu durchbrechen und zu entkommen.

Die Verstärkung in Holstein durch die Kaiserlichen unter Gallas hatte Thorstenson zu dem Entschluss gebracht, seine Truppen aus Jütland und Schleswig zusammenzuziehen und bei Rendsburg auf Kriegsbrücken die Eider zu überqueren. Gallas rückte derweil auf Rendsburg vor, um Thorstenson den Weg zu versperren. Dennoch mied Gallas die offene Schlacht, und Thorstenson konnte am Lager von Gallas vorbei über Neumünster gegen Segeberg ziehen. Die Segeberger Burg hatte einer kleinen Schar, die vorwiegend aus Bauernsöhnen bestand, als Stützpunkt für ihre Ausfälle gegen die Schweden gedient und war daher ins Visier Thorstensons geraten. Die Burg wurde niedergebrannt, bevor Thorstenson seinen Marsch über Oldesloe nach Ratzeburg fortsetzte. Gallas hatte die Schweden bis hierher verfolgt, aber nun ging Thorstenson nochmals zum Angriff über und fügte Gallas so schwere Verluste zu, dass er nur *„2.000 Musketiere und Reiter ohne Pferde nach Böhmen zurückgebracht haben soll"*.

Zur Belagerung von Christianspries, Trittau, Pinneberg und Breitenburg hatte Thorstenson Truppen zurückgelassen, die jetzt mit den Belagerungen begannen.

Der Krieg entwickelte sich so in seinem weiteren Verlauf mehr und mehr zum Kleinkrieg mit wechselnden Erfolgen. Die Schweden schickten erneut zehn Regimenter mit ca. 2.000 Mann und 500 Reitern unter Helm von Wrangel nach Holstein. Über Pinneberg zog er gegen Itzehoe und Breitenburg. In beiden Fällen gelang es ihm jedoch nicht, zum Erfolg zu kommen.

Das Ende des Krieges bildete die 22-wöchige Belagerung Rendsburgs durch die Schweden unter Wrangel. Gegen alle Angriffe verteidigte sich die Festungsbesatzung erfolgreich bis zum Friedensschluss von Brömsebro am 13. März 1645.

Dänemark musste die Inseln Gotland und Oesel sowie Gebiete in Norwegen an Schweden abtreten. Darüber hinaus musste den Schweden die Befreiung vom Sundzoll zugestanden werden. Als Ergebnis des Westfälischen Friedens erhielt Schweden dann weitere Gebiete in Norddeutschland zugesprochen, so Vorpommern, Wismar, die Bistümer Verden und Bremen. Damit war Dänemark jetzt weitgehend von Schweden umklammert, und die militärische Lage Schleswig-Holsteins gefährdeter denn je.

Die Zeit des Absolutismus (1648–1789)

Der Schwedenkrieg (1657–1660)

Mit der Machtübernahme durch den schwedischen König Karl X. Gustaf (1654) flammte der Krieg wieder auf. Karl Gustaf war bestrebt, seine Machtposition im Ostseeraum weiter auszubauen. Erstes Ziel war für ihn Polen. Um dem schwedischen Machtstreben einen Riegel vorzuschieben, stellten sich Deutschland, Russland und die Niederlande gegen ihn.

Dieser Zeitpunkt erschien den Dänen günstig, die Ergebnisse des Friedens von Brömsebro zu revidieren, und man erklärte Karl Gustaf am 5. Juni 1657 den Krieg. Dänemark aber ging nicht konzentriert genug vor, sondern stellte seine Truppen zum Teil in Schonen, zum Teil im südlichen Holstein bei Fuhlsbüttel auf. Von hier aus überschritt die Streitmacht Mitte Juni die Elbe bei Blankenese und fiel in das von schwedischen Truppen entblößte Bistum Bremen ein. Karl Gustav, der im Osten ohnehin in Bedrängnis gekommen war, verlegte seine Truppen in Gewaltmärschen nach Westen und erschien am 18. Juli mit einem Heer von ca. 4.000 Fußsoldaten, 9.000 Reitern und 30 Geschützen vor Ratzeburg, bevor er vier Tage später bei Trittau nach Holstein einfiel.

Zum ersten Gefecht kam es im Raum Fuhlsbüttel, wo die Schweden der dänischen Kavallerie empfindliche Verluste zufügten. Die Dänen wichen auf Steinburg und Rendsburg zurück.

Ein Teil der schwedischen Truppen unter Wrangel ging gegen noch südlich der Elbe stehende Dänen vor, während die Hauptmacht unter Karl Gustaf die zurückweichenden Dänen nach Norden verfolgte. Elmshorn, das Schloss Pinneberg und Haseldorf gingen in Flammen auf. Die Festungen Glücksburg und Krempe ließen die Schweden links liegen, während Itzehoe am 7. und 8. August unter starkes Feuer der Schweden genommen wurde, nachdem sich die Stadt einer Übergabe widersetzt hatte. Große Teile der Stadt wurden ein Raub der Flammen. Der Schwede setzte seinen Vormarsch weiter fort, besetzte Kiel und stand am 14. August vor Gottorf, wo er durch den Herzog freundlich begrüßt wurde.

Wenige Tage später standen die Schweden in Flensburg und erreichten am 20. August die Königsau, wobei einzelne Abteilungen zuvor in westlicher Richtung gegen Schwabstedt, Tondern und Ripen vorgedrungen waren.

Widerstand leisteten die Dänen bei ihrer neu errichteten Festung Friedrichsodde (Fredericia), wohin der dänische Feldmarschall Bilde

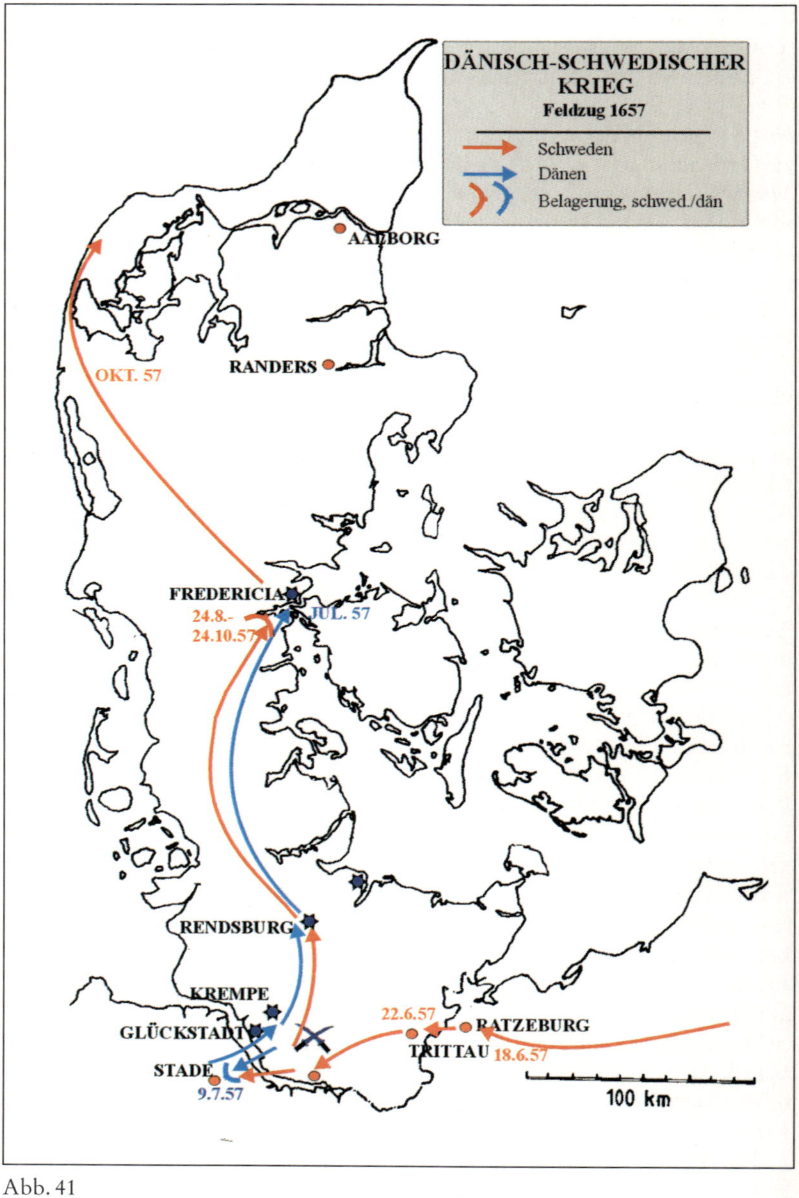
DÄNISCH-SCHWEDISCHER KRIEG
Feldzug 1657
Schweden
Dänen
Belagerung, schwed./dän
AALBORG
RANDERS
OKT. 57
FREDERICIA
24.8.-
24.10.57
JUL. 57
RENDSBURG
KREMPE
GLÜCKSTADT
STADE
9.7.57
22.6.57
RATZEBURG
TRITTAU
18.6.57
100 km

Abb. 41

sein Fußvolk von Glückstadt über die Nord- und Ostsee um Skagen herum verlegt hatte, sodass zur Verteidigung etwa 5 – 7.000 Mann zur Verfügung standen. Nachdem die Schweden ihre Truppen, die jetzt unter dem Befehl von Wrangel standen, neu gruppiert hatten, griffen sie die Festung von zwei Seiten an, indem sie durch das Wasser des Belts auch von der Seeseite vorgingen. Nach kurzer Gegenwehr fiel die Festung. Anfang Dezember nahmen die Schweden dann auch die Insel Alsen, bevor sie weiter nach Fünen übersetzten und Anfang Februar 1658 Langeland, Lolland und Falster genommen hatten und am 11. Februar über das Eis der zugefrorenen Ostsee nach Seeland vorgingen.

Dänemark war geschlagen, der Krieg beendet und mit dem Frieden von Roskilde am 26. Februar 1658 besiegelt.

Für Schleswig und Holstein hatte der Frieden zur Folge, dass dem Herzog von Gottorf Ersatz für alle im Krieg entstandenen Schäden zugesprochen wurde und dass Gottorf in dem so genannten Kopenhagener Vergleich die Befreiung von der dänischen Lehnshoheit und damit volle Souveränität zugesprochen wurde.

Wiederaufleben des Krieges

Auch nach Abschluss des Friedens hatten die Schweden ihre Truppen noch in Holstein stehen lassen. Erst am 20. Juli 1658 zogen sie aus ihrem Lager bei Oldesloe ab, wandten sich zunächst nach Wismar, um dann unvermittelt vor Kiel zu erscheinen, wo ein großer Teil der schwedischen Flotte lag.

Einen Teil seiner Truppen ließ Gustaf Adolf unter dem Befehl des Pfalzgrafen von Sulzbach in Holstein mit dem Auftrag zurück, die Dänen anzugreifen und sich in den Besitz der Festung Rendsburg zu setzen. Die übrige Streitmacht mit 4.000 Fußsoldaten, 1.200 Reitern und 18 Geschützen schiffte sich auf 60 Transportschiffen ein und lichtete am 5. August 1658 unter dem Schutz von 13 Kriegsschiffen die Anker. Ohne vorherige Kriegserklärung landeten die Schweden am 7. August bei Korsör auf Seeland und rückten auf Kopenhagen vor. Die Schweden nahmen die Kronborg ein und begannen dann mit einer zweimonatigen Belagerung Kopenhagens. Die Dänen aber erhielten holländische Unterstützung. Einer holländischen Flotte war es gelungen, am 8. November die schwedische Flotte im Sund erfolgreich zu attackieren und dann mit Kriegsvorräten und Lebensmitteln vor Kopenhagen zu erscheinen.

Bis in den Februar 1659 zog sich die Belagerung hin, ohne dass die Schweden Erfolg hatten.

Von Süden her kam Entlastung für die Dänen. Der Große Kurfürst Friedrich Wilhelm von Brandenburg hatte, nachdem er zunächst an der Seite Schwedens gegen die Polen gekämpft hatte, die Front gewechselt und setzte den Krieg an der Seite Dänemarks, Österreichs, Polens und Hollands fort. Im September 1558 befand er sich an der Spitze einer Streitmacht von rund 14.000 Brandenburgern, 13.000 Kaiserlichen und 5.000 Polen mit zusammen etwa 100 Geschützen im Anmarsch auf Holstein. Am 19. September erreichte die Vorhut Oldesloe, von wo der zügige Vormarsch nach Norden vorgetragen wurde.

Die Schweden unter dem Pfalzgrafen von Sulzbach waren dem Gegner unterlegen und wichen nach der Taktik der „verbrannten Erde" vor den anrückenden Truppen zurück, ließen u. a. Segeberg, Pinneberg, Uetersen niederbrennen, gaben die Belagerung von Rendsburg auf und wichen unter Zurücklassen eines Regiments in der Festung Tönning – wohin der Gottorfer Herzog mit seiner Familie geflüchtet war – nach Friedrichsodde (Fredericia) aus. Auf ihrem Weg hinterließen sie eine Spur der Verwüstung.

Der Große Kurfürst führte seine Truppen über Gottorf, Husum und Flensburg nach Düppel, von wo aus er die Insel Alsen einnehmen wollte. Es kam zu schweren Kämpfen um Sonderburg und Nyborg, wohin sich die Schweden zurückgezogen hatten. Durch eine List gelang es den Schweden unter Zurücklassung von 1.200 Pferden und 24 Kanonen jedoch zu entkommen. Die Polen waren derweil weiter nach Norden vorgestoßen und nahmen am Weihnachtsabend 1658 das feste Schloss Kolding.

Um die Schweden endgültig von den Inseln zu vertreiben, setzte ein dänisches Heer unter Schack auf der Flotte des Niederländers de Ruyter von Kiel nach Fünen über. Ein zweites dänisches Heer überschritt zusammen mit Brandenburgern, Kaiserlichen und Polen den kleinen Belt und nahm die schwedischen Schanzen bei Middelfart, bevor die Schweden bei Nyborg vernichtend geschlagen wurden.

Der plötzliche Tod des Schwedenkönigs am 23. Februar 1660 trug zum Ende des Krieges bei, und nach dem Kopenhagener Frieden vom 6. Juni 1660 blieb Schweden im Besitz der dänischen Provinzen jenseits des Sundes.

Der Bevölkerung der Herzogtümer blieb dieser Krieg noch lange in Erinnerung, da er das Land schwer geschädigt hatte. Die durchziehenden Heere hatten schlimmste Verwüstungen hinterlassen, und die katholischen Polen hatten in dem Krieg wohl weitgehend einen Religionskrieg gesehen. Der Krieg ist in die Erinnerung der Menschen zwar als „Polackenkrieg" eingegangen, aber auch die anderen fremden Heere hatten das Land nicht weniger ausgeplündert und verwüstet.

Der große Nordische Krieg 1700–1721

Auf dem Weg zum Nordischen Krieg

Mit dem Ende des „Schwedenkrieges“, in dem Dänemark geschlagen worden war, hatte Gottorf durch den so genannten Kopenhagener Vergleich die Befreiung von der dänischen Lehnshoheit zugesprochen bekommen und war damit ein souveräner Staat geworden.

Nachdem Schweden 1675 bei Fehrbellin eine Niederlage erlitten hatte, sah der dänische König Christian V. eine gute Chance, Gottorf wieder unter seine Hoheit zu bringen. Der Gottorfer war zu schwach, das Okkupationspatent vom 30. Mai 1684 zu verhindern, mit dem Christian V. den herzoglichen Anteil von Schleswig einzog und mit dem königlichen Gebiet vereinigte. Erst nach Vermittlung durch den deutschen Kaiser, Sachsen und Brandenburg kam es zum Altonaer Vergleich zwischen König und Herzog, mit dem der Gottorfer die alten Rechte zurückerlangte. Gottorf suchte jedoch auch jetzt die Bindung an den dänischen „Erbfeind“ Schweden, und es bestand weiter auf dem Recht, in seinen Gebieten eigene Truppen anzuwerben und Festungen anzulegen, was zu einem langjährigen Streit mit dem Dänenkönig führte. Höhepunkt in den Auseinandersetzungen stellte die Zerstörung gottorfscher Befestigungsanlagen durch Dänemark im Jahr 1697 dar.

Zum Schutz Gottorfs schlossen Schweden und Lüneburg 1698 ein Bündnis. Aber auch Dänemark ließ nicht nach in seinem Bemühen, die Gottorfer Frage in seinem Sinne zu lösen. 1699 schloss Dänemark ein Bündnis mit Sachsen-Polen und Russland gegen Schweden und Gottorf, einmal mehr trugen Probleme, die ihren Ursprung in den Herzogtümern hatten, zum Ausbruch eines Krieges bei.

Schleswig-Holstein und der Nordische Krieg (1700–1721)

Nach dem plötzlichen Tod des Dänenkönigs Christian V. hatte dessen Sohn als Friedrich IV. den dänischen Thron bestiegen. Er war wie sein Vater entschlossen, gegen Holstein-Gottorf weiter vorzugehen.

Im März 1700 sammelte sich das dänische Heer mit ca. 17.000 Mann um Rendsburg, wobei man das Risiko einging, die dänischen Inseln weitgehend von Truppen zu entblößen, da man der Meinung war, die Schweden wären durch die Verbündeten gebunden.

Der Feldzug verlief zunächst erfolgreich. Die Stapelholmer Schanzen, Friedrichstadt und Husum wurden genommen. Dann aber kam der

Krieg ins Stocken, als die Belagerung von Tönning auf die erfolgreiche Gegenwehr der gottorfschen und schwedischen Truppen in der Festung stieß. Beschießung und Sturmangriff zeigten nicht die erhoffte Wirkung, und die Belagerung wurde aufgegeben. Die dänische Lage wurde noch schlechter, als am 28. Mai schwedische und Lüneburger Truppen bei Zollenspieker die Elbe überschritten und mit einem rund 18.000 Mann starken Heer nach Holstein einmarschierten.

Zusätzlich griffen die Schweden, unterstützt durch die Flotten Englands und Hollands, von See her an. Es gelang, die dänische Flotte in den Hafen von Kopenhagen zurückzudrängen. Kopenhagen wurde bombardiert, während die Schweden gleichzeitig auf Seeland landeten und Kopenhagen auch von der Landseite her einschlossen.

In dieser Situation sah der dänische König nur noch den Ausweg in einem Frieden, der am 18. August 1700 in Traventhal bei Segeberg geschlossen wurde. Auch wenn Dänemark den Traventhaler Frieden wohl eher als Waffenstillstand betrachtete, war doch für einige Jahre Ruhe in den Herzogtümern.

Ein knappes Jahrzehnt später, 1709, musste der Schwedenkönig Karl XII. bei Poltawa eine schwere Niederlage gegen den russischen Zaren

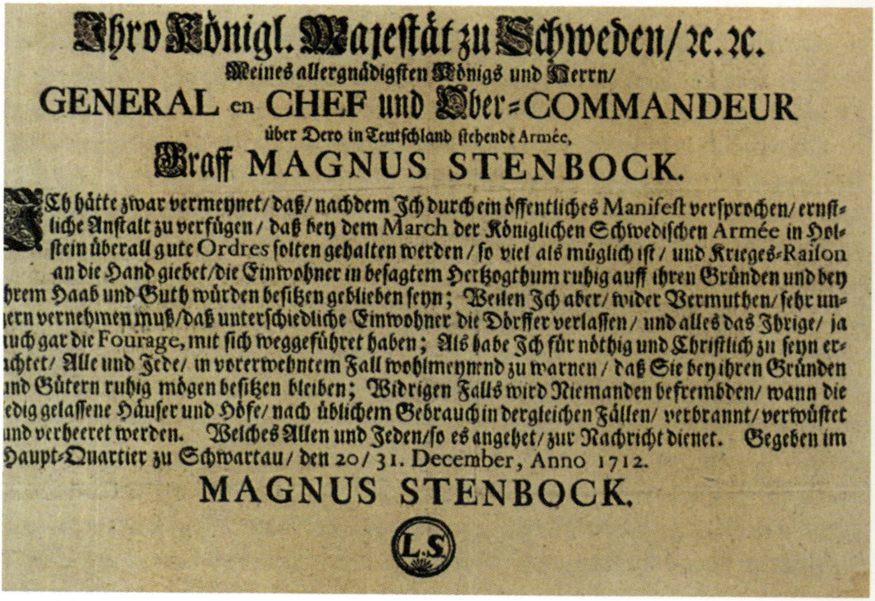

Ihro Königl. Majestät zu Schweden/ rc. rc.
Meines allergnädigsten Königs und Herrn/
GENERAL en CHEF und Ober=COMMANDEUR
über Dero in Teutschland stehende Armée,
Graff MAGNUS STENBOCK.

Ich hätte zwar vermeynet/ daß/ nachdem Ich durch ein öffentliches Manifest versprochen/ ernstliche Anstalt zu verfügen/ daß bey dem March der Königlichen Schwedischen Armée in Holstein überall gute Ordres solten gehalten werden/ so viel als müglich ist/ und Krieges=Raison an die Hand giebet/ die Einwohner in besagtem Hertzogthum ruhig auff ihren Gründen und bey hrem Haab und Guth würden besitzen geblieben seyn; Weilen Ich aber/ wider Vermuthen/ sehr ungern vernehmen muß/ daß unterschiedliche Einwohner die Dörffer verlassen/ und alles das Ihrige/ ja uch gar die Fourage, mit sich weggeführet haben; Als habe Ich für nöthig und Christlich zu seyn erachtet/ Alle und Jede/ in vorerwehntem Fall wohlmeynend zu warnen/ daß Sie bey ihren Gründen und Gütern ruhig mögen besitzen bleiben; Widrigen Falls wird Niemanden befrembden/ wann die edig gelassene Häuser und Höfe/ nach üblichem Gebrauch in dergleichen Fällen/ verbrannt/ verwüstet und verheeret werden. Welches Allen und Jeden/ so es angehet/ zur Nachricht dienet. Gegeben im Haupt=Quartier zu Schwartau/ den 20/31. December, Anno 1712.

MAGNUS STENBOCK.

L.S.

Abb. 42: Anweisung Steenbocks vom 13. Dezember 1712

hinnehmen. Diese Situation nutzte der dänische König und ging gegen das damals schwedische Wismar vor, wo General Rantzau den Schweden eine schwere Niederlage zufügte. 1712 drangen die Dänen dann in die schwedischen Bistümer Bremen und Verden vor und nahmen die Festung Stade. Zwischenzeitlich näherte sich der schwedische General Magnus Steenbock mit seinem Heer von Pommern den Grenzen der Herzogtümer. Die Dänen zogen ihm mit einem Heer von 15.000 Mann von Oldesloe über Ratzeburg entgegen und bezogen in der Nähe des mecklenburgischen Gadebusch ihr Lager. Am 12. Dezember kam es zur Schlacht, die die Schweden letztlich trotz schwerer Verluste für sich entscheiden konnten. Den Dänen blieb nur der Rückzug nach Holstein, wo sie sich mit ihren aus Jütland herangekommenen Verstärkungen vereinigten.

Die Herzogtümer lagen nun offen vor Steenbock, der inzwischen mit seiner auf ca. 10.000 Mann geschrumpften Streitmacht am 30. Dezember bei Lübeck die Trave überquert hatte. In Lübeck erließ er eine Bekanntmachung an die Bevölkerung, in der er Schutz versprach, wenn die geforderten Kontributionen geleistet würden. Sollte das nicht geschehen, drohte er härteste Bestrafung an.

Steenbock wandte sich mit seinen Truppen zunächst über Schwartau und Segeberg nach Westen und schlug sein Hauptquartier bei Pinneberg auf. Von hier aus sandte er einen Obristen mit zehn Dragonern nach Altona, um mit dem dortigen Magistrat die Brandschatzung auszuhandeln. Die Stadtoberen hatten aber Altona bereits auf die Kunde vom Vormarsch Steenbocks hin fluchtartig verlassen. Ihren Vertretern empfahl der Oberst, dem General Steenbock eine möglichst hohe Geldsumme anzubieten, um so den drohenden Untergang der Stadt zu verhindern.

Am 8. Januar 1713 erschien Steenbock persönlich in der Stadt, aber die Verhandlungen verliefen alles andere als in seinem Sinne. Die Stadt bot gerade einmal 50.000 statt der geforderten 100.000 Thaler Brandschatzung. Steenbock brach die Verhandlungen ab und ließ die Stadt niederbrennen.

Anschließend setzte er seinen Marsch fort und zog brandschatzend durch die Elbmarschen weiter Richtung Dithmarschen und überschritt in der zweiten Januarhälfte 1713 die Eider bei Friedrichstadt, wo er sich neu formierte.

Inzwischen waren die mit Dänemark verbündeten Russen und Sachsen in den Herzogtümern erschienen und nach Überschreiten der Alster über Bramstedt, Neumünster und Nortorf auf Rendsburg vorgegangen, wo sie sich mit den Dänen vereinten.

Am 12. Februar griffen die Verbündeten Steenbock in seinen Stellungen bei Friedrichstadt an und zwangen ihn zum Zurückweichen. In dieser Lage öffnete das offiziell neutrale Gottorf am 14. Februar 1713 für den Schweden die Tore der Festung Tönning. Damit aber saß der Schwede endgültig in der Falle. Die Stadt war von den Verbündeten eingeschlossen. Der Versuch der Schweden, eine Kriegsbrücke über die Eider zu schlagen, um so zu entkommen, schlug fehl. Am 8. Mai begann die massive Beschießung der Festung, und am 16. Mai musste Steenbock eine Kapitulationsurkunde unterschreiben, durch die er mit seiner restlichen Armee von noch rund 11.000 Mann in Gefangenschaft geriet. Steenbock selbst wurde in die Zitadelle nach Kopenhagen gebracht, wo er als Gefangener im März 1717 starb.

Auch nach Gefangennahme der Schweden hielt Gottorf die Festung Tönning weiter besetzt. Nach kurzer Belagerung durch die Dänen fiel mit Tönning am 7. Februar 1714 auch die letzte gottorfsche Bastion.

Im Frieden von Frederiksborg im Juli 1720 verlor Dänemark zwar seine Gebiete östlich des Öresunds, in Schleswig-Holstein aber verblieben die okkupierten gottorfschen Landesteile in seinem Besitz. Zusätzlich erhielt Dänemark noch Garantien von England und Frankreich.

Friedrich IV. schloss das Kapitel für sich am 4. September 1721 damit ab, dass er sich als alleinigem, souveränem Landesherrn huldigen ließ, ohne jedoch Schleswig gänzlich in den dänischen Staat zu inkorporieren.

Für die Herzogtümer folgten nach Ende des großen Nordischen Krieges einige Jahrzehnte des Friedens. Die dänische Politik war jetzt vorrangig darauf gerichtet, das Gleichgewicht zwischen Schweden und Dänemark aufrecht zu erhalten, und der Schwerpunkt lag mehr in der Diplomatie als in kriegerischen Lösungen.

Mit dem Frieden von Frederiksborg und der Huldigung Friedrichs IV. 1721 war die Gottorfer Frage nur überdeckt. Der Gottorfer Staat bestand nun nur noch aus den zersplitterten holsteinischen Gebieten und hatte keine Möglichkeit, aus eigener Kraft Dänemark zu widerstehen. Da schien es sich günstig zu fügen, dass mit Karl Peter Ulrich ein Gottorfer seit 1742 zum russischen Thronfolger bestimmt war und 1762 als Zar Peter III. den russischen Thron bestieg. Ein Krieg mit Dänemark schien unausweichlich. Die Ermordung Peters rettete die Dänen jedoch vor dem Krieg, da dessen Gemahlin Katharina II. andere Ambitionen hatte. Mit einem Freundschaftsvertrag zwischen Russland und Dänemark (1765) kam Dänemark seinem Ziel näher und erreichte es mit dem Tauschvertrag von Zarskoje Selo vom 1. Juni 1773 endgültig.

Änderungen in der Heeresstruktur

Unter Christian IV. (1588–1648) hatte die Entwicklung hin zum stehenden Heer in Dänemark begonnen, und um die Wende vom 17. zum 18. Jahrhundert ging man verstärkt daran, neben den Söldnertruppen auch „nationale" Regimenter aufzustellen, die nach und nach die Söldner verdrängten.

Christian VI. (1730–1746) änderte die Wehrverfassung so, dass eine Quasi-Wehrpflicht begründet wurde. Im Jahr 1739 verfügte er, dass im königlichen Anteil der Herzogtümer ein stehendes Heer aufzustellen sei, das sich lediglich aus dem Bauernstand rekrutieren sollte. Die Truppe, die einer Landwehr gleichkam, wurde unter der Bezeichnung „Landausschuss" geführt. Auf je 3 3/4 Pflüge (Pflug = alte Steuerquote) war ein Landausschuss-Mann zu stellen. Ausgebildet wurde sonntags nach dem Gottesdienst. Darüber hinaus gab es aber auch noch Söldner, die insbesondere im Festungsdienst und in den Garnisonen stationiert waren.

Rund 2/3 des damaligen dänischen Heeres bestand im 18. Jahrhundert aus deutschen Soldaten und die Kommandosprache war Deutsch. Nach Rode setzte sich die dänische Armee 1726 personell wie folgt zusammen:

Nationalität	Offiziere	Unteroffiziere/ Mannschaften
Deutsche	332	10.414
Dänen	154	4.057
Norweger	22	548
Andere	5	599

Infolge der dänisch-nationalen Bewegung war unter Christian VII. mit Verordnung vom 18. Februar 1772 verfügt worden, dass jetzt die Kommandosprache Dänisch war und die Reglements und Lehrbücher auf Dänisch verfasst werden mussten. Aber ungeachtet dieser Anordnungen hielt sich die deutsche Sprache auch weiterhin in vielen Bereichen der Streitkräfte. Auch Friedrich VI. sah in der dänischen Kommandosprache ein Mittel zur weiteren Vereinheitlichung des Gesamtstaates. Auch er verfügte, dass im dänischen Heer dänisch zu sprechen sei. 1812 ließ er darüber hinaus die deutsche Militärschule in Rendsburg auflösen und die gesamte Offiziersausbildung nach Kopenhagen verlegen.

Unabhängig davon hatte man bereits seit Anfang des 18. Jahrhunderts auch rein dänische Regimenter mit landsmannschaftlicher Bindung aufgestellt, was sich auch in den Regimentsnamen widerspiegelte.

Auf eine neue Grundlage wurde der Soldatendienst mit der *„Landmilitär- und Remonte-Ordnung“* vom 1. August 1800 gestellt, mit der die allgemeine Wehrpflicht für die Landbevölkerung in den Herzogtümern eingeführt wurde. Zahlreiche Ausnahmeregelungen rechtfertigten den Begriff „allgemein“ jedoch kaum. So blieben auf dem Lande die Adligen, Gutsbesitzer, Beamten, Geistlichen und Lehrer vom Kriegsdienst freigestellt. Die Städter waren gar alle *„militärfrei“*.

Abb. 43: Offizier und Soldat des Oldenborgske Regiment, das mit Teilen auch in Rendsburg stationiert war, auf einer Abbildung in C. Bertrams Uniformwerk von 1761

Die Herzogtümer stellten künftig 1.307 Rekruten. Besonders die ärmere Landbevölkerung, die Bauern, Tagelöhner und Handwerker, wurden durch diese Neuregelung belastet. Für die reicheren Bürger gab es noch die Möglichkeit, dass sich der Dienstpflichtige noch bis Mitte des Jahrhunderts vertreten lassen konnte.

In der oben erwähn-

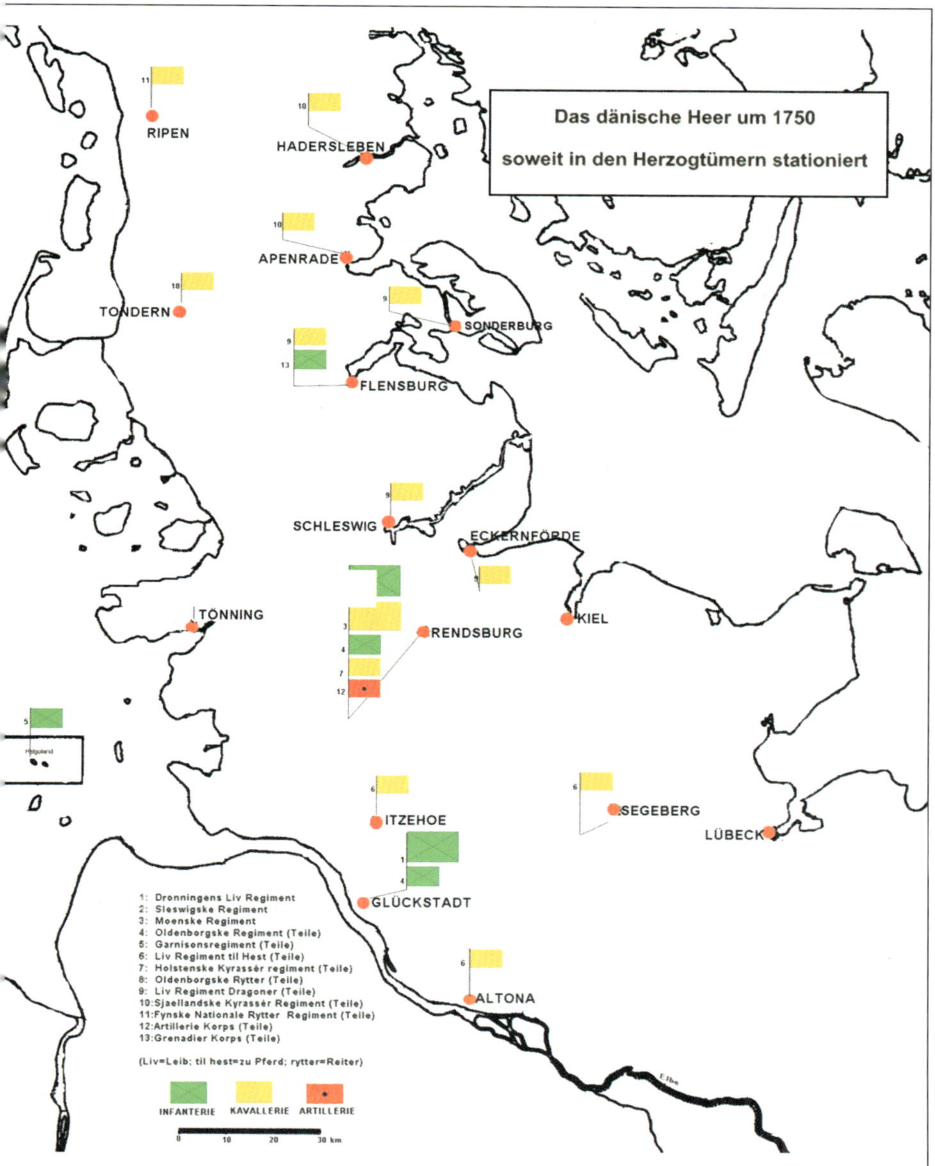
Das dänische Heer um 1750
soweit in den Herzogtümern stationiert
RIPEN
HADERSLEBEN
APENRADE
TONDERN
SONDERBURG
FLENSBURG
SCHLESWIG
ECKERNFÖRDE
TÖNNING
RENDSBURG
KIEL
ITZEHOE
SEGEBERG
LÜBECK
GLÜCKSTADT
ALTONA
1: Dronningens Liv Regiment
2: Sleswigske Regiment
3: Moenske Regiment
4: Oldenborgske Regiment (Teile)
5: Garnisonsregiment (Teile)
6: Liv Regiment til Hest (Teile)
7: Holstenske Kyrassér regiment (Teile)
8: Oldenborgske Rytter (Teile)
9: Liv Regiment Dragoner (Teile)
10:Sjaellandske Kyrassér Regiment (Teile)
11:Fynske Nationale Rytter Regiment (Teile)
12:Artillerie Korps (Teile)
13:Grenadier Korps (Teile)
(Liv=Leib; til hest=zu Pferd; rytter=Reiter)
INFANTERIE
KAVALLERIE
ARTILLERIE
0
10
20
30 km

Abb. 44

STELLUNGSCONTRACT (Auszug)

„Mit Einwilligung des 17en Linien Infanterie Bataillons ist zwischen uns Unterzeichneten folgender Stellungscontract abgeschlossen worden.

§ 1

Ich der Verstärkungsmann Peder Jensen aus dem Amt Odense, Lage 12N C 236, übernehme hiermit als Stellvertreter die ganze dem Recruten bei der 3. Companie des 17en Linien Infanterie Bataillons, überzählig N 46, Hans Hinrich Kröger aus Alveslohe, Gut Caden, Itzehoer adel. Güterdistrict, 2te Abtheilung, Lage 1 No. 3, obliegende Dienstpflicht im stehenden Heere, übereinstimmend mit dem § 26 des Wehrpflichtgesetzes.

§ 2

Ich Hans Hinrich Kröger aus Alveslohe [...] zahle an meinen obengenannten Stellvertreter, Peter Jensen, beim Unterschreiben dieses Contractes ein für allemal die contante Stellungssumme von 430 rth Rm., schreibe Vier Hundert und dreißig Thaler Reichsmünze, wobei ich auch das Stempelpapier zum vorliegenden Contract liefere.

§ 3

Dieser Contract tritt gleich in Kraft, doch mit der Modification, daß die Stellungssumme von 430 rth. Rm., vorläufig in der Kasse des 17ten Bataillons deponiert und erst dem Stellvertreter, Pede Jensen, nach Ablauf einer vom heutigen Tage an gerechneten Probezeit von 4 Wochen ausgezahlt wird.
Vorstehenden Contract haben wir Unterzeichnete eigenhändig unterschrieben [,..]

Kopenhagen, den 2. Juli 1857“
Es folgen die Unterschriften

Vgl.: Stegemann, Stellvertretung im Wehrdienst vor 100 Jahren, in Heimatkundliches Jahrbuch des Kreises Segeberg, S. 77f., Segeberg, 1966 ten „*Landmilitär- und Remonte-Ordnung*“ vom 1. 8. 1800 hatte man daher schon die Landesverteidigung als persönliche Obliegenheit des Bauernstandes bezeichnet, und am 31. 12. 1801 wurde durch königliche Ordre bestimmt, dass die Werbung von Söldnern gänzlich einzustellen sei und dass die Landesverteidigung künftig ausschließlich in den Händen von Landeskindern liegen solle. Sechs Jahre wurden als Dienstpflicht festgelegt, von denen allerdings die Mannschaften nur zwei Jahre aktiven Dienst leisten mussten und während der restlichen vier Jahre nur zu kürzeren Waffenübungen einberufen wurden.

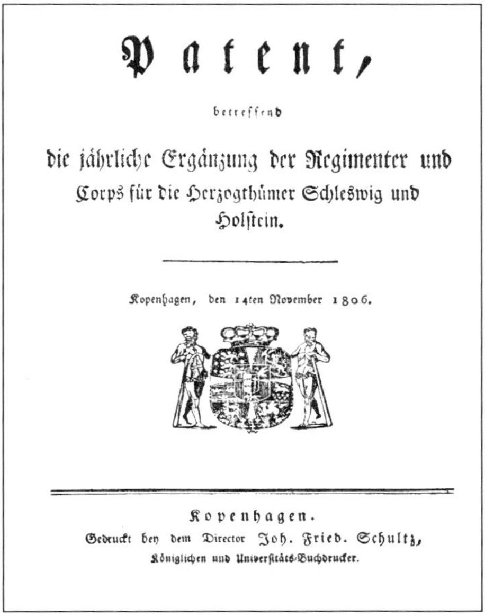

Patent,

betreffend

die jährliche Ergänzung der Regimenter und Corps für die Herzogthümer Schleswig und Holstein.

Kopenhagen, den 14ten November 1806.

Kopenhagen.
Gedruckt bey dem Director Joh. Fried. Schultz,
Königlichen und Universitäts-Buchdrucker.

Abb. 45: Titelblatt der königlichen Verfügung vom 14. November 1806

Fünf Jahre später verfügte der König mit Patent vom 14. November 1806, dass die Aushebung vom bisherigen Sechstel auf ein Achtel reduziert werden solle, da sonst „*dem Feldbau eine zu große Anzahl Landeskinder*“ entzogen würde. Damit aber „*diese Erleichterung in der Aushebung ohne Nachteil für die militärischen Einrichtungen Statt finden könne, soll jeder, der in Zukunft ausgehoben wird [...] die jetzt vorgeschriebene Dienstzeit von sechs Jahren, noch ferner zwei Jahre in der Nummer stehen ...*“

Schleswig-Holstein in der napoleonischen Zeit

Am Beginn des 19. Jahrhunderts wurde Dänemark in die Kämpfe um die Vorherrschaft in Europa hineingezogen. Um den schwelenden Problemen mit England zu begegnen, schlossen sich die Dänen im Dezember 1800 einem *„Bewaffneten Neutralitätsbündnis"* mit Russland, Schweden und Preußen an. Dennoch wurde Dänemark, ohne dass die Verbündeten ihm halfen, Opfer englischer Aggressionspolitik. England erkannte nicht an, dass Schiffe neutraler Staaten – also auch dänische – ungehindert passieren durften, und beschlagnahmte immer wieder dänische Handelsschiffe. Im Gegenzug verhängte Dänemark ein Embargo gegen alle englischen Schiffe und ließ die freien Städte Hamburg und Lübeck, mit dem Ziel, den englischen Handel zu schädigen, durch eigene Truppen unter Führung des Feldmarschalls Prinz Karl von Hessen am 29. März 1801 besetzen.

Die Engländer entschlossen sich zu einem Präventivschlag gegen Dänemark. Ende März 1801 erschienen 56 englische Schiffe, darunter 18 Linienschiffe, im Kattegatt und kreuzten schließlich vor Kopenhagen. Der dänische Versuch, die eigenen noch seetüchtigen Schiffe als „Blockschiffe" zu verankern, war nutzlos. Nelson, der die britische Flotte befehligte, nahm die Schiffe ebenso wie die Stadt unter Feuer. Nach schweren dänischen Verlusten kam es zu Verhandlungen, in denen die Dänen zum Austritt aus der *„Bewaffneten Neutralität"* bewegt werden sollten. Am 9. April wurde ein 14-wöchiger Waffenstillstand vereinbart. Nach dieser Frist sollte Dänemark dem Bündnis nicht mehr angehören. Am Tage zuvor war den Dänen bekannt geworden, dass der russische Zar Paul ermordet worden war und Alexander I. den Thron bestiegen hatte. Dieser Zar schloss mit England Frieden, ohne die bisherigen Verbündeten vorher zu konsultieren. Die *„Bewaffnete Neutralität"* war somit ohne Grundlage. Dänemark schloss sich dem englisch-russischen Bündnis an. Seine Truppen wurden aus Hamburg und Lübeck Ende Mai wieder abgezogen.

Loslösung Holsteins vom Deutschen Reich

Nach der Niederlage Österreichs und Russlands in der „Dreikaiserschlacht" bei Austerlitz am 2. Dezember 1805 gegen Napoleon, der Gründung des „Rheinbundes" im Juli 1806 und nachdem die Rheinbundstaaten im August ihren Austritt aus dem Heiligen Römischen Reich erklärt hatten, erkannte Napoleon das Reich nicht länger völkerrechtlich an und verlangte von Franz II. ultimativ die Niederlegung der Reichskrone, was dieser am 6. August 1806 auch tat.

Mit der Auflösung des Reichs waren auch die Bindungen Holsteins und Lauenburgs an das Deutsche Reich zerschnitten. Der dänische König nutzte die Gunst der Stunde in seinem Sinne. In einer Erklärung vom 9. September 1806 heißt es u. a.:

„*Unser Herzogthum Holstein, Unsere Herrschaft Pinneberg, Unsere Grafschaft Rantzau, und Unsere Stadt Altona, sollen fortan unter der gemeinsamen Benennung des Herzogthums Holstein, mit dem gesammten Staatskörper Unserm Königl. Scepter untergebenen Monarchie, als ein in jeder Beziehung völlig ungetrennter Theil derselben verbunden und solchem nach von nun an Unserer alleinigen unumschränkten Botmäßigkeit unterworfen seyn*“ (zitiert nach: Hoff, Schleswig-Holsteinische Heimatgeschichte, Bd 2, S. 444, Kiel/Leipzig 1911).

Der vierte Koalitionskrieg und die Folgen für die Herzogtümer (1806/07)

Im Vierten Koalitionskrieg blieb Dänemark neutral, hatte aber eine 20.000 Mann starke Armee unter dem Kronprinzen Friedrich in Südholstein an der Grenze zum Herzogtum Lauenburg zusammengezogen.

Abb. 46: Kämpfe zwischen preußischen und französischen Truppen vor dem Lübecker Burgtor am 6. November 1806

Die preußische Armee war in der Schlacht bei Jena und Auerstädt (13.–17. Oktober 1806) weitgehend zerschlagen worden, und nur wenige Truppenteile leisteten auch anschließend noch Widerstand.

Unter ihnen General von Blücher, der auf dem Rückzug der Preußen mit seinem Korps ab Magdeburg zunächst die Nachhut gebildet hatte. Nachdem er sich mit der Division des Generals von Winnig vereinigt hatte, wollte er, nun 22.000 Mann stark, im Rücken der französischen Armee weiter operieren. Napoleon setzte drei Gruppen unter Murat, Bernadotte und Soult zur Verfolgung Blüchers an. Immer wieder kam es zu Verzögerungsgefechten, die die Truppen Blüchers trotz zahlenmäßiger Unterlegenheit zwischen Müritz und Plauer See in Mecklenburg wesentlich beweglicher und geschickter führten als die Franzosen. Blücher aber scheute die offene Schlacht, die er zunächst gegen die noch allein kämpfenden Truppen Bernadottes mit guter Aussicht auf Erfolg wohl hätte führen können. Als die drei französischen Gruppen sich jedoch vereinigt hatten, wich Blücher auf Lübeck aus, und am 5. November 1806 kam es in den Straßen der Hansestadt Lübeck, vornehmlich vor dem Burg-, Mühlen- und Hüxtor, zu heftigen Gefechten zwischen französischen Truppen und denen Blüchers. Am 6. November jedoch brach die Stadtverteidigung zusammen und Blücher musste vor dem starken Druck über Schwartau gegen Ratekau im Fürstentum Lübeck ausweichen. Hier war auch sein Schicksal besiegelt und er kapitulierte am 7. November in Ratekau. Er und sein Stabschef Scharnhorst wurden gefangen genommen.

Lübeck wurde nach dem Sieg über Preußen von französischen Truppen besetzt; drei Tage lang plünderten die Sieger die Stadt.

Am 19. November 1806 besetzten die Franzosen auch Hamburg, unmittelbar an der dänischen Grenze. Beide Städte wurden dem französischen Staat als Département 128 „Les Bouches de L'Elbe" einverleibt und die Einwohner wurden damit französische Staatsbürger mit allen Rechten und Pflichten. Es verstand sich daher ganz von selbst, dass sie in den neu hinzugewonnenen Territorien den Konskriptionsgesetzen (Aushebung zum Heeresdienst) unterlagen. Für die Hansestädte Hamburg und Lübeck bedeutete das, dass sie zusammen mit den Départements an Ems und Weser die 32. und letzte französische Militärdivision bildeten und rund 800 Soldaten für das 127. Linienregiment zu stellen hatten.

Zwei Tage nach der Einnahme Hamburgs verhängte Napoleon von Berlin aus die „Kontinentalsperre", um damit England vom Handel mit dem Kontinent auszuschließen. Wenn auch zunächst wenig wirkungsvoll, so änderte sich das mit dem zwischen Frankreich und Russland geschlossenen „Tilsiter Frieden" (9. 7. 1807). Napoleon und der Zar verein-

Scharnhorst zu seiner Gefangennahme in einem Brief an seine Tochter

Lübeck, den 7. November 1806

Meine liebe Tochter. Ich bin gestern gegen Abend beim Sturm auf diese Stadt gefangen worden, ich bin gesund, aber unbeschreiblich unglücklich. Ich habe in meinem Leben keine unglücklicheren und verzweifelteren Momente erlebt, als die im Anfange meiner Gefangenschaft. Wir wussten nicht, dass wir mit der ganzen französischen Macht, die ihnen zu 100.000 (Anmerk.: es waren ca. 50.000) *angegeben wird, zu tun hatten. Über 200 Offiziere sind gefangen, von denen aber manche durch Kapitulation gefangen sind. Ich bin aber im Sturm genommen. Der General Blücher hat heute schon hingeschickt und meine Auswechslung gegen einen Obersten Gérard verlangt. Bernadotte hat eingewilligt, allein nur mit der Kondition, dass ich nicht gleich wieder dienen soll, sondern erst nach ein oder zwei Monaten.*
...Da ich nach der Menge der französischen Truppen, die ich auf 60.000 wenigstens schätze, und nach dem Zustande und den Ueberbleibseln unserer schließen muss, dass die Sache nicht lange mehr dauern kann, so suche ich eine Auswechslung so schleunig wie möglich zu erhalten ... "

Zwei Tage später in einem Brief aus Hamburg

Hamburg, den 9. Novbr.
Ich bin ausgewechselt, gottlob ich bin ausgewechselt. General Blücher hat kapituliert, er hatte nur noch 9.000 Kombattanten ... "

(zitiert nach: BMVg, FüS I3, Hrsg., Scharnhorst, S. 143f., Bonn 1985)

barten u. a., dass Dänemark gezwungen werden sollte, sich dem Handelskrieg gegen England anzuschließen, um so die Engländer aus der Ostsee herauszuhalten und die damals bedeutende dänische Flotte unter Kontrolle zu haben. Die Engländer reagierten ihrerseits damit, dass sie allen seefahrenden Nationen das Anlaufen französischer Häfen ebenso untersagten wie das Anlaufen von Häfen der mit Frankreich verbündeten Nationen. Eine Handelsmacht wie Dänemark wurde durch diese Maßnahmen schwer getroffen.

Dänemark konzentrierte daraufhin seine Truppen in Holstein und bemühte sich, seine Verteidigung am Sund zu verstärken. Aber sowohl Frankreich als auch England, wenn auch aus unterschiedlichen Gründen, hatten Einwände, insbesondere gegen die dänischen Maßnahmen am Sund. England sah sich in seiner Bewegungsfreiheit beschränkt, während Frankreich der Meinung war, Dänemark täte nicht genug, um diese Wasserstraße wirksam sperren zu können. Frankreich drohte mit dem Einmarsch französischer Truppen unter Bernadotte in Holstein, falls England weiter in die Ostsee vorgehe.

England wiederum setzte Dänemark unter Druck, als es am 3. August 1807, wiederum unter Führung Nelsons, mit 25 Linienschiffen, 40 Fregatten und weiteren Kriegsschiffen einschließlich einer Landungstruppe von ca. 30.000 Mann vor Helsingör erschien. Was zunächst als „Höflichkeitsbesuch" anfing, entwickelte sich schnell zu einer Erpressung. Der englische Gesandte überbrachte dem Kronprinzen, der sich in Kiel aufhielt, ein Ultimatum, in dem gefordert wurde, dass Dänemark sich England anschließen solle und seine Flotte gegen Sicherheit von 100.000 Pfund an England ausliefern solle. Allianz mit England oder Krieg war die Alternative. Dänemark entschied sich gegen eine Allianz.

Abb. 47: Blücher kapituliert in Ratekau am 7. November 1806

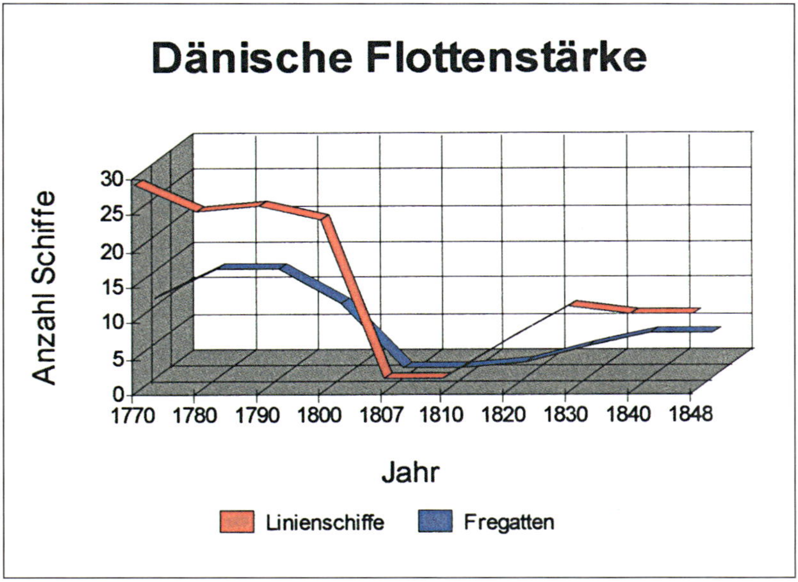

Abb. 48: Zahlenangaben vgl. Hellesen, Danmarks historisk atlas, S. 99, Kopenhagen 1988 (bis 1814 einschl. norw. Flotte)

Daraufhin landeten englische Truppen am 16. August auf Seeland und begannen am 2. September mit einem heftigen Bombardement der Hauptstadt, in dessen Verlauf große Teile Kopenhagens zerstört wurden. Nach fünf Tagen, am 7. September, kapitulierte Dänemark, und die Engländer bemächtigten sich der im Arsenal liegenden Flotte, 28 Linienschiffe, 16 Fregatten, 9 Briggs und gut 40 kleinere Fahrzeuge. Ein Schlag, von dem sich die dänische Flotte nicht wieder erholte. Zusätzlich nahmen die Engländer noch das dänische Helgoland in Besitz. Die Insel wurde stark befestigt und als Stützpunkt für die Blockade der Nordsee genutzt.

Dänemark sah keine andere Möglichkeit, als seine bisherige Neutralitätspolitik aufzugeben und ein Bündnis mit Napoleon einzugehen (Vertrag von Fontainebleau vom 31. Oktober 1807), das bis zum bitteren Ende Bestand haben sollte.

Eine der Folgen des Beitritts zu dem neuen Bündnis war, dass etwa 1.400 unter dänischer Flagge fahrende Schiffe von England beschlagnahmt wurden und der Handel fast völlig zum Erliegen kam. Lediglich

Tönning entwickelte sich zum „Loch in der Kontinentalsperre“ und profitierte von einem lebhaften Schmuggel mit Helgoland.

Der dänische Handlungsspielraum war nach Wegnahme seiner Flotte sehr stark eingeschränkt, und die Regierung lavierte hin und her. Im Februar 1813 erklärte man sich für neutral, um dann im Juli des gleichen Jahres eine politische Kehrtwendung zu machen. Die Erfolge Napoleons bei Lützen und Bautzen im Mai 1813 brachten den dänischen König wohl zu einer neuen Einschätzung der Situation, die ihn veranlasste, mit Napoleon am 13. Juli 1813 in Dresden während des Waffenstillstandes erneut ein Kriegsbündnis einzugehen und den Franzosen die Aufstellung eines Auxiliarkorps in Stärke einer Division zuzusagen, das dann dem französischen Marschall Davout unterstellt werden sollte. Darüber hinaus erklärte Dänemark Russland und Preußen, wenige Tage vor der Völkerschlacht bei Leipzig, den Krieg.

Während die Masse der dänischen Truppen auf den Inseln verblieb, sammelten sich im Raum Lübeck-Trittau-Ahrensburg die neuen Hilfstruppen, die zum größten Teil aus Schleswig-Holsteinern und nur zu einem kleinen Teil aus Dänen bestanden, unter dem Oberbefehl des Generals Prinz Friedrich von Hessen.

Der Winterfeldzug in den Herzogtümern

Der Ausgang der Völkerschlacht bei Leipzig (16.–19. Oktober 1813) leitete das Ende der napoleonischen Herrschaft ein. Auch der dänische Gesamtstaat geriet in den Sog des Untergangs Napoleons, als man sich ziemlich unvermutet mit alliierten Streitkräften konfrontiert sah.

Während die Alliierten nach der Völkerschlacht das napoleonische Heer nach Westen über den Rhein verfolgten, brach der schwedische Kronprinz Bernadotte mit seiner Armee die Verfolgung bei Göttingen ab und wandte sich nach Norden. Er sah eine Chance, in seiner neuen Heimat Erfolge vorweisen zu können, und setzte sich zum Ziel *„Norwegen in Holstein zu erobern“*.

Er stand an der Spitze einer rund 47.000 Mann starken Streitmacht, bestehend aus schwedischen, mecklenburgischen, deutschen, russischen und englischen Truppen sowie einer Hanseatischen Brigade und Schill'schen Husaren. Bei seinem Marsch nach Norden stieß er in Mecklenburg auf die etwa 30.000 Mann starke Streitmacht aus Franzosen unter Marschall Davout, zu der auch das dänische Auxiliarkorps gehörte.

Es kam zu mehreren kleineren Gefechten, die aber Bernadotte für sich entscheiden konnte, und am 26. November 1813 überschritt er mit zwei

Infanteriedivisionen und einer Kavallerie-Division bei Boizenburg die Elbe, während das mit ihm verbündete russische Korps unter Woronzow bei Artlenburg den Strom überquerte. Die schnellen Kosakeneinheiten stießen weit nach Norden und Westen vor. Besonders diese Kosaken waren es, die der Bevölkerung der Herzogtümer in schlechter Erinnerung bleiben sollten. Die Spur, die die Kosaken zogen, gab dem Feldzug den Namen: „*Kosakenwinter*".

Die Franzosen und Dänen unter Davout hatten bereits am 13. November ihre bisherigen Stellungen geräumt und sich hinter der Stecknitz zwischen Lübeck und der Elbe neu zur Verteidigung eingerichtet. Schon am 1. Dezember wich Davout dem übermächtigen Druck der Angreifer und räumte Lauenburg und die günstigen Stellungen hinter der Stecknitz, um auf das stark befestigte Hamburg zurückzugehen. Seine Truppen plünderten bei ihrem Rückzug die Gebiete, durch die sie zogen, systematisch aus und nahmen alles mit, was sie irgendwie gebrauchen konnten.

Das dänische Auxiliarkorps überließ Davout weitgehend seinem Schicksal. Nur ein kleiner Teil der französischen Truppen unter General L'Allemand verblieb bei den Dänen. Alles in allem standen auf dänischer Seite jetzt rund 11.000 Mann.

Bernadotte drang mit seinen Truppen über Mölln gegen Lübeck vor, und die Dänen verlegten ihre Hauptkräfte am 3. Dezember nach Oldesloe. Am 4. Dezember kam es im Zuge einer gewaltsamen Aufklärung bei Groß Boden zu einem ersten Feuergefecht zwischen Dänen und Angreifern. Der Vormarsch der alliierten Nordarmee kam gut voran. Die Franzosen kamen einem Sturmangriff auf Lübeck durch ihre Kapitulation am 5. Dezember zuvor, als der französische General L'Allemand die Stadt an die Schweden unter der Zusage übergab, dass er Lübeck mit seinen Truppen bis zum folgenden Tag 10 Uhr räume und das Möllner Tor bis 17 Uhr übergebe, dafür aber erst mit Anbruch des darauf folgenden Tages verfolgt werden dürfe. So geschah es. Die Franzosen wichen nach Segeberg aus und wurden wie verabredet durch die Schweden unter General Skjöldebrand verfolgt, wobei den Schweden einige Hundert Gefangene sowie zwei Kanonen in die Hand fielen.

Gefechte bei Bornhöved und Sehestedt

Die dänischen Haupttruppen hatten in der Nacht vom 5. auf den 6. Dezember Oldesloe verlassen und waren über Segeberg in Richtung Bornhöved gezogen.

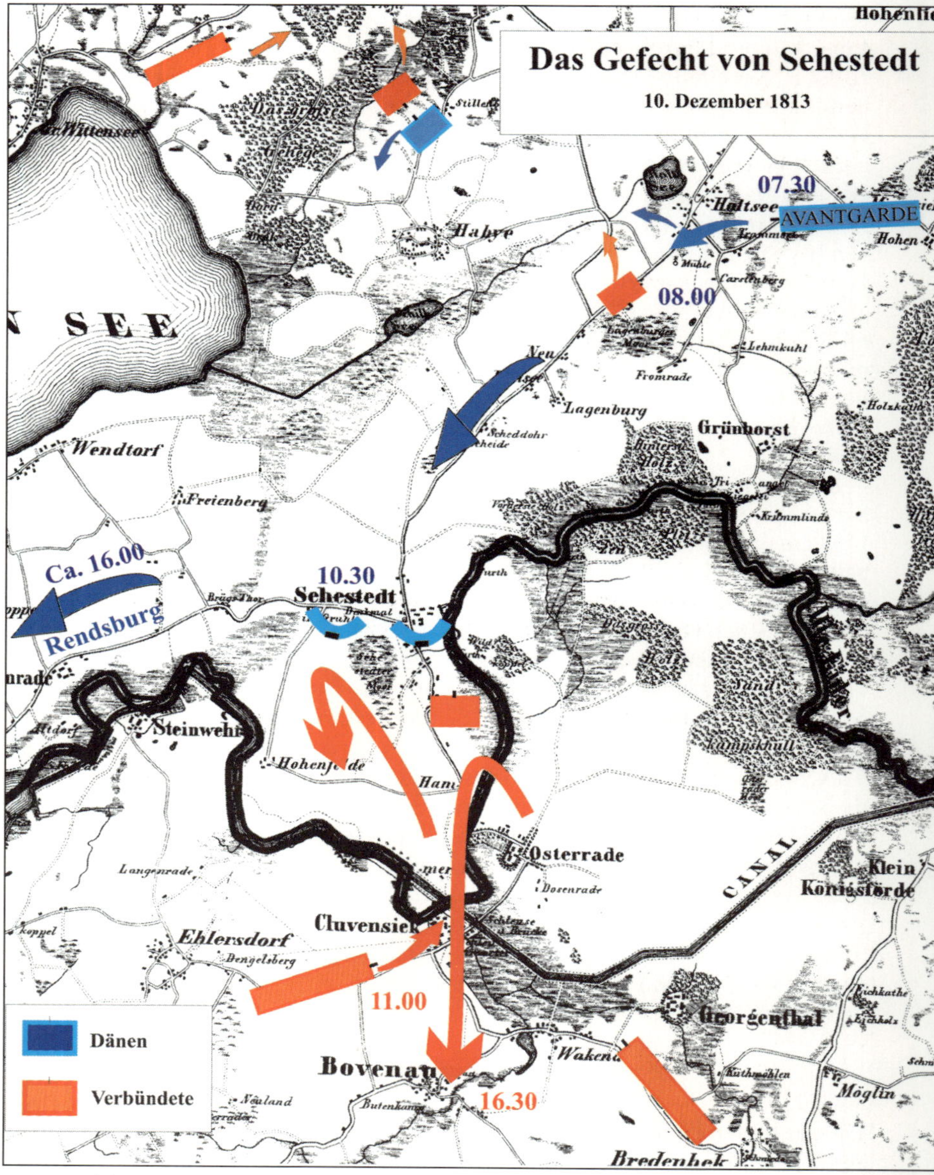
Das Gefecht von Sehestedt
10. Dezember 1813
07.30
AVANTGARDE
08.00
10.30
Sehestedt
Ca. 16.00
Rendsburg
11.00
16.30
Dänen
Verbündete
Haltsee
Hahye
Lagenburg
Grünhorst
Fromrade
Lehmkuhl
Wendtorf
Freienberg
Steinwehr
Osterrade
Cluvensiek
Ehlersdorf
Bovenau
Georgenthal
Klein Königsförde
Möglin
Langenrade
CANAL
SEE

Abb. 49

Auf der großen Heide südlich von Bornhöved wurden sie am 7. Dezember 1813 von elf Eskadronen schwedischer Kavallerie, verstärkt durch zwei Eskadrone Schill'scher Husaren eingeholt, die sofort die Nachhut der dänischen Kolonnen angriffen. Die Dänen mussten sich in großer Unordnung nach Bornhöved zurückziehen. Erst nördlich des Ortes gelang es, die Angreifer durch Geschützfeuer abzuwehren und ihnen Verluste in Höhe von rund 100 Mann und etwa ebenso vielen Pferden zuzufügen. L'Allemand zog sich mit seinen weitgehend demoralisierten Truppen über Nettelsee in den Raum westlich Kiel zurück, wo er wieder Anschluss an das Gros der dänischen Kräfte gewann.

Inzwischen hatten die verbündeten Truppen ihren Vormarsch weiter fortgesetzt und standen am 7. Dezember in Neumünster, wo sie sich mit den über Segeberg vorgegangenen Kräften vereinigten. Am folgenden Tag erreichten die Spitzen bereits den Eiderkanal bei Kluvensiek, den sie am 9. Dezember gegen schwachen dänischen Widerstand überschritten. Bis zum Abend hatten die Spitzen Holzbunge und Sehestedt erreicht. Sie gingen davon aus, dass die Dänen über Eckernförde nach Norden ziehen wollten.

Der dänische General Prinz Friedrich von Hessen vermutete seinerseits, dass er durch die Verbündeten eingekreist werden sollte, und entschloss sich, mit seinen Truppen von Kiel nördlich des Kanals auf Rendsburg vorzustoßen. In der Nacht zum 10. Dezember brachen die dänischen Truppen auf und erreichten gegen 7 Uhr früh Holtsee.

Die dänische Avantgarde unter General L'Allemand bestand aus vier Bataillonen, sechs Eskadronen und acht Geschützen. Dicht aufgeschlossen folgten die Brigade Schulenburg mit $5\frac{1}{2}$ Bataillonen, zwei Eskadronen und 16 Geschützen und die Brigade Abercron mit drei Bataillonen, drei Eskadronen und zehn Geschützen. Danach folgten die Bagagen.

Kurz vor 8 Uhr kam es am Wald bei Haby zu ersten Gefechten der dänischen Vorhut mit zwei Bataillonen der Verbündeten. Die schwedische Vorhut unter Dörnberg marschierte derweil auf Eckernförde, da man das dänische Vorgehen irrtümlich als Verschleierung der eigentlichen dänischen Absichten ansah. Die beiden mit den Dänen im Kampf stehenden Bataillone der Verbündeten wichen aus und schlossen sich der schwedischen Vorhut an. Damit fielen diese Truppen für das weitere Gefecht aus.

Die Dänen gingen nun gegen Sehestedt weiter vor, das von zwei Bataillonen verteidigt wurde. Schon nach kurzer Beschießung durch zwölf Geschütze wurde der Ort trotz tapferer Gegenwehr gegen 10.30 Uhr genommen. Der schwedische Versuch, das Dorf zurückzugewinnen, scheiterte in einem Feuergefecht westlich des Ortes. Auch ein zweiter

Versuch, Sehestedt mit $3^1/_2$ Bataillonen gegen Mittag zurückzuerobern, wurde durch den Einsatz dänischer Dragoner abgewehrt. Die folgende Gegenattacke mecklenburgischer Reitender Jäger wehrten die dänischen Dragoner noch ab, wurden dann aber durch Infanteriefeuer zurückgeschlagen.

Die Verbündeten entschlossen sich zum Rückzug auf das südliche Kanalufer und wurden von den Dänen nur bis an die Kluvensieker Kanalbrücke verfolgt, um so den Durchmarsch der eigenen Bagagen zu sichern. Unter Zurücklassung einer Nachhut wichen die Dänen im Schutz der Dunkelheit nach Rendsburg aus, das sie am späten Abend erreichten. Verloren hatten sie an diesem Tag 548 Mann, darunter 17 Offiziere. Die Verbündeten dagegen verloren 1.171 (42 Offiziere). Der Krieg aber war damit noch nicht abgeschlossen.

Nach dem dänischen Durchbruch bei Sehestedt vereinbarte Prinz Friedrich von Hessen mit den Schweden am 15. Dezember einen Waffenstillstand, der bis zum 5. Januar dauerte. Ausgenommen blieben Friedrichsort und Glückstadt.

Die überlegenen Truppen der Verbündeten besetzten derweil das ganze Land, und nach Auslaufen des Waffenstillstandes drangen Kosakeneinheiten bis an die Königsau vor. Während die Verbündeten im Lande kaum auf Widerstand stießen, leisteten die verbliebenen Festungen tapferen Widerstand.

Die Besatzung von Friedrichsort ergab sich schließlich gegen freien Abzug, während Glückstadt durch die Schweden weiter belagert wurde. Als zusätzlich eine britische Flotte in der Elbe erschien und den Ort vom 1. bis 3. Januar 1814 unter Feuer nahm, war auch Glückstadts Schicksal besiegelt. Die Stadt kapitulierte am 5. Januar. Damit war Rendsburg der letzte feste Platz der Dänen.

Der Frieden vom 14. Januar 1814 setzte dem Vormarsch der Verbündeten ein Ende.

Dänemark verlor Norwegen an Schweden. Das bereits 1807 besetzte Helgoland fiel endgültig an England wie auch die von England weggeführte dänische Flotte. Dänemark erhielt Schwedisch-Vorpommern und Rügen, das es 1815 gegen Lauenburg mit Preußen tauschte, und Dänemark verpflichtete sich, dem Bündnis gegen Napoleon beizutreten und ein Hilfskorps von 10.000 Mann zu stellen. Dieses Korps sammelte sich im Februar 1814 im Raum Lübeck, bevor es an den Niederrhein abrückte, aber bereits im Mai wieder zurückkehrte.

Schleswig-Holsteins Weg von Dänemark nach Preußen

Mit dem Ende der napoleonischen Ära war Dänemark aus der mitgestaltenden Rolle weitgehend in die eines Zaungastes der Geschichte gedrängt worden, und auch das Ende der Zeit des dänischen Gesamtstaates war eingeläutet. Im Zuge wachsenden nationalen Bewusstseins wurde die Frage, ob die Herzogtümer Teil der deutschen Nation werden sollten oder ob sie geschlossen Teil des dänischen Nationalstaates sein wollten/sollten, zum Kern kommender Auseinandersetzungen.

Unter Christian VIII. begann eine öffentliche Diskussion um die Erbfolge des dänischen Throns, da durch die Kinderlosigkeit des Kronprinzen das Aussterben der Oldenburger Linie drohte. Nationale Strömungen sowohl im Königreich als auch in den Herzogtümern bestimmten dabei weitgehend die Auseinandersetzungen. In den Herzogtümern beanspruchten die Augustenburger die Erbfolge für sich, indem sie sich auf die in Deutschland gültige männliche Erbfolge beriefen, die von der im Königreich gültigen abwich. Mit einem „Offenen Brief" vom 8. Juli 1846 versuchte Christian VIII. die Lage zu entschärfen, bewirkte in den Herzogtümern aber genau das Gegenteil. Es kam zum offenen Bruch mit dem Landesherrn, mit dessen Tod im Januar 1848 brach der Konflikt dann unter dem Eindruck der Pariser Februarrevolution offen aus.

Militärische Entwicklung

Friedrich VI. war dem 1815 gegründeten „Deutschen Bund" als Herzog von Holstein beigetreten. Im Deutschen Bund besaß jedes Mitglied das Recht, eigene Armeen aufzustellen und die volle Wehrhoheit über sie auszuüben. Für den Konfliktfall jedoch konnte der Bund auf ein Bundesheer zurückgreifen, das sich aus Kontingenten der Bundesstaaten zusammensetzte. Um den Anteil der einzelnen Gliedstaaten festzulegen, wurde nach dem Muster der alten Reichskriegsverfassung die so genannte „Matrikel" wieder eingeführt, in der bestimmt wurde, dass 1% der Bevölkerung das aktive Hauptkontingent zu bilden hatte. Insgesamt sollte die Normalstärke des Bundesheers 300.000 Mann umfassen und in zehn Armeekorps gegliedert sein. Holstein und Lauenburg stellten zum neu aufgestellten Bundesheer eine Brigade, die sich aus vier Bataillonen Infanterie (3.600 Mann), vier Eskadronen Kavallerie (514 Mann) und ei-

Abb. 50: Uniformen der Kontingente des Deutschen Bundesheeres aus Holstein, Lauenburg und den Hansestädten

Herzogthum
HOLSTEIN
Ingenieurs Corps
Major & Lieutenant
(Königl. dänische Truppen)

Herzogthum
HOLSTEIN
General Major
Quartiermeister Stab General Stab
(Königl. dänische Truppen)

Freye Städte
BREMEN LÜBECK HAMBURG
Infanterie Officiere

Freie Städte
HAMBURG LÜBECK BREMEN
Dragoner
Gemeine
Hanseatische Brigade

ner Batterie Artillerie (295 Mann und sechs Geschütze) zusammensetzte. Ein weiteres Kontingent wurde durch die Hansestädte Bremen, Hamburg und Lübeck gestellt, wobei Lübeck ein Infanterie-Bataillon und eine halbe Eskadron Kavallerie stellte.

Zusammen mit Bremen, das Truppen im gleichen Umfang stellte, bildeten diese Kontingente im Krieg ein lübisch-bremisches Bataillon bzw. eine Eskadron, alles in allem 1.655 Mann Infanterie, 312 Kavalleristen und 179 Artilleristen mit vier Geschützen.

Die Truppen Holstein-Lauenburgs und die der Hansestädte gehörten zur zweiten Division und bildeten zusammen mit den Truppen des Königreichs Hannover, Braunschweig, Mecklenburg-Schwerin, Mecklenburg-Strelitz, Oldenburg und den drei Hansestädten das 10. Bundesarmeekorps, das in der ganzen Zeit seines Bestehens nur einmal in der Zeit vom 24. September bis 8. Oktober 1843 mit 25.000 Mann zu einem großen Manöver bei Lüneburg zusammentrat.

Die dänische Gesamtarmee wurde unter Christian VIII. mit der Heeresreform vom 28. 4. 1842 grundlegend neu strukturiert. Die Gesamttruppenstärke wurde auf 25.000 Mann reduziert.

Im stehenden Heer waren vier Jahre (in der Artillerie sechs Jahre) aktive Dienstzeit festgelegt, von denen allerdings nur zwei Jahre in der Garnison abzuleisten waren, während die Soldaten in der übrigen Zeit lediglich zu jährlichen Übungen herangezogen wurden.

In der Folge der Heeresreform fielen die traditionsreichen regionalen Bindungen der Truppenteile künftig fort. Die Regimentsebene wurde für die Infanterie aufgehoben und man bildete 23 einheitlich gegliederte und landesweit durchnummerierte Bataillone.
Insgesamt verfügte die Infanterie über:

- Königliche Leibgarde
- 17 Infanteriebataillone
- fünf Jägerkorps
- ein Leibjägerkorps

Die Kavallerie bestand jetzt aus sechs Regimentern zu je vier Schwadronen und zusätzlichen drei Einzelschwadronen mit Gardecharakter:

- Eine Schwadron berittene Garde
- zwei Schwadronen Garde-Husaren
- sechs Dragoner-Regimenter zu je vier Schwadronen

Die Artillerie bildete zwei Regimenter mit insgesamt zwölf Batterien.

Insgesamt war das dänische Heer in drei Generalkommandos gegliedert, von denen die Truppen in den Herzogtümern dem 3. Generalkommando mit Sitz in Schleswig unterstanden, dem folgende Truppenteile nachgeordnet waren:

Infanterie
- 14. Linienbataillon (Rendsburg)
- 15. Linienbataillon (Rendsburg)
- 16. Linienbataillon (Rendsburg)
- 17. Linienbataillon (Glückstadt)

(14.–17. Linienbataillon: Je ein Detachment in Altona)

- 4. Jägerkorps (Schleswig, ein Detachment in Friedrichsort)
- 5. Jägerkorps (Kiel)

Kavallerie
- 1. Regiment Dragoner (Schleswig, Schloss Gottorf)
- 2. Regiment Dragoner (1. u. 2. Schwadron Itzehoe, 3. Schwadron Kiel, 4. Schwadron Plön, ein Detachment aus Itzehoe in Altona)

Artillerie
- 2. Artillerie-Regiment mit zwei bespannten und zwei unbespannten Batterien (Rendsburg)

Sonstige Truppenteile
- Eine Kompanie Pioniere des Ingenieur-Korps (Rendsburg)
- Seebatterie Friedrichsort

Die Schleswiger Truppenteile erhielten Fredericia als künftige Garnison; als äußeres Zeichen ihrer „dänischen" Identität verloren die Truppen ihre mit dem Wappen Holsteins bzw. Schleswigs geschmückten Fahnen und führten stattdessen künftig den Danebrog als Feldzeichen.

Auch im Offizierkorps wurde das dänische Element gesteigert und man bevorzugte dänische oder dänisch gesonnene Offiziere.

Vor 1842 wurden diese Truppen zunächst durch den Landgrafen Karl von Hessen, dann durch dessen Sohn Friedrich und schließlich ab 1842 durch Prinz Friedrich von Augustenburg, den „Prinzen von Noer", geführt, der das Kommando aus Protest gegen den „*Offenen Brief*" Christians VIII. im Jahr 1846 jedoch niederlegte.

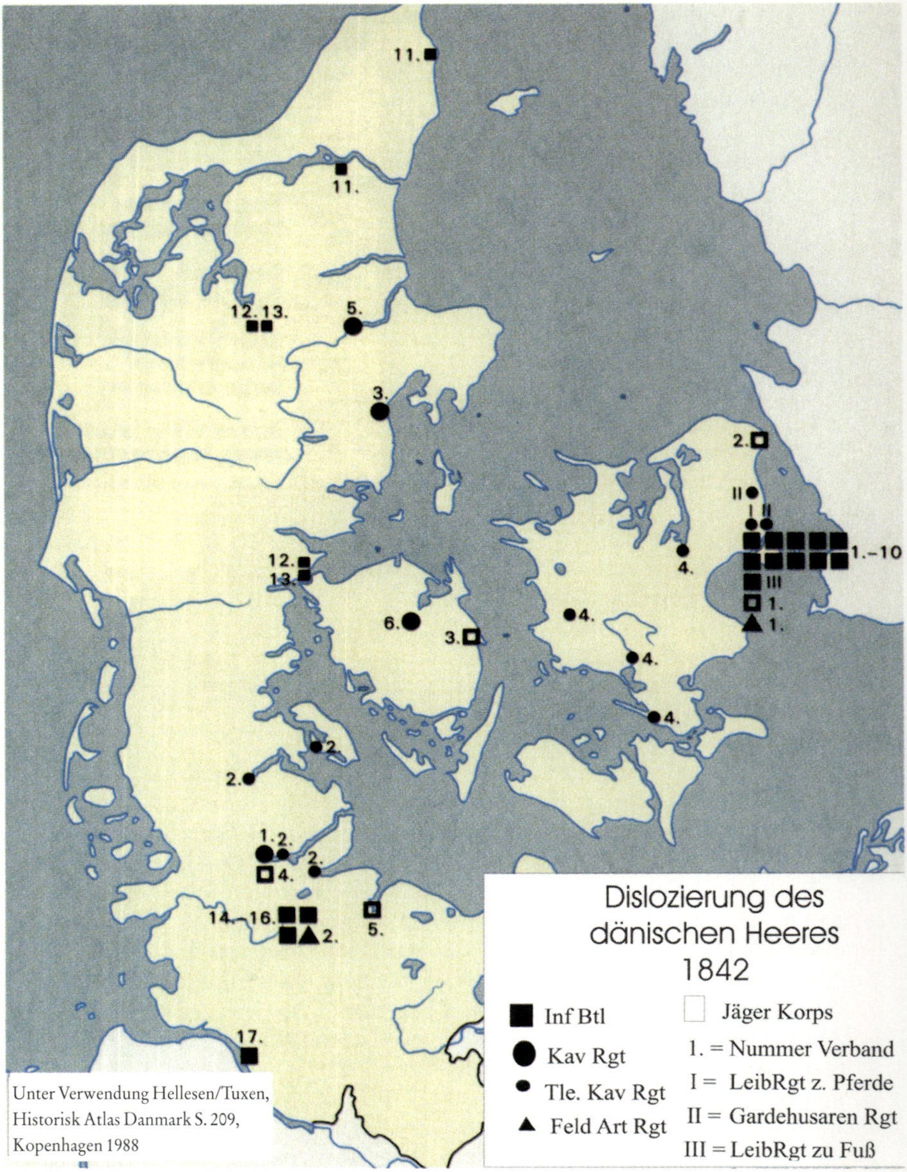
11.
11.
12. 13.
5.
3.
2.
II
I II
1.-10
III
1.
1.
4.
4.
4.
4.
12.
13.
6.
3.
2.
2.
1. 2.
2.
4.
14.-16.
2.
5.
17.
Dislozierung des dänischen Heeres 1842
Inf Btl
Kav Rgt
Tle. Kav Rgt
Feld Art Rgt
Jäger Korps
1. = Nummer Verband
I = LeibRgt z. Pferde
II = Gardehusaren Rgt
III = LeibRgt zu Fuß
Unter Verwendung Hellesen/Tuxen, Historisk Atlas Danmark S. 209, Kopenhagen 1988

Abb. 51

Waffenentwicklung im 19. Jahrhundert

Für die Kriegführung des 19. Jahrhunderts lagen neben der Fortentwicklung der Waffentechnologien die militärisch einflussreichsten Faktoren in der rasanten Entwicklung der Eisenbahn, dem Ausbau des Straßennetzes und der Entdeckung der Telegrafie. Eisenbahn und Straße erhöhten die Beweglichkeit der Truppen erheblich, und die neuen Möglichkeiten der Telegrafie in der militärischen Befehls- und Nachrichtenübermittlung führten zu strukturellen Änderungen in Führungstechnik und Strategie. Die Massenproduktion von Stahl und die Verfeinerung der Werkzeugmaschinen war schließlich die Voraussetzung dafür, dass immer präzisere Waffen in immer größeren Stückzahlen hergestellt werden konnten.

Die Schutzwaffen des 19. Jahrhunderts beschränkten sich im Wesentlichen auf die Helme. Es waren aber immer noch Reste des früheren Harnischs geblieben, die sich jetzt aber auf den Kürass, einen Brustpanzer, der von Kavalleristen getragen wurde, beschränkte. Sie waren aus starkem, gewalztem Eisen hergestellt und sollten Beschuss durch Vorderladergewehre mit glattem Lauf bis zu einer Schussentfernung von 60 m Stand halten. Die Kavallerie führte noch den Degen, häufig als Pallasch bezeichnet. Die Infanterie nutzte kürzere Griffwaffen wie Hirschfänger oder Säbel. Säbel aber hatten schon bald als Waffe des Fußvolks ausgedient und wurden mehr und mehr zu „Ehrenauszeichnungen“. Das Bajonett als Beiwaffe der Handfeuerwaffen trat an die Stelle der früheren Blankwaffen.

Bei den Handfeuerwaffen war die Infanterie der meisten europäischen Heere bis in die Mitte des 19. Jahrhunderts immer noch vorwiegend mit Vorderladergewehren mit glatten Rohren ausgerüstet. Die Zündung der Waffen erfolgte jetzt allerdings schon meist durch so genannte „chemische“ Schlösser, die recht zuverlässig arbeiteten. Schon 1836 hatte der deutsche Mechaniker Dreyse dem preußischen Kriegsministerium sein Zündnadelgewehr präsentiert. Dieser schon relativ zuverlässige Hinterlader besaß eine doppelt so hohe Feuergeschwindigkeit wie die zu dieser Zeit gebräuchlichen Vorderlader. Die Waffe ließ sich im Liegen laden, so dass jetzt das Feuern aus der Deckung möglich war und damit die bislang übliche Linientaktik abgeschafft werden konnte.

Im Krieg gegen Österreich 1866 gaben 270.000 Zündnadelgewehre des Modells „M 62“ mit verlässlicher Munition der preußischen Infanterie die entscheidenden Vorteile. Die schnellen preußischen Erfolge veranlassten die anderen Staaten, die immer noch auf Vorderlader setzten, zu hektischen Umrüstungsaktivitäten. Dänemark aber verfolgte, was das Militär betraf, in dieser Zeit strikten Sparkurs, und das Heer musste sich weitgehend mit der herkömmlichen Waffentechnik begnügen.

Nach den Erfolgen des Zündnadelgewehrs bemühte man sich in Preußen jetzt auch intensiv um die Entwicklung kriegstauglicher Hinterladergeschütze für die Artillerie. Engländer, Franzosen und Österreicher besaßen hier einen technologischen Vorsprung, bis die Firma Krupp das richtige Material anbot. Krupp hatte eine hochfeste Stahllegierung entwickelt und verfügte über das Know-how der Gießtechnik, sodass in kurzer Zeit große Stückzahlen produziert werden konnten. Ab 1856 begann man mit den Erprobungen von kruppschen Gussstahlrohren. Die Versuche waren so erfolgreich, dass der Kronprinz anlässlich eines Probeschießens im Mai 1858 statt der beabsichtigten 100 gleich 300 Rohre bestellen ließ. Die Feldartillerieregimenter wurden jetzt mit je drei Batterien moderner Sechspfünder vom Typ C 61 ausgerüstet.

Auch auf dem Feld der Maschinenwaffen wurden Fortschritte gemacht. In Frankreich wurden 1866 so genannte „Mitrailleusen" eingeführt. Diese Waffe bündelte 25 Läufe von 13 mm Kaliber zu einem Rohrblock. Pro Rohr war jeweils ein eigener Schlagbolzen vorhanden, der mit Hilfe einer Kurbel ausgelöst wurde. So waren 25 Schüsse innerhalb von 2 bis 3 Sekunden möglich. Die Erwartungen, die man an diese Waffen stellte, wurden zunächst jedoch nicht erfüllt. Den Durchbruch schaffte der Amerikaner Hiram Maxim 1883/84 mit der Konstruktion eines Maschinengewehrs, das als Rückstoßlader mit nur einem Lauf ausgerüstet war und automatisch abgefeuert werden konnte. Bis Ende des Jahrhunderts basierten in Deutschland, England und Russland alle Maschinengewehre auf dieser Erfindung.

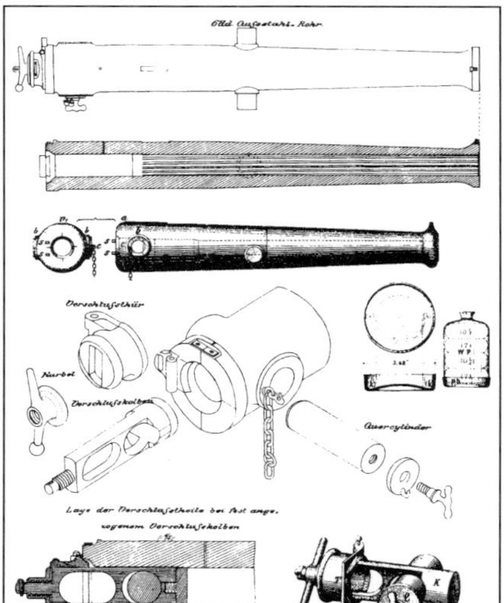

Abb. 52: Preußisches Feldgeschütz C 61

Die neue Waffe fand ihren Niederschlag auch in der Gliederung der Truppe, sodass ab 1901 in Deutschland die ersten fünf Maschinengewehrabteilungen als neue Waffengattung aufgestellt wurden. Bis 1913 war dann bei jedem Infanterieregiment und dem Jägerbataillon eine Kompanie zu sechs MGs aufgestellt.

Die Zeit der Erhebung in den Herzogtümern

Die Schleswig-Holsteinische Armee

Der Ausbruch der Februar-Revolution in Frankreich löste gleichsam eine Kettenreaktion aus, die auch die Herzogtümer erfasste. Als Friedrich VII. sich anschickte, die Gebiete nördlich der Eider dem dänischen Reich einzuverleiben, erhob sich das Land. Eine „Provisorische Regierung“ wurde am 24. März 1848 in Kiel gebildet, die die Aufnahme Schleswigs in den Deutschen Bund forderte und um Waffenhilfe ersuchte. Als „Sofortmaßnahme“ leistete Preußen beim Aufbau der neu zu schaffenden Armee Schützenhilfe, indem es rund 100 Offiziere für die neue Armee freistellte. Das militärische Ressort in der Provisorischen Landesregierung hatte der Prinz von Noer übernommen, der vor einer militärischen Ausgangslage stand, die für die Schleswig-Holsteiner denkbar ungünstig war. Um die Lage zu verbessern, sah man es in

Der erste Befehl an die Schleswig-Holsteinische Armee

An die Commandantschaft!
Die Garnison wird heute Morgen 6 Uhr auf dem Marktplatz aufgestellt sein, mit voller Bepackung und scharfer Munition die Jäger, die Dragoner zu Fuß zur Parade.
Die vier Compagnien werde ich mit mir nach Rendsburg nehmen, das Commando derselben übernimmt Capitain v. Michelsen.
Der Herr Major v. Sachau bleibt als Commandant hier und besorgt die sofortige Einmundirung und Ausrüstung der sofort einzurufenden Freileute bis zu 200 Mann per Compagnie, dazu müßen als die erforderlichen Unteroffiziere zurückbleiben; sobald die Freileute einmundirt sind, werden sie per Eisenbahn nach Rendsburg befördert.
Bis morgen Nachmittag werden der Kieler Bürgergarde von den beim Corps zurückbleibenden die erforderlichen Gewehre verabfolgt werden müßen gegen gültige Bescheinigung des Empfängers.

Kiel d. 28st. März Morgens 3 Uhr

Gez. Friedrich Prinz v. Schleswig-Holst.
provisorischer Commandirender General

Abb. 53: Schleswig-Holsteinischer Infanterist

der Regierung u. a. als äußerst wichtig an, die Festung Rendsburg in Besitz zu nehmen, zumal sich hier ein wichtiges Arsenal befand. Am Tage der Regierungsbildung gelang es dem Prinzen von Noer an der Spitze des 5. Jägerkorps sowie Kieler Studenten und Turnern, die in Neumünster noch durch Segeberger Freiwillige Verstärkung erhielten, mit der Eisenbahn von Kiel über Neumünster in die Festung Rendsburg hineinzufahren.

Nach wie vor ist nicht geklärt, wie es gelingen konnte, mit der Bahn in die durch dänische Truppen bewachte Festung zu gelangen. Im Ergebnis jedoch schloss sich die Rendsburger Garnison mit Ausnahme der dänischen Offiziere der Erhebung an, und auch die übrigen schleswig-holsteinischen Garnisonen wechselten in den folgenden Tagen die Seite. Selbst von den Offizieren gingen 65 zu den Schleswig-Holsteinern über, während 94 sich auch weiter ihrem Eid auf den König verpflichtet fühlten.

Im Angesicht der wachsenden Spannungen hatten die Dänen ohnehin Vorsorge getroffen und bereits viele der in den Herzogtümern stehenden Truppen beurlaubt, sodass alles in allem, so Schätzungen, die Provisorische Regierung am Beginn der Erhebung nur über ca. 2.500 Mann verfügen konnte. Ansonsten fehlte es weitgehend an allem, was eine Armee benötigt. In seinen Aufzeichnungen vermerkt der Prinz dazu u. a.:

„Was mir gänzlich fehlte, war der Generalstab, der Artillerie- und Ingenieur-Stab, die ganze Administrationsbehörde, das Verpflegungspersonal, das Hospitalwesen nebst drei Viertheilen der nötigen Officiere, bei der Artillerie und dem Train alle Pferde, denn die vorhandenen hatten genug mit dem Festungsdienste zu thun. Bei der Kavallerie mangelt es dergleichen einige hundert Pferde“ (zitiert nach: Stolz, G., Die schleswig-holsteinische Erhebung, S. 56f., Husum 1996).

Als erste Maßnahme wurden die Reservisten im Lande eingezogen und im März 1848 ein zusätzliches 5. Infanteriebataillon aufgestellt. Am 3. Juli 1848 wurde die Allgemeine Wehrpflicht eingeführt, die wesentlich konsequenter durchgesetzt wurde als in dänischen Zeiten üblich. U. a. wurde festgelegt:

1. Alle Schleswig-Holsteiner sind, soweit sie die erforderliche Diensttüchtigkeit besitzen, von ihrem 21.–40. Jahre der Wehrpflicht unterworfen.

2. Die Wehrpflicht ist persönlich zu erfüllen und die Stellvertretung demnach nicht zulässig.
3. Jeder Wehrpflichtige hat durch seine Verdienste Anspruch auf alle militärischen Würden und Ämter.

Eine Befreiung von der Wehrpflicht gab es jetzt z. B. nur noch für fest angestellte Lehrer und Geistliche. Von Anbeginn hatte die Armee jedoch zu wenige Offiziere. Auch mit den zuvor aus der dänischen Armee entlassenen und jetzt wieder eingestellten Offizieren konnte man keine effektive Führung sicherstellen. Dennoch war die Truppenstärke bis zum 8. April schon auf 6.150 Mann angewachsen. Um den Mangel an Führern auszugleichen, stellten die Preußen freiwillige Offiziere ab, die im Laufe des Aprils eintrafen, und darüber hinaus warb man so genannte fremdländische Offiziere an. Bis Dezember 1848 erreichte man so eine Gesamtzahl von 305 Offizieren, von denen 123 aus Preußen und 26 aus anderen Ländern kamen.

Neben diesen regulären Truppen rief man zur Bildung von Freikorps auf, aber schon in den ersten Monaten der Erhebung sollte sich herausstellen, dass diese Truppen, von Ausnahmen abgesehen, wenig hilfreich für die Kriegführung waren.

Abb. 54: Die Schleswig-Holsteinische Armee 1848–1851

Aufwuchs der Schleswig-Holsteinischen Armee	
April 1848	**Dezember 1848**
1. Infanteriebrigade mit 3 Bataillonen 2. Infanteriebrigade mit 3 Bataillonen Kavalleriebrigade mit 2 Dragoner-Regimentern Artilleriebrigade mit 3 Batterien Freikorps mit 5 Korps *Quelle: Rode, Kriegsgeschichte Schleswig-Holsteins, S. 223, Neumünster 1935.* *Hoff, Schlesw.-Holst. Heimatgeschichte, Bd. 2, S. 545ff.*	1. Infanteriebrigade mit 5 Bataillonen 2. Infanteriebrigade mit 5 Bataillonen Jägerinspektion mit 4 Jäger-Korps Kavalleriebrigade mit 2 Dragoner-Regimentern Artillerie-Regiment mit drei 6-pfündigen Batterien, zwei 12-pfündigen Batterien und einer reitenden Batterie in Aufstellung Festungsabteilung mit 5 Batterien Pontonpionierkompanie *Quelle: Stolz, Gerd, Schwierigkeiten beim Aufbau und Wesen der Schleswig-Holsteinischen Armee, in: Die Heimat, Jahrgang 1974, S. 211.* *Hoff, Schlesw.-Holst. Heimatgeschichte, Bd. 2, S. 545ff.*

Die dänischen Streitkräfte am Beginn der Auseinandersetzungen

Abb. 55: Dänischer Infanterist

In Struktur und innerem Aufbau der dänischen Armee am Beginn der Erhebung hatte sich seit der Heeresreform vom 28. 4. 1842 kaum etwas verändert. Entsprechend den militärischen Planungen sammelten sich die Hauptkräfte, das „Nørrejyske Armeekorps" unter dem Kommando des Generals von Hedemann, Anfang April bei Kolding. Diese Kräfte sollten nach Süden verlegt werden, während das kleinere „Flankekorps" unter dem Befehl des Obersten Schleppegrell von Alsen aus durch den Sundewitt vorgehen und sich dann mit den Hauptkräften vereinen sollte. Die Korps hatten eine Stärke von 7.200 bzw. 3.800 Mann. Neben den regulären Streitkräften hätte es auch noch Reserveeinheiten geben müssen, die jedoch nur auf dem Papier bestanden und erst im Laufe des Krieges aufgestellt wurden (vgl.: Nielsen, The Schleswig-Holstein Revolt 1848–1850, S. 8f., Kopenhagen 1993).

Der Feldzug von 1848

Obwohl die Schleswig-Holsteinische Armee alles andere als kampfbereit war, entschloss sich die Regierung gegen den Widerstand des Prinzen von Noer, dennoch Truppen in die Gegend nördlich von Flensburg zu verlegen, die unter dem Kommando des Generals von Krohn, eines bereits 1818 aus der Armee verabschiedeten Offiziers, standen.

Die Streitmacht der Schleswig-Holsteiner bezog Stellungen, die sich von der Flensburger Förde bis Handewitt in Anlehnung an die Krusau hinzogen und damit weit überdehnt waren.

Darüber hinaus hatte Krohn sich entschlossen, drei Bataillone und ein Freikorps, insgesamt fast ein Drittel seiner Kräfte, zum Schutz gegen gemeldete „starke" Anlandungen (ein Bataillon) in die Gegend um Holnis in Marsch zu setzen.

Am Morgen des 9. April griffen die Dänen unter Führung des Generals von Hedemann die Stellungen bei Bau mit vierfacher Übermacht an und zwangen die Schleswig-Holsteiner zum Ausweichen. Der dänische Vormarsch entlang des „Ochsenweges" und gegen Harrislee stieß zwar auf tapfere Gegenwehr, war aber nicht zu stoppen. Allein auf dem rechten Flügel bei Kupfermühle hielten sich die Schleswig-Holsteiner bis gegen Mittag, bevor sie auch hier langsam den Rückzug einleiteten und dabei in erbitterte Kämpfe gegen ein dänisches Linienbataillon verwickelt wurden, in denen sie erneut hohe Verluste hinnehmen mussten.

Der Tag endete für die Schleswig-Holsteiner mit einem Desaster. Sie hatten sieben Offiziere und 165 Unteroffiziere und Mannschaften durch Tod oder Verwundung verloren und rund 780 Mann gerieten in Gefangenschaft. Die Reste des geschlagenen Heeres wurden durch den inzwischen aus Rendsburg eingetroffenen Prinzen von Noer nach Rendsburg zurückgeführt, ohne dass die Dänen sie verfolgten. Erst zwei Tage später besetzten sie Schleswig.

Der dänische Vernichtungsschlag von Bau galt nach der Kriegsverfassung des Deutschen Bundes als Angriff einer auswärtigen Macht gegen das Bundesmitglied Holstein und somit gegen alle.

Anfang April kamen 12.000 Mann aus Preußen und eine Division des X. Bundeskorps mit 10.000 Mann zur Unterstützung, der später auch noch süddeutsche Truppen und Kontingente des IX. Korps folgten. Der preußische Oberbefehlshaber forderte den dänischen General von Hedemann am 16. April ultimativ auf, das Herzogtum Schleswig bis zum 18. zu räumen. Das Ultimatum verstrich, und es kam bereits in der Nacht zum 19. April zu ersten Scharmützeln.

Mit dem Mandat zur Führung des Krieges beauftragte die preußische Regierung den General von Wrangel, der am 21. April in Rendsburg eintraf und den Oberbefehl über die preußischen sowie die Bundestruppen übernahm.

Ihnen gegenüber standen die Dänen mit ca. 12.000 Mann. Mit 14 Bataillonen, 15 Eskadronen und 30 Geschützen hatten die Dänen in und um Schleswig Stellungen bezogen und eine Flankensicherung nach Missunde vorgeschoben.

Am 23. April, Ostersonntag, befahl Wrangel den Vormarsch. Die 2. preußische Gardeinfanteriebrigade unter General von Möllendorf ging entlang der Straße von Rendsburg über Brekendorf auf Oberselk vor. Die Infanteriebrigade unter General von Bonin folgte weiter rechts über Jagel und Klosterkrug. In der Flanke gingen Teile der Schleswig-Holsteiner und einige Freischaren über Osterby auf Missunde vor und überraschten die Dänen bei Kosel, die sich sofort auf das nördliche Ufer der Schlei zurückzogen. Hier hatten die Dänen mit drei Kompanien des 5. Linienbataillons Stellung bezogen, als die Schleswig-Holsteiner gegen 10 Uhr das Artilleriefeuer eröffneten. Die Dänen aber hielten sich bis zum Einbruch der Dunkelheit, bevor sie auch hier wichen.

Die Dänen hatten offensichtlich an diesem Tag nicht mit einem preu-

Abb. 56: Empfang des preußischen Garde-Regiments „Kaiser Franz“ in Rendsburg

ßischen Angriff gerechnet. Aber obwohl sie erst gegen zehn Uhr am Vormittag mit der Alarmierung ihrer Truppen in und um Schleswig reagierten, gelang es ihnen dennoch, wichtige Stellungen gerade noch rechtzeitig zu beziehen.

Abb. 57: Der Kampf in Schleswig am Ostersonntag 1848

Bei Busdorf stießen die Preußen auf den ersten massiven Widerstand, und die Dänen konnten diesen Angriff zunächst zurückschlagen. Der Widerstand war daher so stark, dass Wrangel sich veranlasst sah, die Infanteriebrigade Bonin zur Unterstützung Möllendorfs einzusetzen.

Die Dänen leisteten den ganzen Tag über tapfere Gegenwehr. Aber durch Unklarheiten in der Befehlsgebung kam es nicht zu einem Gegenangriff, sodass die Preußen am Abend Schleswig nehmen konnten. Mit Einbruch der Nacht räumten die Dänen auch ihre letzten Stellungen und gingen geordnet auf Idstedt und Wellsprang zurück. Auch wenn sie keinen Sieg erfochten hatten, ging dieser Tag dennoch als erfolgreiche militärische Leistung ihrer Truppen in die dänische Militärgeschichte ein.

Das Blatt wendete sich für die Dänen schon am kommenden Tag, da sie davon ausgegangen waren, dass die Preußen nicht unmittelbar zur Verfolgung übergehen würden. Genau das aber geschah. Die Bundestruppen verfolgten die Dänen und erreichten deren Nachhut, das 2. dänische Jägerkorps, bei Oeversee, wo es zu heftigen Gefechten kam. Zwei Kompanien gingen in Gefangenschaft, nachdem sie von den Bundestruppen eingeschlossen waren und sich verschossen hatten. Einige Dragoner entkamen und alarmierten die in Flensburg rastenden Dänen. Es kam zur Panik, in deren Folge die Dänen in großer Unordnung bis auf die Insel Alsen zurückwichen.

Um einem erneuten Vorstoß der Dänen zuvorzukommen, wurde eine Bundesdivision in den Sundewitt verlegt, während die übrigen Truppen weiter nach Norden vorstießen, am 2. Mai die Königsau überschritten und am folgenden Tag die geräumte Festung Fredericia in Besitz nahmen. Wrangel war hier auf dänisches Reichsgebiet vorgedrungen und hatte damit das Interessengebiet des Deutschen Bundes verlassen. Auf Druck der Großmächte (vor allem Russlands und Schwedens) erhielt Wrangel den Befehl zum Rückzug. Als Vorwand wurde angegeben, dass die dänische Armee sich erneut auf Alsen konzentriere und das X. Bundeskorps bedrohe.

Am 25. Mai begann Wrangel den Rückzug; am 28. Mai standen die Preußen bei Apenrade und die Schleswig-Holsteiner bei Arrild. Am gleichen Tag gingen 14.000 Dänen über den Alsensund und verstärkten den dänischen Brückenkopf im Sundewitt. Um 12 Uhr traten die Dänen unter Beteiligung ihrer überlegenen Flotte zum Angriff an und drängten die deutschen Truppen hinter die Linie Warnitz-Gravenstein zurück.

Wrangel wollte nun das verlorene Terrain im Gegenangriff am 5. Juni zurückgewinnen, scheiterte aber und musste sich auf die Linie Nübel-Satrup zurückziehen.

Trotz schwerer Verluste auf beiden Seiten, insbesondere im Kampf um die Höhen bei Düppel, fiel die Bilanz dieses Tages eindeutig zu Gunsten der Dänen aus. Dennoch verlor der dänische Oberbefehlshaber seinen Posten, weil er aus Sicht der dänischen Regierung zu eigenmächtig gehandelt hatte. Im Juli wurde er abgelöst und General Krogh erhielt seinen Posten. Der Chef des Stabes, Læssøe, den Hedemann ausgewählt hatte, blieb jedoch auf seinem Posten.

Am 15. Juli verständigten sich Preußen und Dänemark, ohne die Provisorische Regierung zu beteiligen, zunächst auf eine Waffenruhe und dann am 26. August 1848 in Malmö auf einen siebenmonatigen Waffenstillstand. Bereits drei Tage später begann die Räumung Schleswig-Holsteins von preußischen und Bundestruppen. In Schleswig-Holstein fühlte man sich von Preußen verraten.

Zeit der Waffenruhe

Auf beiden Seiten wurde die Zeit der Waffenruhe genutzt, um die Streitkräfte schlagkräftiger und personell stärker zu machen. In Schleswig-Holstein war die Wehrpflicht bereits Anfang Juli eingeführt worden, und in Dänemark zog man am 29. September mit einer vorläufigen Anordnung über die Wehrpflicht nach, bevor am 2. Februar 1849 ein offizielles Gesetz verabschiedet wurde.

Im Oktober 1848 ernannte die Provisorische Regierung den von Preußen beurlaubten Generalmajor Eduard von Bonin zum schleswig-holsteinischen Generalleutnant und übertrug ihm den Oberbefehl über die

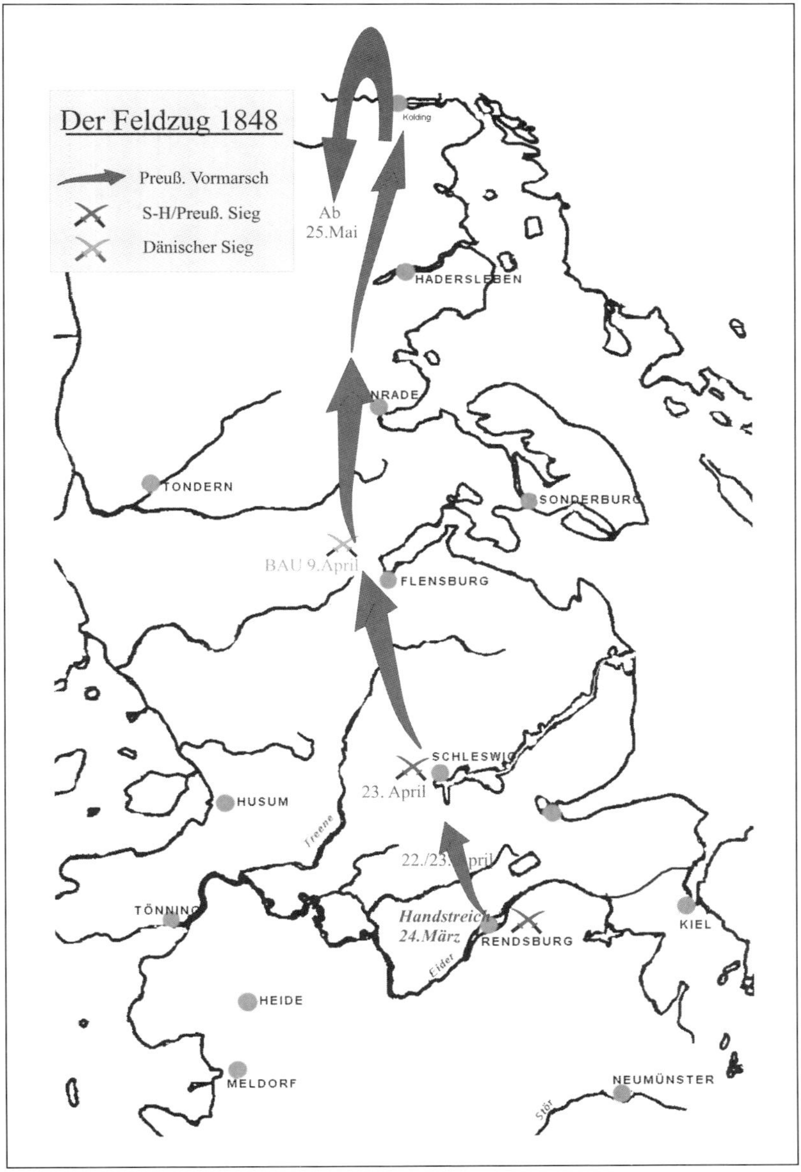
Der Feldzug 1848
Preuß. Vormarsch
S-H/Preuß. Sieg
Dänischer Sieg
Kolding
Ab
25.Mai
HADERSLEBEN
TONDERN
SONDERBURG
BAU 9.April
FLENSBURG
SCHLESWIG
23. April
HUSUM
Treene
22./23. April
TÖNNING
Handstreich
24.März
RENDSBURG
KIEL
Eider
HEIDE
MELDORF
NEUMÜNSTER
Stör

Abb. 58

Schleswig-Holsteinische Armee. Die Truppen wurden nach preußischem Vorbild weiter aufgebaut, die Uniformierung wurde vereinheitlicht und man beschaffte neue und modernere Waffen, zum Teil durch Käufe im In- und Ausland, zum Teil durch Zukäufe aus preußischen Depots. Im März 1849 war die Truppe auf rund 14.000 Aktive und eine Reserve von etwa 6.000 Mann angewachsen, und man verfügte über 46 Feldgeschütze. Zusätzlich ging man auch daran, eine kleine eigenständige Marine aufzubauen.

Exkurs: Aufbau einer Marine

Als es in der Folge der schleswig-holsteinischen Erhebung im April 1848 zum Krieg mit Dänemark kam, begannen die Dänen sofort mit der Blockade der deutschen Ost- und Nordseeküsten und mit der Aufbringung deutscher Schiffe. Die Blockade hatte nicht nur wegen der Missernten der Jahre 1846/47 erhebliche Auswirkungen auf die Versorgung der Bevölkerung, sondern auch die Industrie bekam die Wirkungen zu spüren. Wirksam begegnen konnte man den Dänen nicht, da eine eigene Flotte fehlte.

Im Bundestag in Frankfurt reagierte man bereits einen Tag nach Ausbruch der Feindseligkeiten und brachte einen Antrag zur Aufstellung einer Marine des Deutschen Bundes ein. Der Ausschuss zur Vorbereitung der Nationalversammlung gab am 11. Mai einen „Aufruf zur Gründung einer deutschen Kriegsflotte“ heraus, und die am 18. Mai zusammengetretene Nationalversammlung bewilligte einen Betrag von 6 Mio. Talern für deren Aufstellung.

Auch die Provisorische Regierung der Herzogtümer war sich von Anbeginn der Erhebung an bewusst, dass zur Abwehr der dänischen Bedrohung von See her eine eigene Flotte erforderlich sein würde. Es war nicht einfach, das nötige Geld für den ohnehin schwierigen Kauf von Kriegsschiffen zu beschaffen, und es fehlte an jeglichen organisatorischen Vorarbeiten, die für den Aufbau einer Flotte erforderlich gewesen wären.

Schleswig-Holstein verfügte zu diesem Zeitpunkt lediglich über den Kriegskutter „Elben“ bei Altona, dessen Kommandant, Kapitän Donner aus Apenrade, als einer der wenigen Offiziere sofort auf die deutsche Seite übergegangen war.

Dennoch ging man ans Werk und baute in verschiedenen Küstenstädten so genannte Ruderkanonenboote von etwa 15–20 m Länge. Ausgerüstet waren sie mit 60-Pfünder Bombenkanonen (Hohlgeschosse mit Sprengladungen). Man dachte aber auch an den Nachwuchs und gründete bereits am 1. September 1848 die Seekadettenschule in Kiel.

Unter Leitung der Marinekommission konnte die Küstenflottille im Frühjahr 1849 ihre Operationen aufnehmen. Insgesamt standen jetzt elf Ruderkanonenboote mit je einer 60-pfündigen Kanone, ein Dampfkanonenboot („Bonin“) mit vier Bombenkanonen und der Dampfer „Löwe“ mit einer Kanone zur Verfügung. Später kamen noch weitere sieben Kanonenboote hinzu. Das Kommando über die Flottille erhielt der bereits erwähnte Kapitän Donner.

Offiziell war die kleine schleswig-holsteinische Marine Teil der Reichsmarine. In der Realität aber handelte sie völlig selbständig. Aufgabe der Marine war es, die Inselgewässer der Westküste zu schützen und den Kieler Hafen zu verteidigen. Darüber hinaus sollten der dänischen Flotte so viele Verluste wie möglich beigebracht werden.

Wiederaufnahme der Kampfhandlungen

Dänemark sah seine Hoffnung, dass sich die separatistischen Strömungen in der Zeit des Waffenstillstandes in den Herzogtümern legen würden, enttäuscht und kündigte den Waffenstillstand zum 26. März 1849. Mit dem gleichen Datum trat die Provisorische Regierung zurück, und eine

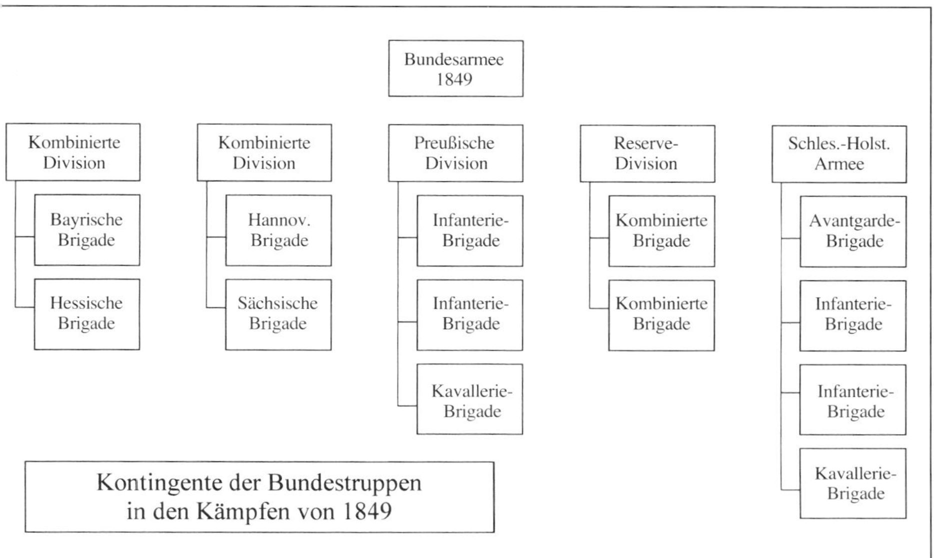

Abb. 59

„Statthalterschaft" *„im Namen der Centralgewalt Deutschlands"* wurde für die Herzogtümer eingesetzt. Auf beiden Seiten marschierten die Truppen auf.

Am 24. März 1849 hatte der preußische General v. Prittwitz den Oberbefehl über die Reichstruppen übernommen, es standen ihm insgesamt 60.000 Mann mit 5.000 Pferden und 155 Geschützen zur Verfügung.

Ihnen gegenüber standen rund 41.000 Dänen mit 72 Geschützen, gegliedert in Hauptkorps, Flankenkorps, Nordkorps und Reserve.

Schon kurz nach der Kündigung des Waffenstillstandes hatten die schleswig-holsteinischen Truppen am 13. März Flensburg besetzt. Die Preußen hatten am 22. März den Befehl erhalten, bis an die Eider vorzurücken, die übrigen Bundestruppen sammelten sich im Laufe des Monats im Raum Neumünster.

Das Gefecht von Eckernförde

Gleich zu Beginn der neuerlichen Auseinandersetzungen wollte Dänemark eine Demonstration seiner Stärke zur See bieten und so einen kraftvollen Schlag gegen die Erhebung führen.

Der dänische Flottenkapitän Paludan, der mit seinen Schiffen auf Höhe von Alsen ankerte, bekam am 4. April 1849 den Befehl, sofort nach Eckernförde zu fahren, die dortigen Schanzen zu zerstören und mit Truppen anzulanden.

Am Abend des gleichen Tages erschien Paludan mit dem Linienschiff „Christian VIII." mit 84 Kanonen, der Fregatte „Gefion" mit 48, den Kriegsdampfern „Hekla" und „Geyser" mit je 6 Kanonen und der Korvette „Galatha" sowie Schiffen mit Landungstruppen in der Eckernförder Bucht. Auf Höhe von Noer ging die kleine Flotte vor Anker.

Unter Führung des Herzogs Ernst von Coburg-Gotha lag in Eckernförde das dritte Reservebataillon, das feindliche Landungen abwehren sollte. Der Herzog traf sofort Gegenmaßnahmen und setzte das Bataillon Coburg-Gotha und eine nassausche Batterie in Richtung Schnellmarker Gehölz in Marsch. Der gewaltigen Feuerkraft der Angreifer mit insgesamt 180 Geschützen standen neben der nassauschen Batterie mit sechs Geschützen nur noch die Nord- und Südschanze mit sechs bzw. vier Geschützen gegenüber. An dem folgenden spektakulären Gefecht in der Eckernförder Bucht, am 5. April 1849, sollte die kleine schleswig-holsteinische Marine keinen Anteil haben. Die in Frage kommenden Schiffe lagen zu diesem Zeitpunkt zum Schutz des Kieler Hafens bei Holtenau, und die übrigen Schiffe befanden sich erst in der Aufrüstung.

Am Morgen des 5. April gegen sechs Uhr lichtete die dänische Flotte die Anker. An der Spitze das Linienschiff, in Kiellinie die „Gefion“ und „Galatha“, etwas weiter südlich die „Geyser“ und „Hekla“. Sobald die Schiffe auf Schussweite herangekommen waren, eröffnete die Nordbatterie unter Hauptmann Jungmann das Feuer. Ebenso wurde das Feuer von den Schiffen auf beide Schanzen eröffnet. In der Nordschanze wurden die Lafetten von zwei Geschützen zerschossen, sodass zunächst nicht mehr in gewohnter Geschwindigkeit gefeuert werden konnte. Nach rund einer Stunde frischte der Wind auf und trieb die „Gefion“ so herum, dass sie von der Südschanze aus in ganzer Länge unter Feuer genommen werden konnte und die Dänen massive Verluste erlitten. Die „Geyser“ wurde zur Hilfe gerufen, um das Schiff in Schlepp zu nehmen. Das Manöver misslang, und die Lage auf der Gefion wurde zunehmend aussichtsloser. Zwischenzeitlich nahm die nassausche Batterie vom Südufer aus das Linienschiff unter Feuer, das dadurch gezwungen war, sein Feuer zu teilen.

Nach drei Stunden war es den Dänen trotz ihrer Übermacht nicht gelungen, die Schanzen zum Schweigen zu bringen. Paludan beschloss daher, das Gefecht abzubrechen. Er signalisierte dem Dampfer „Hekla“, die „Christian VIII.“ in Schlepp zu nehmen. Das Ruder der „Hekla“ wurde aber zerschossen, sodass das Schiff abdrehen musste. „Christian-VIII.“ versuchte durch „Warpen“ zu entkommen (warpen = Fortbewegen durch Ziehen am Tau, das an einem Anker befestigt ist). Als Ergebnis dieses Versuchs kam das Schiff nur noch näher an die Südschanze heran, in der gegen 11 Uhr zwei Geschütze außer Gefecht gesetzt wur-

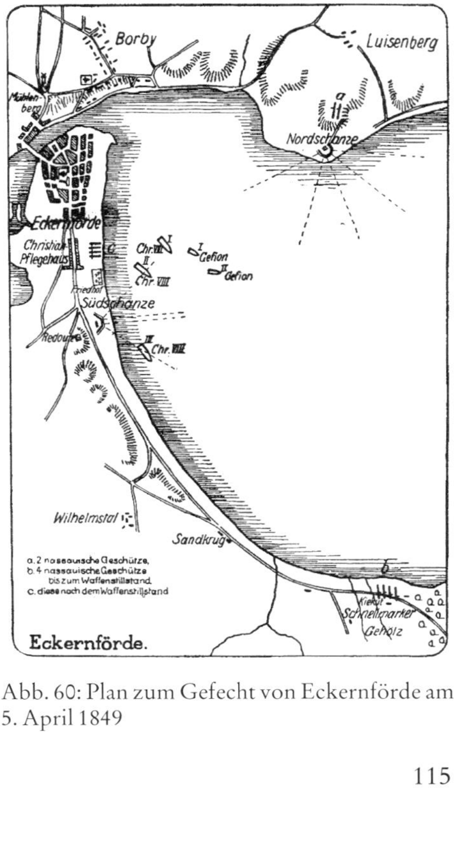

Abb. 60: Plan zum Gefecht von Eckernförde am 5. April 1849

Abb. 61: Das Linienschiff „Christian VIII." explodiert in der Eckernförder Bucht.

den. Mit jeweils einem Geschütz feuerte die Schanze auf das Linienschiff und die Fregatte. Die „Gefion", die das Gefecht abbrach und im Schlepp der „Geyser" zu entkommen suchte, kam dabei wieder in die Schusslinie der Südschanze, während die „Geyser" nach einem Treffer in der Maschine abdrehen musste.

Gegen 12.30 Uhr ließ Paludan die Parlamentärflagge hissen und das Gefecht wurde eingestellt. Ein dänischer Offizier überbrachte das Angebot, nicht weiter anzugreifen, wenn die Schanzen das Feuer einstellten. Andernfalls drohte Paludan, Eckernförde in Brand zu schießen.

Die Drohung beeindruckte die Schleswig-Holsteiner jedoch nicht. Sie nutzten die Waffenruhe vielmehr dazu, ihre Schäden zu reparieren und Umgruppierungen vorzunehmen.

Gegen 16.45 Uhr wurde der Kampf erneut aufgenommen, um zu verhindern, dass die Dänen im Schutz der Nacht entkommen könnten. Eine gute Stunde später war das Gefecht entschieden. „Gefion" ergab sich, „Christian VIII." versuchte durch Kreuzen zu entkommen, wurde aber von der nassauschen Batterie so schwer unter Feuer genommen, dass Takelage und Segel heruntergingen. Das Schiff trieb manövrierunfähig auf den Strand zu. Bei Sonnenuntergang wurde die Flagge gestrichen, Paludan ergab sich, die Besatzung ging von Bord und versuchte das Ufer zu erreichen, aber es waren immer noch rund 200 Seeleute an Bord, als das Schiff in einer gewaltigen Explosion in die Luft flog. Von den insgesamt 1.500 Dänen an Bord der Schiffe waren über 500 gefallen und 900 gefangen.

Die Schleswig-Holsteiner hatten ihren Gegner an seiner empfindlichsten Stelle getroffen. Mit dem Gefecht schrieben sie aber auch ein Stück Kriegsgeschichte, weil man bisher immer die Ansicht vertreten hatte, dass, wenn mehrere große Kriegsschiffe in die Nähe der Küstenbatterien gelangten, sie diese durch ihr massiertes Feuer vernichten würden.

Der Feldzug des Jahres 1849

Zwei Tage vor der Eckernförder Niederlage waren die Dänen bei Kolding ins Herzogtum Schleswig vorgedrungen, während ein weiteres Korps den Alsensund überschritt. Zu ersten Gefechten kam es bei Hadersleben und Atzbüll, in denen die Schleswig-Holsteiner außerordentlich effektiv kämpften.

Am 5. April rückten die Reichstruppen in die Stellungen nördlich von Flensburg ein, um von hier aus die vorrückenden Dänen zurückzuschlagen. Zu ersten kleineren Gefechten kam es bei Hadersleben und Avnbøl. Ungünstig verlief das Gefecht von Ullerup für die dort kämpfende Hannover'sche Brigade, da die Hauptmacht unter Prittwitz nichts zu ihrer Unterstützung unternahm.

Die Dänen hatten geplant, den Gegner bei Bau zu packen, aber der Plan wurde fallen gelassen, weil das Gefecht von Eckernförde nicht so verlaufen war, wie sie es erhofft hatten. Ein früherer dänischer Plan hatte nämlich vorgesehen, Schleswig durch Anlandungen von See im Bereich der Schlei und bei Eckernförde mit rund 24.000 Mann Landungstruppen einzunehmen. Davon war nach jüngeren Überlegungen nur noch die geplante Anlandung bei Eckernförde geblieben. Das Unternehmen jedoch war – wie bereits dargestellt – gründlich gescheitert.

Sundewitt

Die ungünstige Entwicklung von Eckernförde veranlasste die Dänen, nun ihre Truppen aus dem Sundewitt teilweise in den Raum um Kolding und die übrigen Kräfte wieder nach Alsen zurückzuziehen.

Den nach Alsen zurückgehenden Truppen setzten die Bayern, Kurhessen und Sachsen nach. Sie nahmen in der Nacht vom 12./13. April die Höhen von Düppel, bevor sie zusammen mit der sächsischen Brigade gegen den dänischen Brückenkopf am Alsensund weiter vorgingen. Durch das massive Feuer der Dänen wurden sie jedoch auf die Höhen von Düppel zurückgeworfen. Einen erneuten Angriff auf den Brückenkopf erwog v. Prittwitz nicht. Für die Truppen im Sundewitt war der Feldzug mit Ausnahme kleinerer Scharmützel damit so gut wie beendet.

Kolding

Die auf Kolding zurückgewichenen dänischen Truppen hatten Vorposten auf schleswig-holsteinisches Gebiet vorgeschoben. Darin sah v. Bonin einen Anlass zum Angriff, zu dem er am 20. April mit der Avantgarde antreten ließ. Zusammen mit einer Schwadron Dragoner und unterstützt von 6-pfündiger Artillerie griff das 2. Jägerkorps die Vorposten an, warf sie zurück und nahm die südliche Vorstadt von Kolding in Besitz, bevor das Gefecht zunächst zum Stehen kam. Nach Überwindung einer dänischen Sperre wurde die Stadt jedoch vollends in Besitz genommen, während sich die Dänen nach Vejle und Fredericia zurückzogen.

Am 23. April um 7 Uhr morgens traten die Dänen zum Gegenangriff auf die Schleswig-Holsteiner an, die sich zur Verteidigung eingerichtet hatten. Dänische Jäger, unterstützt durch eine Schwadron Husaren, griffen zunächst die nördlich Kolding angelegten Schanzen an, wurden aber zurückgeschlagen. In einem weiteren Angriff warfen die Dänen die Schleswig-Holsteiner jedoch aus Kolding auf Stellungen südlich der Koldingau zurück und der Kampf wurde zunächst allein durch die Artillerie weitergeführt.

Im Westen hatten die Dänen zunächst ebenfalls Erfolge zu verzeichnen, als sie die Schleswig-Holsteiner auf das Südufer der Au zurückdrängten. Gegen Mittag wurde dann die schleswig-holsteinische Avantgarde vorgeführt, und insbesondere die Artillerie fügte den Dänen schwere Verluste zu, sodass sie sich zurückziehen mussten. Gegen 15 Uhr setzten die Schleswig-Holsteiner erneut zum Angriff an. Es gelang ihnen, Kolding bis zum Abend wieder völlig in eigene Hand zu bekommen und Stellungen nördlich der Stadt zu beziehen.

Die Dänen zogen sich zum Teil nach Fünen, zum Teil nach Fredericia zurück, das von rund 14.000 Schleswig-Holsteinern belagert wurde.

Kleinere Teile des „Nørrejyske Arméekorps“ unter General Rye erhielten den Auftrag, langsam, hinhaltend kämpfend nach Norden auszuweichen, um die Gegner so weit wie möglich nach Norden vorgehen zu lassen. Rye erfüllte seine Aufgabe bei nur geringen eigenen Verlusten mit Erfolg. Rund 22.000 Deutsche unter Prittwitz gingen nach Jütland vor. Das dänische „Flankekorps“ unter de Meza lag auf Alsen und band rund 20.000 Deutsche im Sundewitt, sodass es den Dänen gelungen war, ihre Gegner zur Aufsplitterung ihrer Kräfte zu veranlassen.

Fredericia

Während v. Prittwitz am 6. Mai mit den Reichstruppen bei Kolding die Grenze überschritt und auf Vejle vorging, hatten die Schleswig-Holsteiner ihren Vormarsch in Richtung Fredericia fortgesetzt. Sie stießen bei Gudsoe auf heftigen Widerstand, erreichten aber dennoch bis zum Abend Fredericia. Die auf Vejle zurückgehenden Dänen hätten von den vorgehenden Reichstruppen ohne weiteres vernichtet werden können, Prittwitz jedoch handelte nicht.

Die Schleswig-Holsteiner gingen vor Fredericia zur Belagerung über. Um den Dänen die Verbindung über See nach Fünen abzuschneiden, hatten die Schleswig-Holsteiner an der Küste Artillerie in Stellung gebracht. Das jedoch verfehlte seine Wirkung, und es gelang den Dänen, Nachschubgüter und zusätzliches Personal in die Festung zu bringen.

Die Schleswig-Holsteiner bauten ihre Befestigungsanlagen bis Ende Juni auf fünf Redouten und neun Schanzen mit 33 schweren Geschützen aus.

Die Dänen setzten derweil ihre Planungen zu einem großen Ausbruch aus der Festung Fredericia um. Das „Nørrejyske Arméekorps“ unter General Rye erhielt den Befehl, seine Truppen auf die Halbinsel Helgenæs ostwärts von Aarhus zu verlegen und von dort eine Brigade nach Bogense auf Fünen einzuschiffen. De Meza sollte ebenfalls eine Brigade und eine halbe Batterie nach Fünen verlegen. Von Fünen aus setzten die Truppen dann über den Kleinen Belt nach Fredericia über; bis zum 5. Juli waren die Umgruppierungen abgeschlossen.

Bonin wog sich immer noch in Sicherheit, obwohl ihm nicht verborgen bleiben konnte, dass die Dänen immer mehr Soldaten in die Festung brachten, bis deren Besatzung auf rund 23.000 Mann angewachsen war ($21^3/_4$ Bataillone, vier Eskadrone und 48 Feldgeschütze).

Am 6. Juli gegen 1 Uhr war es so weit. Die Dänen begannen im Schutz der Dunkelheit ihren Ausfall und überraschten die Schleswig-Holsteiner. In ersten Gefechten nördlich der Festung bei der Redoute V erzielten die Schleswig-Holsteiner noch kleinere Erfolge, waren aber

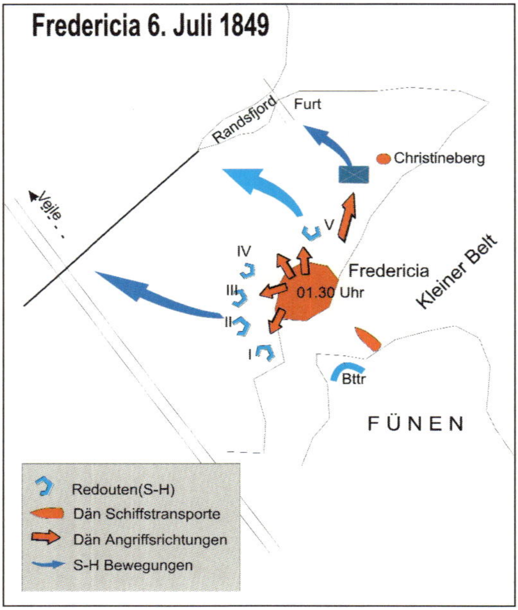

Abb. 62

schnell der Übermacht nicht mehr gewachsen und mussten unter schweren Verlusten über die Furt durch den Randsfjord ausweichen. Auch die nördlich von Christinebjerg stehenden Bataillone mussten dem dänischen Druck weichen. Ebenso wurden die Redouten I und II genommen. Nur einem Teil der dort aufgestellten 1., 2. und 3. Bataillone gelang es, unter schweren Verlusten nach Norden oder Westen auszuweichen.

Die auf dem rechten Flügel stehenden Truppen der Avantgardebrigade wichen gegen 4 Uhr nach Westen aus, um so den Rückzug der Division auf Vejle zu decken.

Die Schleswig-Holsteiner verloren an diesem Tag mehr als 1.000 Tote und Verwundete und nahezu 2.000 Gefangene. Dazu verloren sie noch 31 Geschütze. Auch die Verluste der Dänen waren mit 496 Toten und 1.277 Verwundeten hoch.

Bei den bereits laufenden Waffenstillstandsverhandlungen hatte Dänemark seine Position spürbar verbessert. Der militärischen Niederlage folgte die politische. Auf Druck der Russen und Engländer wurde der Berliner Waffenstillstand am 10. Juli 1849 geschlossen. Schleswig wurde von schwedisch-norwegischen Truppen besetzt, die Statthalterschaft auf Holstein begrenzt und Schleswig von einer dänisch-preußischen Kommission, mit einem Engländer als Aufsicht, verwaltet.

Am 2. Juli 1850 wurde der Waffenstillstand dann durch den Berliner Friedensvertrag abgelöst, in dem Preußen dem dänischen König weitgehend freie Hand über die Herzogtümer zugestand.

Schleswig-Holstein stand erneut alleine.

Der Feldzug des Jahres 1850

Mit dem Waffenstillstandsvertrag zogen die Preußen die nach Schleswig-Holstein abgestellten Offiziere einschließlich des Oberbefehlshabers von Bonin zurück. Neuer Oberbefehlshaber wurde der verabschiedete preußische General von Willisen, der in seiner bisherigen militärischen Laufbahn nicht immer durch Entschiedenheit und Stärke aufgefallen war. Die Schleswig-Holsteinische Armee bestand zu diesem Zeitpunkt aus etwa 30.000 Mann Feldtruppen. Noch kurz vor Kriegsbeginn leitete Willisen noch radikale Änderungen bei der Armee ein. Die in der Aufstellung befindlichen zwei neuen Brigaden mit acht Bataillonen und zwei Jägerkorps ließ er wieder auflösen und teilte die Soldaten den bereits bestehenden Truppenteilen zu, sodass jetzt die Infanteriebataillone auf 1.300 Mann anwuchsen und in Halbbataillone gegliedert wurden. Darüber hinaus änderte Willisen zum Teil auch das militärische Reglement.

Um die Sollstärken einigermaßen zu erreichen, warb man „ausländische“ Offiziere an, von denen preußische Offiziere wieder das größte Kontingent stellten. Das Missverhältnis von Führern zu Geführten wurde damit jedoch nicht ausgeglichen, der Mangel an Zusammenhalt und Schulung der Truppe sollte sich zusätzlich nachteilig auswirken.

Im Juli 1850 standen 25.788 Mann unter Waffen, die von 457 Offizieren geführt wurden.

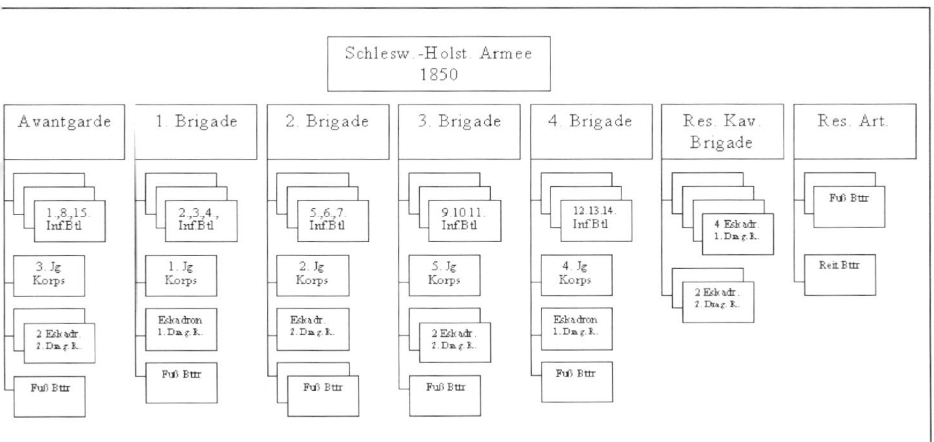

Abb. 63: Die Schleswig-Holsteinische Armee von 1850

Das dänische Heer

Korps auf Alsen	Korps Nordjütland	Korps auf Fünen	Korps auf Seeland
Korps Kavallerie *1 Kav Abt.*	***3. Infanteriebrigade*** *3 Linienbataillone* *1 Jägerkorps* *1 Reservebataillon* *4 Batterien Artillerie* *1 Dragonerregiment* *1 Reserveschwadron Husaren*	***5. Infanteriebrigade*** *1 Linienbataillon* *3 Ersatzbataillone* *2 Schützenersatzabt.* *2 Halb Batterien Artillerie* *1 Dragonerregiment*	***6. Infanteriebrigade*** *2 Leichte Linienbataillone* *1 Reserve Jäger Korps* *2 Ersatzbataillone* *6 Batterien Artillerie* *4 Schwadronen*
Korps Artillerie *3 Batterien*	***4. Infanteriebrigade*** *2 Linienbataillone* *1 Jägerkorps* *2 Reservebataillone*		
1. Infanteriebrigade *2 Linienbataillone* *1 Jägerkorps* *2 Reservebataillone*			
2. Infanteriebrigade *3 Linienbataillone* *2 Reservebataillone*			

Abb. 64: Gliederung des dänischen Heeres

Abb. 65: Auch so ist Nachschub möglich: dänischer Offiziersbursche Mitte des 19. Jahrhunderts

Auf der Seite der Dänen standen hingegen 37.189 Mann mit 794 Offizieren unter dem bereits bewährten Kommando des Generals Krogh. Das Verhältnis zwischen Führern und Geführten fiel damit eindeutig zu Ungunsten der Schleswig-Holsteiner aus, bei denen noch erschwerend hinzukam, dass Willisen die Bonin'sche Ordnung weitgehend durcheinander gewürfelt hatte.

Die Schlacht bei Idstedt

Die Schleswig-Holsteinische Armee, die am 1. Juli 1850 mobil gemacht worden war, wurde im Raum Rendsburg-Kiel konzentriert und bezog bis zum 15. Juli 1850 ihre Verfügungsräume und Stellungen nördlich von Schleswig im Raum Bollingstedt-Tolk-Idstedt.

Die Truppen unterstanden folgenden Befehlshabern:

• Die Avantgarde:	Oberst v. Gerhardt
• 1. Brigade:	Generalmajor v. Baudissin
• 2. Brigade:	Oberst v. Abercron
• 3. Brigade:	Generalmajor v. der Horst
• 4. Brigade.	Oberst v. Garrels
• Reservekavallerie:	Oberst v. Fürsen-Bachmann
• Reserveartillerie:	Generalmajor v. Wissel

Dänemark hatte seine Truppen bis zum 18. Juli bei Flensburg versammelt, da man auch bei den Dänen davon ausging, dass ein neuerlicher Kriegsausbruch unmittelbar bevorstand.

Die Stellungen, die Willisen bezogen hatte, waren zur Verteidigung gut gewählt, da sie durch den Langsee, Idstedter und Arenholzer See sowie die dazwischen liegenden moorigen Niederungen und Waldungen gut geschützt waren. Gegnerische Annäherungen hingegen konnten bei ausreichender Sicht frühzeitig erkannt werden.

Nachteilig musste sich aber die große Überdehnung der Stellungen auswirken, die zwischen Wellsprang und der Treene rund 18 km in der Breite und auf der Linie Arenholzer See-Langsee-Stenderup eine Tiefe von etwa 9 km hatten.

Am 24. Juli kam es zu ersten Gefechten, als die Dänen schon früh auf der Chaussee gegen Poppholz und Helligbek vorgingen. Parallel versuchte die 3. dänische Brigade unter Oberst Schepelern in den Besitz der Treene-Übergänge zu gelangen.

Bei Helligbek standen den Dänen, die mit fünf Bataillonen vorgingen, nur fünf Kompanien Schleswig-Holsteiner gegenüber, die bis zum Abend zum Ausweichen gezwungen wurden.

Unterdessen war auch die 3. dänische Brigade insbesondere bei Sollbrück zum Angriff übergegangen und drängte die hier verteidigenden schwachen Kräfte ebenfalls zunächst zurück. Gegen 17.30 Uhr griffen die Schleswig-Holsteiner dann aber mit zwei Bataillonen an und warfen die Dänen bis zum Abend wieder über die Treene zurück, sodass der wichtige Übergang über die Treene in eigener Hand blieb.

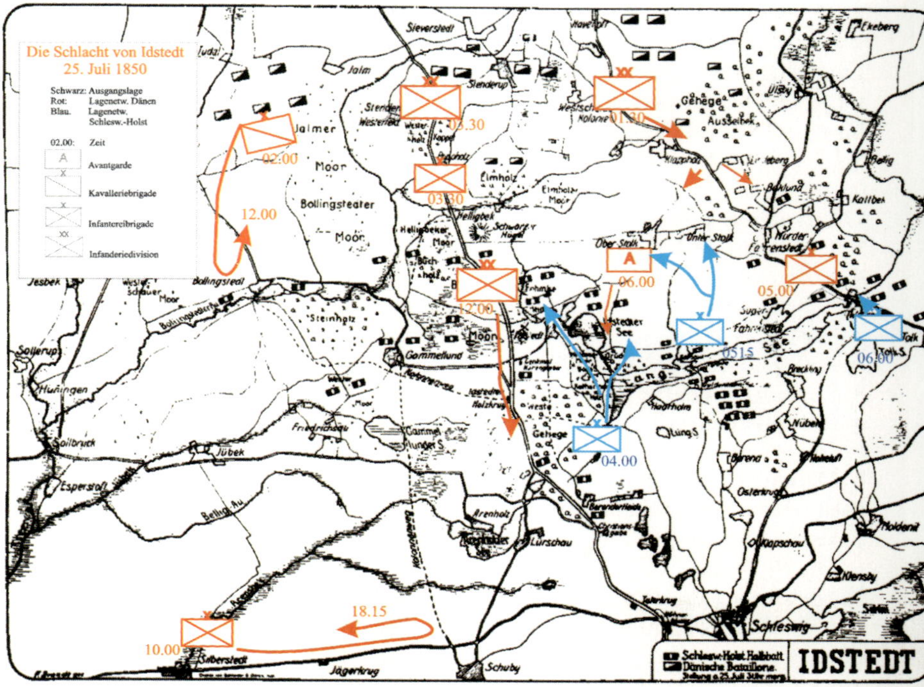

Abb. 66: Plan zur Schlacht bei Idstedt mit den Ausgangspositionen der Dänen und Schleswig-Holsteiner (schwarz) sowie dem anschließenden Gefechtsverlauf (rot und blau)

Am Abend des 24. Juli versammelte Willisen seine Kommandeure in Idstedt, um ihnen seinen Schlachtplan zu erläutern.

Willisen ging davon aus, dass der Hauptstoß der Dänen im Westen erfolgen würde, und so wollte er seinen Angriff um 4 Uhr auf dem rechten Flügel bei der 2. Brigade (Oberst v. Abercron) beginnen. Die übrigen Brigaden sollten dann auf ein Fanal hin staffelweise folgen, um den Gegner nach einer Linkschwenkung zu werfen (Fanal = Stange, an der mit Pech und Teer getränktes Werg gewickelt wird. Wird es angezündet, kann die Rauchentwicklung als Signal dienen).

Am 25. Juli mit Sonnenaufgang gegen 3.30 Uhr begann der dänische Vormarsch zunächst beiderseits der Chaussee in Richtung auf Helligbek. Parallel gingen sie gegen Idstedt vor, wo sie auf das 15. Bataillon und das 4. Jägerkorps der Avantgarde stießen, die sich lange Zeit tapfer verteidigten, dann aber den immer neu herangeführten dänischen Verstärkungen weichen mussten. Gegen 6 Uhr entschloss sich Willisen zum Angriff, aber die Fanale zündeten wegen des Regens nicht, sodass sich die Befehlsausführung verzögerte. Als die Fanale endlich brannten, begann auf dem rechten Flügel die 3. Brigade unter v. d. Horst, die im Raum Güldenholm, südlich des Langsees, gestanden hatte, mit ihrem Vormarsch nach Norden. Die Brigade hatte zuvor den Langsee auf einer über den See geschlagenen Brücke überquert, die jedoch für die Artillerie nicht tragfähig genug war, sodass die Batterie westlich um den Langsee geführt werden musste und so nicht rechtzeitig zur Verfügung stand, als man sie gebraucht hätte.

V. d. Horst rückte gegen Ober- und Unter-Stolk vor. In Kolonne marschierte die Brigade nach Ober-Stolk hinein, als sie unerwartet auf das 13. Bataillon der 2. dänischen Division stieß. Die Schleswig-Holsteiner reagierten schneller, sprengten die Dänen auseinander und warfen sie nach Norden zurück. Während die Masse der 2. dänischen Division unter General Schleppegerell schon gegen den Idstedter See

Abb. 67: Gefecht von Ober-Stolk, Schleppegrell (Mitte) ist tödlich getroffen. Gemälde von Jørgen Sonne, Frederiksborg Museum

vorging, versuchten sie ihrem bedrängten Bataillon jetzt zur Hilfe zu kommen. Die Unterstützung war jedoch vergeblich, und auch Schleppegrell fiel.

Das Gefecht von Ober-Stolk war zu Gunsten der Schleswig-Holsteiner ausgegangen.

Die Lage für die Schleswig-Holsteiner stand hier zu diesem Zeitpunkt außerordentlich gut, aber es kam keine Unterstützung durch die 2. Brigade (v. Abercron), die auf Befehl des Generalstabschefs von der Tann zurückgenommen worden war. Darüber hinaus verzettelte sich Horsts Brigade und konnte den Sieg nicht ausnutzen. Vor den anrückenden dänischen Reserven unter Generalmajor de Meza musste von der Horst zurückweichen.

Auf dem linken Flügel hielt sich die 1. Brigade bei Bollingstedt und Engbrück, wurde aber durch Willisen gegen 7.30 Uhr auf Verteidigungsstellungen am Arenholzer See zurückgenommen, was den Dänen Vorteile verschaffte.

Im Zentrum hatte sich die Lage nach der Einnahme des Nordteils von Idstedt zu Ungunsten der Schleswig-Holsteiner entwickelt. Die Dänen hatten zusätzliche Verstärkungen herangeführt, und die in Idstedt kämpfenden Einheiten sollten durch das 13. und 14. Bataillon der 4. Brigade Unterstützung erhalten, aber sie traf zu spät ein. Das 15. Bataillon, das in Idstedt gekämpft hatte, kam ihnen bereits in ziemlicher Unordnung aus dem Ort entgegen.

Die Entscheidung bahnte sich derweil im Westen an. Die dänische 3. Brigade (Schepelern) hatte im Laufe des Morgens die Treeneübergänge bei Hanning, Sollbrück und Treia in Besitz genommen, die dort stehenden Truppen zurückgedrängt, und stieß dann weiter auf Schuby vor, wo es zu einem kurzen Gefecht mit schleswig-holsteinischen Dragonern kam. Das Gefecht wurde jedoch von den Dänen gegen 13 Uhr ohne ersichtlichen Grund abgebrochen. Sie gingen auf Silberstedt zurück und gaben so ohne Not einen für sie wichtigen Abschnitt preis.

Die Schleswig-Holsteiner hatten sich im Zentrum der Schlacht inzwischen wieder neu formiert, sie verfügten hier über ausreichende Infanterie- und Artilleriekräfte. Die Tatsache aber, dass die Dänen mit der Brigade Schepelern eine ernste Bedrohung für den linken Flügel darstellten, war für Willisen Anlass genug, das Gefecht abzubrechen und kurz nach Mittag den Rückzug zu befehlen.

Obwohl die Dänen nicht mit allen Kräften zur Verfolgung der zurückgehenden Schleswig-Holsteiner ansetzten, ging der Rückzug zunehmend in fluchtartige Absetzbewegungen über. Bei Fahrdorf, südlich

Abb. 68: Die Schlacht bei Idstedt auf dem „Neuruppiner Bilderbogen“ Nr. 92

von Schleswig, sammelten sich die Hauptkräfte schließlich am Nachmittag des 25. Juli und gingen von hier nach Rendsburg zurück.

Die Schlacht von Idstedt war nicht nur die größte in der dänischen Militärgeschichte, sie war auch die blutigste, die auf beiden Seiten hohe Verluste gefordert hatte. Auf Seiten der Schleswig-Holsteiner forderte die Schlacht 534 Tote, 1.202 Verwundete und 1.072 Gefangene, während die Dänen 845 Tote, 2.405 Verwundete zu verzeichnen hatten und 368 Mann in Gefangenschaft gingen.

Missunde und Friedrichstadt

Nachdem es den Schleswig-Holsteinern gelungen war, sich auf holsteinisches Gebiet zurückzuziehen, mussten die Dänen die Verfolgung abbrechen und konnten sich nur noch auf die Verteidigung der Danewerksstellungen beschränken, die weiter ausgebaut wurden. Auf dem linken Flügel wurde Missunde weiter befestigt und im Westen machte man die Niederungen durch Überschwemmungen weitgehend unpassierbar.

Die Schleswig-Holsteiner waren jetzt auf einen schmalen Streifen im südlichen Schleswig zurückgedrängt. Lediglich Friedrichstadt, Stapelholm, die Gegend um Hohn und im Osten der Dänische Wohld befanden sich noch in ihrer Hand.

Friedrichstadt aber wurde bereits am 7. August 1850 durch die 3. dänische Brigade unter Oberst Schepelern zurückerobert und als rechter Flügel der Danewerkstellungen zusätzlich befestigt.

Die Schleswig-Holsteinische Armee, die nun auf sich alleine gestellt war, musste alle Ressourcen ausschöpfen, um den Kampf fortsetzen zu können. Es wurden jetzt auch die 19-jährigen Männer eingezogen, obwohl es bisherige Praxis gewesen war, erst mit 22 Jahren zum Militärdienst herangezogen zu werden. Freiwillige aus anderen Teilen Deutschlands meldeten sich immer noch, aber ihre Zahl belief sich nur auf knapp 5.000. Dennoch erreichte der Personalumfang der Schleswig-Holsteiner bis August rund 42.000 Mann.

Am 12. September 1850 wurden die Schleswig-Holsteiner erneut offensiv, als Willisen zum Angriff auf den dänischen Brückenkopf Missunde antrat.

In und um Missunde stand die 1. dänische Brigade mit rund 3.200 Mann. Einzelne Abteilungen waren bis Kosel, Holm und Kochendorf vorgeschoben. Als Verbindung über die Schlei war eine Schiffbrücke gelegt und nördlich bei Borg waren Schanzen aufgeworfen.

Willisen hatte eine Rekognoszierung angesetzt, deren Ziel die Eckernförde-Schleswiger Chaussee war. Um 12.30 Uhr kam es zum ersten kleineren Gefecht bei Kochendorf. Die Schleswig-Holsteiner

Abb. 69: Abwehr des schleswig-holsteinischen Angriffs auf Missunde am 12. September 1850. Ausschnitt aus einem Gemälde von Niels Simonsen (1852), Frederiksborg Museum

gingen weiter über Kosel vor, aus dem die dort eingesetzten Dänen wichen. Vom Langsee aus setzte das 3. schleswig-holsteinische Jägerkorps den Vormarsch gegen Missunde fort, während die Artillerie mit 24 Geschützen zwischen Koseler Weg und Großer Breite in Stellung ging. Der Einsatz der Artillerie bewirkte, dass die Dänen mit ihren letzten Geschützen über die Schlei zurückgingen. Aus dieser Lage heraus befahl Willisen den Sturm gegen die weit überlegenen, gut gedeckten Dänen, so dass der Sturm im heftigen Granat- und Gewehrfeuer liegen blieb.

Mit der 3. und 4. Kompanie des gleichen Bataillons setzte Willisen zum erneuten Sturm an, der aber wegen mangelnder Geländekenntnis ebenfalls scheiterte. Zusätzlich stellte die eigene Artillerie aus nicht erkennbarem Grund plötzlich das Feuer ein und wich auf Kosel zurück. Willisen gab wie in Idstedt auf, obwohl in dieser Lage gute Voraussetzungen gegeben waren, durch Bündelung der Kräfte zum Erfolg zu kommen. Der Rückzug der Schleswig-Holsteiner bei anbrechender Dunkelheit war verlustreich. Insgesamt verloren die Schleswig-Holsteiner an diesem Tag 296 Mann, darunter 130 Gefangene. Auch die dänischen Verluste waren mit 245 Mann hoch.

Genauso erfolglos verlief der Versuch, Friedrichstadt zurückzugewinnen. Der Infanterieangriff am 29. September wurde unter hohen Verlusten abgeschlagen, die mehrtägige Beschießung war ebenfalls ohne nennenswertes Ergebnis geblieben, und der neuerliche Sturmangriff am Abend des 4. Oktober scheiterte ebenfalls. Am Ende hatten die Schleswig-Holsteiner 709 Mann verloren.

Nachdem die Statthalterschaft bereits geplant hatte, Willisen am 7. September zu entlassen, davon jedoch, aus welchen Gründen auch immer, absah, reichte Willisen jetzt von sich aus den Abschied ein und schied am 7. Dezember 1850 aus der Armee aus. Nachfolger wurde Generalmajor von der Horst. Nur ändern konnte auch er an der Lage Schleswig-Holsteins nichts mehr.

Das Ende der Erhebung

Schleswig-Holstein lag im September 1850 nicht nur militärisch am Boden, es musste auch politisch kapitulieren. Der einstige Helfer Preußen wurde durch Österreich und das hinter ihm stehende Russland gezwungen, seine Pläne in Bezug auf Schleswig-Holstein aufzugeben und die Herzogtümer den Dänen wieder zu überantworten. Um den Forderungen Nachdruck zu verleihen, wurde eine österreichisch-preußische Armee von 30.000 Mann aufgeboten. Nur kurz dachten die Schleswig-Holsteiner darüber nach, sich dieser Armee in Stellungen bei Oldesloe entgegenzustellen. In der Nacht vom 10. auf den 11. Januar 1851 nahm die Landesversammlung das österreichisch-preußische Diktat an. Alle Feindseligkeiten mussten eingestellt, die besetzten Gebiete Schleswigs geräumt und die Armee auf ein Drittel reduziert werden.

Besetzt wurde Holstein dennoch von den Österreichern, die bis Februar 1852 blieben.

Aus den Resten der Schleswig-Holsteinischen Armee wurde am 1. April 1851 das Kontingent des Herzogtums Holstein für die Bundesarmee mit folgenden Truppenkontingenten aufgestellt:

Generalkommando	Kiel
Holsteinisches Jägerkorps	Kiel
Holsteinisches 1. Infanterie-Bataillon	Glückstadt
Holsteinisches 2. Infanterie-Bataillon	Lütjenburg
Holsteinisches 3. Infanterie-Bataillon	Preetz
Holsteinisches Dragoner-Regiment	Itzehoe
Holsteinische Feld-Artillerie-Abteilung	Rendsburg
Pionierkompanie	Rendsburg

Am 1. Dezember 1851 wurde dieses Bundeskontingent an Dänemark übergeben mit der Folge, dass sofort 61 Offiziere entlassen wurden und von den verbliebenen 55 bis Mitte 1852 nochmals die Hälfte gehen musste.

Die Herzogtümer in den 50er Jahren des 19. Jahrhunderts

Am 1. Februar 1852 war Dänemark wieder im vollen Besitz der Herzogtümer. Die zugesagte Amnestie galt nicht für Offiziere, die vor dem März 1848 in dänischen Diensten gestanden hatten. Sie mussten die Herzogtümer verlassen und gerieten so in der Regel in große materielle Not. Mit Ausnahme Hamburgs, das sich zahlreicher ausgewiesener Soldaten annahm, zeigte sich der Bundestag äußerst reserviert. Erst nach langem Hin und Her wurden kärgliche Ruhegehälter an die Kriegsbeschädigten gezahlt.

In den Herzogtümern führte Dänemark eine nicht sehr vorausschauende Politik, sondern versuchte die „Danisierung“ insbesondere Schleswigs voranzutreiben und übte auch sonst immer wieder Druck auf die Bevölkerung aus. Es wäre also unschwer vorhersehbar gewesen, dass es in absehbarer Zeit zu neuerlichen Auseinandersetzungen kommen würde.

Dänische Militärpolitik nach 1852

Nach Ende der Auseinandersetzungen um die Herzogtümer waren die dänischen Reservebataillone aufgelöst und ein Teil der Reserveoffiziere bei halber Löhnung „in Verfügung gestellt" worden. Zu Übungen wurden sie jedoch nicht herangezogen, sodass ihnen Änderungen im Reglement unbekannt blieben.

Auch sonst war die dänische Verteidigungspolitik nach 1852 insgesamt alles andere als weitsichtig. Bis 1864 bestand die Armee zwar nominell aus nahezu 60.000 Mann, aber in Folge des geringen Militärhaushalts und des auch durch das dänische Parlament arg vernachlässigten Friedensstandes der Armee handelte es sich mehr um eine Milizarmee als um ein geschultes, schlagkräftiges, stehendes Heer. Nach mehrmaligem Wechsel an der Spitze des Kriegsministeriums hatte General Thestrup 1859 die Leitung übernommen. Nach einem von ihm überarbeiteten Mobilmachungsplan war vorgesehen, die 22 Bataillone der Infanterie im Kriegsfall zu verdoppeln und jedes auf 1.000 Mann zu bringen. Die entsprechenden Offiziere waren ebenfalls bestimmt.

Da das Finanzministerium aber nur geringe Mittel für die Verteidigungsplanung zur Verfügung stellte, trat Thestrup 1863 zurück und an seine Stelle trat Oberst Lundebye.

Es bleibt unerklärlich, warum die Dänen trotz ihrer herausfordernden Außenpolitik so wenig in ihre äußere Sicherheit investierten. Im Angesicht kommender Auseinandersetzungen wurde im September 1863 – als es schon zu spät war – verfügt, dass das Heer in vier Schritten auf Kriegsfuß zu setzten sei. Da aber der Deutsche Bund bereits am 1. Oktober die Bundesexekution beschloss, gingen die Dänen jetzt überstürzt vor, um das Heer kriegstauglich zu machen. Im November verfügte das Kriegsministerium dann noch, dass eine Regimentsgliederung, statt der bisher üblichen und in Krieg und Frieden erprobten Ordnung, in Bataillonen einzunehmen sei. Erschwerend kam weiter hinzu, dass gut ein Drittel aller Wehrpflichtigen aus den Herzogtümern kamen und ohnehin weitgehend ungeklärt war, wie mit den schleswig-holsteinischen Truppen in einem Krieg umzugehen wäre, zumal Holsteiner und Lauenburger ein Kontingent des Deutschen Bundes bildeten. Dennoch verlegte man die Bataillone 16, 17 und 22 im Herbst 1863 nach Kopenhagen und das 15. Bataillon nach Helsingör. Das Lauenburger 14. Bataillon hingegen wurde entsprechend den Forderungen des Bundes aufgelöst.

Auch bei der Bewaffnung war das dänische Heer nicht auf modernem Niveau. Zum großen Teil war man mit Vorderladern ausgestattet, die entweder aus den Beständen der Schleswig-Holsteinischen Armee oder gar noch aus den 20er Jahren stammten. Allerdings waren solche Waffen zu diesem Zeitpunkt bei den meisten anderen europäischen Mächten mit Ausnahme Preußens auch noch in Gebrauch.

Alles in allem verfügte das dänische Heer zu Beginn der Mobilisierung über 22 Infanteriebataillone und die Leibgarde, sechs Kavallerieregimenter, zwei Artillerieregimenter, vier Festungskompanien und zwei Ingenieurkompanien. Die Infanteriebataillone wurden jetzt verdoppelt, die Kavallerieregimenter wurden von vier auf sechs Schwadronen aufgestockt und die Feldartillerie erhielt eine zusätzliche Batterie.

Aber nicht nur bei der Truppe war nicht alles zum Besten bestellt. Man hatte auch den Ausbau der Danewerkstellungen ebenso wie der Düppel- und Fredericiastellungen vernachlässigt und hatte Vorschläge, wie sie von einer Militärkommission 1853 gemacht worden waren, wegen der zu erwartenden hohen Kosten nur halbherzig umgesetzt. Darüber hinaus war auch bei dem in den 50er Jahren durchgeführten Ausbau der Eisenbahnen auf militärische Gesichtspunkte kaum Wert gelegt worden. Es wäre sicher von Vorteil gewesen, die Linienführung so zu gestalten, dass zumindest eine direkte Verbindung von Flensburg nach Schleswig und eine Querverbindung hinter den Danewerkstellungen gelegt worden wäre.

Mag sein, dass die Dänen sich in Sicherheit wiegten, weil sie vielleicht überzeugt waren, dass bei einer kommenden Auseinandersetzung mit Preußen im Konflikt um Schleswig-Holstein die militärisch effektivste Lösung in einer preußischen Landung auf Seeland liegen würde. Kopenhagen aber erkannte schnell, dass sich die preußischen Seerüstungspläne durch den internen Heeres- und Verfassungskonflikt verzögern würden, und man ging wohl auch davon aus, dass im Falle eines Angriffs Hilfe von außen kommen würde. Man durchschaute dabei in Dänemark nicht, dass es schon lange in der Absicht Bismarcks lag, Schleswig-Holstein in den preußischen Staat einzufügen. Was ihm dazu nur noch fehlte, war lediglich ein guter Grund, den ihm möglichst Dänemark selbst liefern sollte.

Vor diesem politischen und militärischen Hintergrund unternahm Dänemark unter dem Druck der von Orla Lehmann geführten „Eiderdänen" den erneuten Versuch, durch die Verabschiedung der so genannten „Eiderdänischen Verfassung" die Einverleibung Schleswigs voranzutreiben. Ein klarer Bruch der Londoner Verträge von 1851/52. Der Protest Preußens und Österreichs ließ nicht lange auf sich warten, und auch der Deutsche Bund reagierte, als er am 1. Oktober 1863 die „Bundesexekution" in Holstein beschloss.

Dennoch verkannte man in Kopenhagen immer noch den Ernst der Lage. Als der dänische König Friedrich VII. am 15. November 1863 unerwartet auf Schloss Glücksburg starb und Christian IX. den Thron bestieg, hätte wohl die Chance bestanden, einen Krieg zu verhindern, da Christian von der Gefährlichkeit der Politik seines Vorgängers überzeugt war. Die politische Stimmung im Königreich aber zwang ihn dennoch zur Unterzeichnung der „Eiderdänischen Verfassung" am 18. November 1863.

Es sollte sich schon bald zeigen, wie wenig vorausschauend dänische Sicherheits- und Außenpolitik gewesen war und welchen Fehleinschätzungen die Dänen erlegen waren.

Am 7. Dezember 1863 erneuerte der Frankfurter Bundestag seinen Beschluss zur Bundesexekution und beauftragte Sachsen und Hannover mit der Durchführung.

Dank der neuen Eisenbahntransportmöglichkeiten sammelte sich schon wenige Tage später je eine Brigade in Stärke von 6.000 Mann unter dem Befehl des sächsischen Generals v. Hake bei Boizenburg und Harburg, während je eine preußische und österreichische Brigade als Reser-

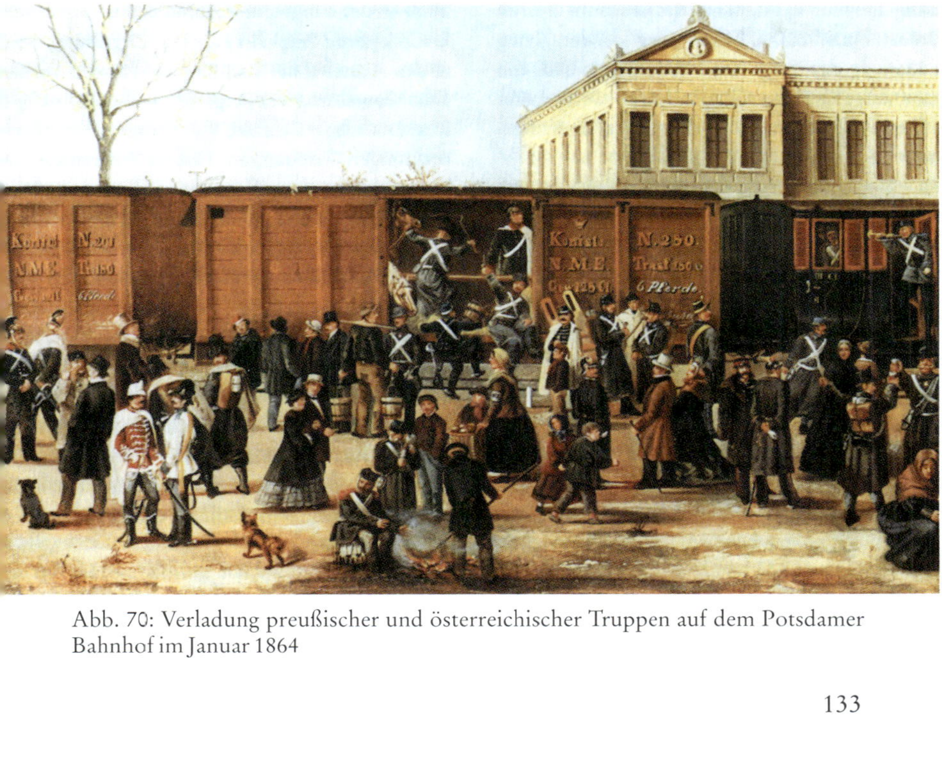

Abb. 70: Verladung preußischer und österreichischer Truppen auf dem Potsdamer Bahnhof im Januar 1864

ve in Lübeck und Hamburg eintraf (die österreichische Brigade wurde per Schiff von Prag nach Harburg transportiert). Am 23. Dezember 1863 rückten dann sächsische und hannoversche Truppen mit insgesamt rund 12.000 Soldaten in Holstein und Lauenburg ein. Die dort stationierten dänischen Truppen zogen sich kampflos nach Schleswig zurück. Österreich und Preußen forderten am 16. Januar 1864 ultimativ die Rücknahme der Verfassung, was für Dänemark völlig unannehmbar erschien. Bismarck war am Ziel. Er konnte losschlagen, und er war im Recht.

Dänemarks Vorbereitungen auf einen Waffengang waren allerdings in die falsche Richtung gelaufen. Anders als beim Heer hatte Dänemark seit 1857 erhebliche Mittel in die Erneuerung seiner Flotte gesteckt und die Hauptstadtbefestigungen weiter ausgebaut. Man hoffte, einen Landkrieg so lange hinhaltend führen zu können, bis Verstärkungen aus dem Ausland eintreffen würden, während die dänische Flotte die deutschen Küsten blockieren konnte.

Die Rechnung sollte jedoch nicht aufgehen.

Beginn der Bundesexekution in Holstein

Nach Auslaufen des preußisch-österreichischen Ultimatums waren auch österreichische und preußische Truppen in Holstein einmarschiert, und bis Ende Januar 1864 standen rund 60.000 Mann südlich der Eider: das VI. K. u. K. Korps mit 23.000 Mann unter Feldmarschallleutnant v. der Gablenz ostwärts Rendsburg, das II. kombinierte preußische Korps mit 24.000 Mann unter Prinz Friedrich Karl westlich Kiel. Hinter dem linken Flügel eine preußische Garde-Division einschließlich einer nachfolgenden österreichischen Brigade von zusammen 11.000 Mann.

Österreich erklärte sich damit einverstanden, dass ein Preuße den Oberbefehl über die Truppen übernehmen sollte, sofern es sich dabei um einen älteren höheren General mit Kriegserfahrung handelte. Diese Voraussetzungen erfüllte nur der 80-jährige Feldmarschall von Wrangel, der schon im deutsch-dänischen Feldzug von 1848 kommandiert hatte.

Die Streitkräfte Dänemarks unter General de Meza standen mit rund 37.000 Mann mit Masse in der stark verschanzten Danewerkstellung mit vorgeschobenen Posten bis zum Eiderkanal. Den linken Flügel bildete der Brückenkopf bei Missunde, und auf dem rechten Flügel standen die

Dänen hinter dem Überschwemmungsgebiet der Eider, Treene und Rheider Au bis nach Friedrichstadt.

Ausbildung und Bewaffnung der Dänen waren weitgehend unbefriedigend. Die Infanterie war mit Vorderladern ausgerüstet, gezogene Geschütze waren nur in unzureichender Zahl vorhanden.

Der Feldzug 1864

1864 hatte der Chef des preußischen Generalstabs v. Moltke noch nicht die weitgehend unangefochtene Stellung eines Militärstrategen, die er später besaß. Moltke wurde vom Außen- und Kriegsministerium nicht einmal über die politischen Geschehnisse unterrichtet, sondern er musste sich seine Informationen selbst beschaffen. Moltke wusste daher nichts von den politisch-strategischen Absprachen zwischen den Verbündeten, die sich darauf verständigt hatten, dass die Truppen im Februar 1864 über die Eider nach Schleswig vorrücken und Schleswig lediglich als Faustpfand besetzen sollten. Es war also nur ein militärisch begrenztes Unternehmen geplant.

All das kannte Moltke nicht, als er nach seiner unverbindlichen Ansicht über die Operationsführung gefragt wurde. Der von ihm schon 1862 entworfene Schlachtplan ging von zwei Überlegungen aus:

- erstens, dass Dänemarks Zentrum, die Insel Seeland mit der Hauptstadt Kopenhagen, wegen des Fehlens einer Flotte nicht einzunehmen war;
- zweitens, dass die auf dem Festland, in Schleswig und Jütland sowie auf den unmittelbar vorgelagerten Inseln Alsen und Fünen konzentrierten Truppen entscheidend geschlagen werden konnten und schnell geschlagen werden mussten, um so zu verhindern, dass andere Mächte Zeit zum Eingreifen fanden.

Moltke empfahl daher einen zügigen Vormarsch über die Eider, einen Frontalangriff auf die Danewerkstellung bei gleichzeitiger Umgehung in der rechten Flanke, um so der dänischen Hauptstreitmacht den Rückzug zu verlegen. „*Nach meiner Rechnung*“, so Moltke am 29. Januar 1864 in einem Brief an seinen Bruder, drei Tage vor Operationsbeginn, „*müssten heut über acht Tage schon die Würfel fallen. Bekommen wir den Frost, so wird die Sache ohne zu große Opfer abgehen, und dann ist es auch wahrscheinlich, dass eine wirkliche Erledigung der Sache Dänemark gegenüber erreicht wird*“ (zitiert nach: Herre, F., Moltke, S. 207, Stuttgart 1984).

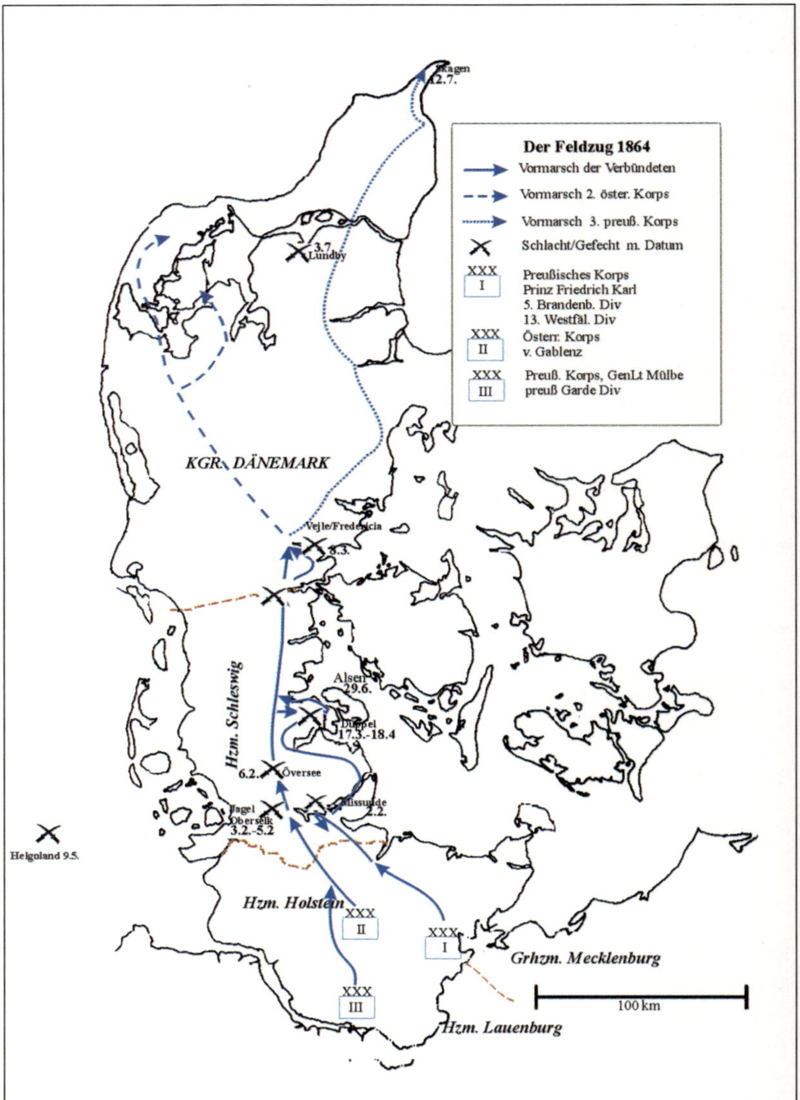

Abb. 71: Der Feldzug von 1864

Wrangel aber, der sich für „Marschall Vorwärts" hielt, allerdings für einen *„Blücher, der keinen Generalstäbler à la Gneisenau benötigte"* (Herre), entschied anders, und die Dänen entgingen einer Umfassung.

Angriff auf Missunde

Am 1. Februar 1864 begann der Angriff der verbündeten Armeen.

Während die Österreicher gegen die Danewerkstellungen vorgingen, rückten die Preußen unter Führung Prinz Friedrich Karls von Kiel aus am 1. Februar nach Norden vor. Nach kurzer Beschießung durch zwei dänische Kriegsschiffe in der Eckernförder Bucht besetzten die Preußen Eckernförde und standen am Abend auf der Linie Groß Wittensee-Eckernförde, um von hier aus weiter gegen Missunde vorzugehen und die Schlei an ihrer engsten Stelle zu überqueren. So der Plan.

Die Stellungen von Missunde waren von den Dänen zwischen 1851 und 1864 durch eine Anzahl so genannter offener Schanzen erheblich verstärkt und als Brückenkopf ausgebaut worden. Allein die Schanzen 59 und 60 (vgl. Plan) waren mit 14 zwölf- bzw. 24-pfündigen Kanonen bestückt. Im Angesicht der drohenden Kriegsgefahr hatten die Dänen im Vorfeld alle Knicks abtragen lassen, um dem Gegner keine Deckungsmöglichkeiten zu geben.

Der preußische Prinz hatte ursprünglich geplant, am 3. Februar gegen Missunde vorzugehen, änderte seine Absicht aber, als er am 2. Februar die dänischen Stellungen bei Kochendorf-Holm unbesetzt vorfand. Zu diesem Zeitpunkt waren die Befestigungen in

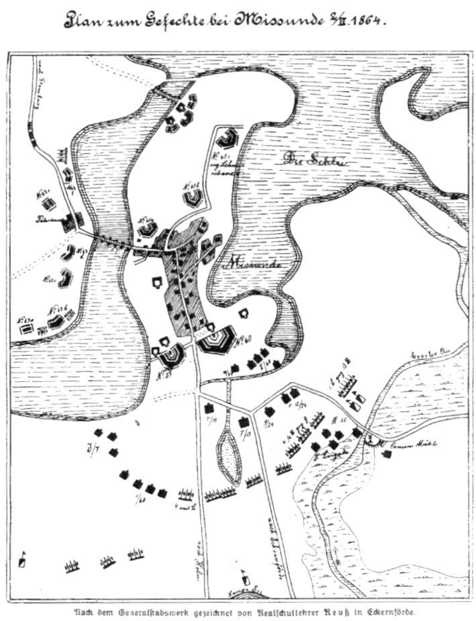

Abb. 72: Plan zum Angriff auf Missunde am 2. Februar 1864

Missunde durch eine Kompanie Festungsartillerie, eine Kompanie Fußvolk, ein Eskadron Dragoner und ein Bataillon vom 18. Infanterie-Regiment der Dänen besetzt.

Prinz Friedrich Karl ging mit der Avantgarde direkt gegen die Stellungen vor, während die 11. Brigade in der rechten Flanke eingesetzt war und in der linken Flanke eine Division zur Deckung gegen mögliche Angriffe aus Richtung Schleswig stand. Bis Mittag waren hinter der entwickelten Infanterie gut 70 Feldgeschütze in Stellung gebracht worden, die die Befestigungsanlagen sturmreif schießen sollten. Gegen 14.30 Uhr wurde das dänische Abwehrfeuer schwächer, sodass die preußische Infanterie sich an mehreren Stellen bis unmittelbar an die Schanzen heranarbeiten konnte und zum Sturm auf die Schanzen ansetzte. Der Sturm aber misslang, und der Prinz brach das Gefecht mit Beginn der Dunkelheit ab.

Ein Misserfolg, der kein günstiges Licht auf die preußische Armee warf. Der einzige „Erfolg" des Unternehmens lag für die Preußen darin, dass die Dänen in Erwartung eines neuen Angriffs hier mit relativ starken Kräften gebunden blieben.

Jagel/Oberselk

Der Sieg von Missunde hatte die Dänen nicht in Siegestaumel versetzt, da sie sehr wohl die Überlegenheit der preußischen Geschütze und Infanteriewaffen erkannt hatten und ihnen offensichtlich bewusst war, dass sie daher in offener Feldschlacht unterlegen sein müssten.

In Anbetracht der strategischen Bedeutung der Danewerkstellung und in Erwartung des Angriffs hatten die Dänen im Zentrum, in Schleswig, seit Ende Januar fast die ganze 3. Division mit 7., 8. und 9. Infanterie-Brigade und der beigegebenen Artillerie und Kavallerie einquartiert. Zusätzlich war hier der Stab der 4. Division, der 1. Kavalleriebrigade und der Reserveartillerie untergebracht. Darüber hinaus war am 1. Februar auch noch der dänische König auf Schloss Gottorf eingetroffen.

Nach dem preußischen Misserfolg vom Vortag waren die Dänen am 3. Februar 1864, einem nebligen, kalten Tag mit Schneefall, auf einen Angriff der Verbündeten gefasst, und die dänischen Truppen hatten ihre Stellungen bezogen.

Gegen Mittag klärte sich das Wetter auf, und die Österreicher stießen bei Brekendorf auf den ersten stärkeren Widerstand dänischer Vorposten. Die Österreicher entwickelten sofort ihre Truppen zum Angriff und drängten die Dänen auf Oberselk zurück, wo das Gefecht zum Stehen kam. Die Dänen hatten zusätzliche Verstärkungen aus den Danewerkstellungen herangeführt und verteidigten jetzt den Königshügel sowie das Dorf Jagel mit der Eisenbahnstation Klosterkrug. Trotz tapferer Gegenwehr mussten die Dänen weichen, die Österreicher nahmen die beherrschende Höhe des Königshügels ein und drangen bis kurz vor das Danewerk vor, von wo aus sie unter schweres Artilleriefeuer genommen wurden, bevor das Gefecht durch die einsetzende Dunkelheit abgebrochen wurde. Das Gefecht aber war für beide Seiten äußerst verlustreich. Die Österreicher büßten 376, die Dänen 417 Mann ein.

Räumung der Danewerkstellung

Einen Frontalangriff gegen die Danewerkstellungen wollte Wrangel erst starten, wenn das Umgehungskorps die Schlei, jetzt weiter abwärts bei Arnis, überschritten hätte und so bessere Ausgangsvoraussetzungen für den weiteren Verlauf des Gefechts geschaffen wären. Dazu war es jedoch nötig, eine Pontonbrücke, für die das Gerät erst herangeführt werden musste, an einer Stelle über die Schlei zu schlagen, an der sie sehr breit war und wo ihre Ufer sumpfig waren. Dennoch, der Brückenschlag gelang und die Preußen konnten die Schlei, ohne auf dänische Gegenwehr zu stoßen, überqueren.

Die Dänen sahen ihren Verteidigungsschwerpunkt in der Danewerkstellung, die in ihren Augen als fast uneinnehmbare Bastion galt. Sie war durch 27 Schanzen mit starken Geschützen verstärkt, aber ihr endgültiger Ausbau war noch nicht abgeschlossen. Es fehlte an Unterkünften und Verbindungswegen ebenso wie an vorbereiteten Hindernissen. Jetzt, im Februar 1864 bei starkem Frost, waren die erforderlichen Erdarbeiten umso schwerer zu bewerkstelligen. General de Meza hatte geplant, das Gelände feindwärts zusätzlich durch Überflutung unpassierbar zu machen. Das aber verhinderte der herrschende Frost.

Neben den witterungsbedingten Problemen waren es aber vor allem der bisherige Gefechtsverlauf und die Gefahr, dass die Dänen durch die Preußen umgangen werden konnten, die de Meza zu der Überzeugung gelangen ließen, dass die Danewerkstellungen nicht länger zu halten seien. Am Abend des 5. Februar hielt de Meza einen 5-stündigen intensiven Kriegsrat ab, an dessen Ende der Entschluss stand, das Danewerk kampflos auf der ganzen Linie zu räumen. Es war de Meza klar, dass der dänischen Öffentlichkeit die Räumung des Danewerks nur schwer, wenn überhaupt, verständlich zu machen war. Auf entsprechende Vorhaltungen einiger Offiziere soll de Meza geantwortet haben: „*Wir stehen nicht hier, um eine Vorstellung, die den Beifall der Zuhörer hat, zu geben,*

Abb. 73: Preußische Truppen überqueren am 6. Februar 1864 die Schlei bei Arnis

sondern Dänemarks Streitkräfte in einer Weise zu gebrauchen, die nach unserer besten Überzeugung zum Ziel, zur Ehre und Sicherheit unseres Vaterlandes führt" (Hegermann-Lindencrone, Om Krigsaaret, Kopenhagen 1874; zitiert nach: Die Heimat. 24. Jahrg. 1914, S. 59).

Noch in der Nacht zum 6. Februar begann man bei härtestem Winterwetter mit dem Rückzug. Die schweren Geschütze wurden vernagelt und insgesamt 150 Festungsgeschütze mussten mit großen Mengen an Munition zurückgelassen werden. Die Feldartillerie wurde so weit wie möglich mitgeführt, als sich die Truppen entlang der Straße Schleswig-Flensburg nach Norden zurückzogen.

Mit der strategisch richtigen Entscheidung, das Danewerk zu räumen, hatten die Dänen die preußisch-österreichischen Planungen zunichte gemacht. Eine Umfassung war nicht mehr möglich, und damit rückte das Ziel einer raschen Beendigung der Feindseligkeiten in weitere Ferne, auf die es ankommen musste, um einer Einmischung ausländischer Mächte zuvorzukommen. Dennoch, der dänischen Öffentlichkeit war dieser Entschluss nicht zu vermitteln. De Meza wurde kurze Zeit später nach Kopenhagen zitiert und seines Amtes enthoben.

Oeversee

Der plötzliche und hervorragend durchgeführte dänische Rückzug traf das österreichische Oberkommando völlig unvorbereitet. Erst vier Stunden nach der Räumung der Danewerkstellungen bemerkten die Österreicher überhaupt, dass die Dänen nicht mehr da waren. Unverzüglich nahmen sie die Verfolgung auf. Während das Regiment „Coroni“ Schleswig besetzte, folgte die Brigade „Nositz“ sofort den Dänen auf der Straße nach Flensburg. Schon gegen 9 Uhr hatten sie den Gegner eingeholt und stießen bei Helligbek und später bei Süderschmedeby auf größeren Widerstand.

Die zurückgehenden Dänen nutzten die Knicks geschickt zum gedeckten Ausweichen, und nördlich Oeversee legten sie sich mit der 7. und 8. Brigade erneut vor.

Die Höhen, die sich vom Sankelmarker See nach Osten ziehen, waren von dänischer Infanterie besetzt und boten damit gute Stellungen für einen hinhaltenden Kampf.

Abb. 74: Das Nachhutgefecht von Oeversee am 6. Februar 1864

Gegen 15.30 Uhr war die österreichische Brigade „Nositz“ so weit heran, dass der Angriff unter Feuerunterstützung durch die Artillerie beginnen konnte. Es wurde ein blutiges Gefecht, das weitgehend mit dem Bajonett und Gewehrkolben ausgefochten wurde, da die österreichischen Gewehre eingefroren waren. Die Dänen wurden letztlich zurückgeworfen, aber beide Seiten hatten hohe Verluste. Die Österreicher verloren 30 Offiziere und 419 Mann, während die Dänen 206 Tote und 676 Gefangene zu beklagen hatten.

Den nach Norden abziehenden dänischen Hauptkräften hatte das Gefecht von Oeversee aber einen zeitlichen Vorsprung verschafft.

Vormarsch in Jütland

Mit dem Gros ihrer Truppen hatten die Dänen am Abend des 6. Februar Flensburg erreicht, und noch in der Nacht setzte de Meza seinen Marsch weiter fort. Die Dänen teilten ihre Kräfte jetzt in drei Gruppen. Während ein kleinerer Teil des Heeres, eine Kavalleriedivision und ein Infanterieregiment, zunächst geschlossen nach Norden auswich, teilte er sich nach Überschreiten der Königsau. Ein Teil zog sich weiter nach Norden zurück, während ein anderer Teil zur Deckung der Festung Fredericia eingesetzt wurde. Das Gros der Truppen von ca. 26.000 Mann erreichte mit der 2. und 3. Division am 7. Februar Alsen, während die 1. Division Stellungen bei Düppel bezog. Düppel hatte für die Dänen politische Bedeutung, weil hier der letzte Festlandsteil des Herzogtums Schleswig von dänischen Truppen gehalten werden sollte. Man hegte wohl die Hoffnung, dass sich das bei zu erwartenden Verhandlungen über eine Teilung vorteilhaft auswirken könnte. Gleichzeitig stellte Düppel aber auch eine Bedrohung der österreichisch-preußischen Truppen für ihren Vormarsch nach Norden dar, da von hier aus die Nachschubwege aus der Flanke bedroht werden konnten.

Am Morgen des 7. Februar besetzte preußische Kavallerie Flensburg, und das III. Korps nahm die Verfolgung der Dänen auf, während das I. und II. Korps ostwärts und südlich von Flensburg Quartier bezogen.

Als Moltke, geschickt von seinem König, am 11. Februar 1864 in Wrangels Hauptquartier eintraf, riet er dem unentschlossenen Wrangel, Düppel rechts liegen zu lassen und direkt nach Jütland vorzugehen, um so die eigene Übermacht gegenüber den Dänen zu nutzen.

Moltke war ohnehin gegen einen Angriff auf Düppel, da er hohe Verluste erwartete und eine Erstürmung sich aus seiner Sicht operativ nicht auszahlen würde, da der Gegner nach Alsen ausweichen würde und von hier, unterstützt durch die überlegene dänische Flotte, offensiv werden könnte. Moltke war vielmehr dafür, Düppel und Fredericia lediglich unter Beobachtung zu halten, Jütland gänzlich zu besetzen und die dortigen dänischen Truppen zu vernichten. Moltke wusste immer noch nicht, dass der Kriegführung durch die Diplomatie Zügel angelegt waren, da Österreicher und Preußen ihre Operationen immer noch nur auf den Landesteil Schleswig begrenzen wollten, um so internationale Verwicklungen zu vermeiden.

Da die Alliierten die Verfolgung der Dänen unterbrochen hatten, war es auch nicht mehr möglich, die zehn inzwischen ausgebauten Schanzen bei Düppel im Handstreich zu nehmen.

Fredericia wiederum lag in Jütland; ein Angriff auf diese Festung erforderte ein Ausweiten der Operation auf dänisches Territorium.

Entgegen Moltkes Ratschlag griffen die Preußen am 18. Februar die Stellungen bei Düppel erstmals an und legten gleichzeitig eine Pontonbrücke über den Egernsund, um Broagerland zu besetzen, von wo aus Unterstützung mit flankierendem Feuer möglich war. Auch der Einsatz des dänischen Panzerschiffs „Rolf Krake" konnte den Brückenschlag nicht verhindern. Der preußische Erfolg hielt sich jedoch in Grenzen, und auch ein weiterer Versuch am 22. Februar brachte nicht viel mehr. Allerdings wurden die dänischen Vorpostenstellungen überrannt und die Dänen zogen ihre Vorposten in für sie günstigere, näher an den Schanzen liegende Stellungen heran.

Das preußische Oberkommando entschloss sich nun, die Schanzen zu belagern und sturmreif zu schießen. Aus Magdeburg und Wesel am Rhein hatte man inzwischen schwere Artillerie modernster Bauart, 12- bzw. 24-pfündige Hinterlader mit gezogenen Rohren der Firma Krupp vom Kaliber 12 cm und 15 cm, herangeschafft und die Belagerungstruppen durch den größten Teil der Gardedivision und der 9. Infanteriebrigade verstärkt. Auf Broager hatte man am 10. März damit begonnen, Artilleriestellungen anzulegen, und am 15. März eröffneten die dort stationierten schweren Batterien das Feuer auf den linken Flügel der Schanzen. Ein dänischer Angriff am 17. März endete in einem Desaster für die Dänen. Düppel, Rackebüll und der Spitzberg wurden durch die Preußen genommen, sodass die Dänen fast ihr gesamtes Vorgelände verloren.

Allein in den Gefechten seit dem 22. Februar verloren die Dänen über 1.000 Mann, die Peußen hingegen „lediglich" 175 Soldaten.

Zwischenzeitlich hatte das III. Korps die Verfolgung der Dänen nach Norden fortgesetzt, und noch bevor der preußische König den Befehl, vorerst nicht auf jütländisches Gebiet vorzudringen, auf eine entsprechende Anfrage Wrangels telegraphisch erneuerte, waren preußische Gardehusaren bei der Verfolgung eines dänischen Vorpostens bis über

Kolding hinaus vorgegangen, wodurch die preußische Regierung in einige Verlegenheit geriet.

Moltke verfasste am 22. Februar 1864 für den preußischen König eine Denkschrift über den Vorfall in der es u. a. hieß:

„[…]

Der von Preußen und Österreich gestellten Forderung, das Herzogthum Schleswig zu räumen, sind die Dänen nicht nachgekommen.

In Folge dessen hat sich auf Schleswigschem Gebiet ein Gefecht entsponnen, welches auf das Jütländische hinüber geführt hat. Es kann auch, so lange ein Waffenstillstand nicht abgeschlossen, nimmermehr zugegeben werden, dass die Dänen durch Vorposten und Patrouillen unser Kantonements beunruhigen, während sie hinter einer im Terrain nicht vorhandenen Linie volle Sicherheit finden sollten.

Die faktische Überschreitung der Jütischen Grenze ist die gerechtfertigte Folge davon, dass der Feind diesseits derselben verblieben. Die fernere Behauptung von Kolding, militärisch nothwendig, um unsere rückwärtigen Quartiere zu sichern, ist politisch vorteilhaft, weil sie der Europäischen Diplomatie zeigt, dass die verbündeten Heere die Räumung von ganz Schleswig mit allen im Kriege zulässigen Mitteln zu erzwingen gewillt sind. Es kann dies vermittelnde Verhandlungen durch auswärtige Mächte nur beschleunigen, deren Resultat für uns nur vorteilhafter stellen. […]“ (zitiert nach: Militärgeschichtliches Forschungsamt, Grundzüge der deutschen Militärgeschichte, Bd. 2, S. 161, Freiburg 1993).

Schließlich, am 6. März, verständigten sich die Alliierten auf neue Abmachungen, die den Einmarsch nach Jütland vorsahen. Darüber hinaus wurde aber auch vereinbart, dass die Düppeler Schanzen für die Operationen der Verbündeten Streitkräfte als Hauptobjekte anzusehen seien, anders als Moltke sich das vorstellte.

Am 8. März setzten die Verbündeten ihren Vormarsch nach Norden fort. Die preußische Garde drängte die feindlichen Sicherungseinheiten in die Festung Fredericia zurück, während das Korps „v. d. Gablenz“ bei Vejle auf die dänische 7. Brigade stieß. Die Dänen wurden zurückgeworfen und wichen über den Limfjord auf die Insel Mors aus, während die Österreicher lediglich Aufklärung bis Aarhus und Viborg trieben. Die Preußen nahmen am 20./21. März Fredericia ohne größeren Erfolg unter Artilleriebeschuss, bevor die Festung anschließend durch Österreicher eingeschlossen wurde.

Insgesamt blieb in Jütland nur eine gemischte Abteilung zur Deckung der Belagerung Fredericias zurück. Die preußische Garde wurde in den Sundewitt zurückbeordert, weil die preußische Kriegsleitung vor Düppel die Entscheidung suchen wollte.

Der Sturm auf die Düppeler Schanzen

Die Verteidigungsstellungen bei Düppel besaßen eine für die Mitte des 19. Jahrhunderts beachtliche militärische Bedeutung und Stärke, sie sollten einen der Zugänge nach Insel-Dänemark sichern.

Auf einem Höhenzug westlich von Sonderburg, von dem das gesamte Vorgelände beherrscht werden konnte, waren zehn größere und kleinere Werke angelegt, die sich über eine Breite von ca. drei Kilometern hinzogen, beiderseits angelehnt an das Meer.

Ein Großteil der Schanzen war fortartig geschlossen und mit gemauerten, gut gesicherten Pulvermagazinen und starken, bombensicheren Blockhausreduits versehen, die mit Gräben umgeben und mit starken Palisadenreihen verstärkt waren. Untereinander waren die Werke durch Schützengräben verbunden. Zusätzlich konnten die Stellungen von Artilleriebatterien auf der Insel Alsen unterstützt werden. Verbindung nach Alsen bestand über zwei Brücken und eine Fähre.

Der Auftrag, die Düppeler Schanzen zu belagern und sturmreif zu schießen, war dem II. preußischen Korps übertragen worden. Zunächst ging man mit der Belagerung nur sehr zögerlich vor, was seinen Grund in einem Plan des Prinzen Friedrich Karl hatte. Er wollte die Schanzen durch einen Übergang nach Alsen umgehen, um so die Dänen zur Aufgabe zu zwingen. Das Unternehmen, das am 2. April durchgeführt werden sollte, musste wegen des schlechten Wetters um einen Tag verschoben werden. Aber auch der zweite Versuch misslang gründlich, als alle zu Wasser gelassenen Boote und Pon-

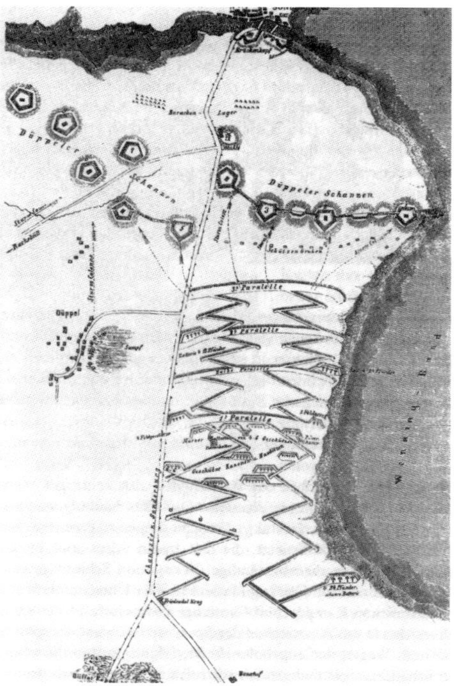

Abb. 75: Plan zur Belagerung der Düppeler Schanzen

tons in der stürmischen Ostsee kenterten. Die Erstürmung der Schanzen wurde damit endgültig unumgänglich.

Am 15. März hatte man mit der massiven Beschießung der Stellungen begonnen, und man hielt den Dauerbeschuss während der gesamten Zeit der Belagerung nahezu ununterbrochen aufrecht. Mit zunächst 88, zuletzt 118 meist schwersten Geschützen wurden die Stellungen mit bis zu 3.000 Schuss am Tag unter Feuer genommen, sodass der dänische Oberbefehlshaber General Gerlach in Kopenhagen eine Räumung der Stellungen vorschlug, was jedoch abgelehnt wurde.

Im Laufe der Belagerung arbeiteten sich die Preußen durch die Anlage so genannter Parallelen immer näher an die Schanzen heran. Begonnen wurde mit den Arbeiten an den Parallelen in der Nacht zum 30. März, nachdem die dänischen Vorposten zurückgedrängt worden waren. In einer Entfernung von 850–1000 m vor den Befestigungswerken hoben die Preußen die erste Parallele aus und legten Artilleriestellungen an. Sicherungsposten gruben sich etwa 150 m feindwärts ein. Nach dem Bau einer so genannten Halbparallele in der Nacht zum 8. April legten die Preußen in der Nacht zum 11. April die zweite Parallele etwa 440 m vor den Werken an und lehnten sie mit der linken Flanke an die Chaussee an.

Trotz der noch relativ großen Entfernung beabsichtigte Prinz Friedrich Karl schon am 14. April zum Sturm anzusetzen, um noch vor der Londoner Konferenz eine Entscheidung herbeizuführen. Der König aber empfahl, sich noch weiter an die Werke heranzuarbeiten und eine dritte Parallele anzulegen. Dazu wurde der dänische Vorposten ausgehoben und eigene Feldwachen und Posten vorgeschoben. In der Nacht zum 15. April hoben dann drei Infanteriebataillone und zwei Pionierkompanien etwa 300–400 m vom Feind entfernt die dritte Parallele aus, die bis zum 18. April so ausgebaut wurde, dass die Sohlenbreite der Aufnahme der Sturmkolonnen genügte. Ungefähr 150 m davor standen durch Sappen (Laufgräben) mit der Parallele verbundene Posten.

Die Preußen hatten inzwischen 122 Geschütze, davon 56 gezogene 12- und 15-cm-Kanonen im Einsatz, die ihr Feuer steigerten und den Widerstandswillen der Dänen verringerten.

Der eigentliche Sturm sollte unmittelbar nach der schweren Beschießung starten. Dafür waren sechs Kolonnen gebildet. Die Entfernung betrug zwischen 300 und 400 m. Jeder Kolonne voraus gingen ausgeschwärmte Schützen, die die Schanzenbesatzungen niederhalten sollten. Ihnen folgten Arbeitsabteilungen und Pioniere. Die eigentlichen Sturmkolonnen folgten in kurzem Abstand und dahinter Reserven mit Artilleristen, die genommene Geschütze sofort gegen den Feind einsetzen sollten.

Am 18. April brach der „Düppelsturm“ los.

46 Infanteriekompanien, sieben Pionier-Kompanien und ein Detachment Festungsartillerie wurden unter dem Kommando des Generals von Manstein für den Sturm bestimmt. Die Dänen hatten an diesem Tag 16 Bataillone in der Stellung. Auf Alsen standen zum Schutz der Insel und als Reserve zusätzlich 18 Bataillone, sechs Eskadrone und fünf Feldbatterien mit zusammen 24.000 Mann.

Um 4 Uhr setzte das Artilleriefeuer ein und wurde bis 10 Uhr zum Trommelfeuer gesteigert, in dem man innerhalb von nur sechs Stunden 80.000 Granaten verschoss. Genau um 10 Uhr wurde das Feuer eingestellt und die Sturmkolonnen stürmten vor. Voran Schützengruppen, gefolgt von Pionieren und den Hauptsturmkolonnen sowie den Reservekompanien. Trotz des sofort einsetzenden dänischen Abwehrfeuers drangen die Sturmtruppen immer weiter vor, und schon 15 Minuten nach Sturmbeginn waren die Schanzen 1–6 und gegen 12 Uhr auch die restlichen Schanzen im Besitz der Preußen.

Das vor der Küste liegende dänische Panzerschiff „Rolf Krake“, das die Dänen mit Feuer vom „Wenningbund“ aus unterstützen sollte, musste sich schon gegen 11 Uhr unter dem starken preußischen Feuer zurückziehen.

Abb. 76: Angriff der preußischen Sturmkolonnen auf die Düppeler Schanzen am 18. April 1864, Holzschnitt aus der Illustrated London News

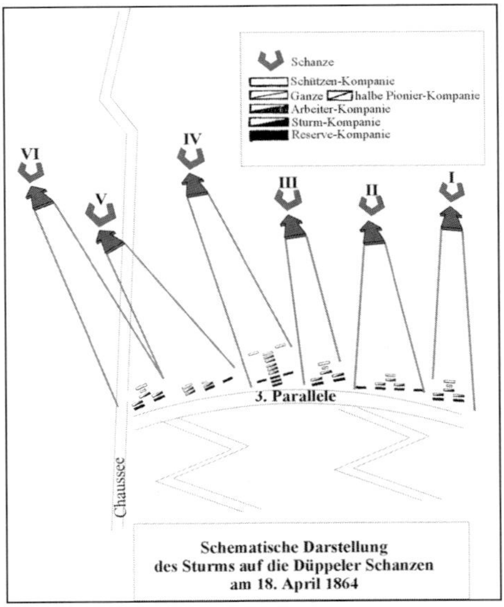

Abb. 77

Gegen 10.30 Uhr traten die dänischen Reserven mit rund 3.000 Mann der 8. Brigade zum Gegenangriff auf den linken Flügel der Düppelstellung an, zunächst mit gutem Erfolg, aber auf Höhe der Düppelmühle kam der Angriff zum Stehen. Die Verluste der Dänen waren schon jetzt beträchtlich, als die Preußen mit ihrer Reserve angriffen. Ungeordnet zogen sich die Dänen zurück und verloren bei diesem Angriff 1.399 Mann.

Die Preußen führten den Angriff von den Stellungen weiter gegen den dänischen Brückenkopf, in dem die 2. dänische Brigade stand, die aber auf Befehl Gerlachs zurückwich, sodass die letzten Dänen gegen 14 Uhr das Festland verlassen hatten. Endgültig schwiegen die Waffen auf beiden Seiten gegen 16 Uhr.

Die Zahlenangaben über die Verluste dieses Tages schwanken, da die Verlustlisten zum Teil ungenau sind. Man kann aber wohl davon ausgehen, dass die Preußen etwa 1.200 Gefallene und Verwundete, die Dänen ca. 1.650 Gefallene und Verwundete sowie rund 3.000 Gefangene und Deserteure hinnehmen mussten.

Die eigenwillige Politik der dänischen Regierung hatten viele Soldaten mit dem Leben bezahlen müssen, und der Preuße Moltke, dessen militärische Karriere 1819 im Oldenborgske Infanteriregiment in Rendsburg als Sekondeleutnant begonnen hatte, schrieb in einem Brief an seinen Bruder Ludwig über die Schlacht bei Düppel u. a.: *„Der Enthusiasmus, mit welchem dies kleine Volk für seine Sache kämpft, die Ausdauer und Hingebung, mit der die Armee sich in der Düppelstellung behauptet hat, findet auch bei ihren Gegnern volle Anerkennung. Die Truppen haben dort unbeschreiblich ausgestanden, weit mehr noch als unsere, welche die Initiative des Angriffs hatten und bei größerer Zahl sich in den schweren Leistungen desselben ablösen konnten. Aber waren die dänischen Macht-*

haber gerechtfertigt, aus ihrer insularen Sicherheit solche Opfer zu fordern? War die Sache selbst, für welche sie gefordert wurden, gerecht?" (zitiert nach: Horst, M., Moltke, Briefe, Schriften, Reden, S. 268, Birsfelden).

Der preußische Sieg von Düppel änderte die Gesamtkriegslage nur bedingt. Dänemark konzentrierte seine Hauptkräfte (35.000 Mann) auf den Inseln Alsen und Fünen und räumte nach der eigenen Niederlage von Düppel auf Befehl des Kriegsministers Lundby gegen den Rat Gerlachs in der Nacht vom 28. auf den 29. April die Festung Fredericia.

Der Sieg von Düppel beschränkte sich für die Alliierten weitgehend darauf, dass sie ihre Truppen für die Nordfront neu ordneten. Die aus dem Sundewitt abgezogenen Truppen wurden vor Fredericia bald überflüssig und bildeten zusammen mit der aus Holstein nachgeführten schlesischen Infanteriebrigade jetzt das III. Korps, das noch vor der Räumung Fredericias bis an den Limfjord vorrückte.

Hier, an der Nordspitze Dänemarks, lag später auch der Schauplatz des letzten Landgefechts in diesem Krieg. Auch wenn das Gefecht von Lundby am 3. Juli keinerlei Einfluss mehr auf den Ausgang des Krieges hatte, so war es dennoch von einigem Interesse, da den Dänen die Überlegenheit der Hinterlader-/Zündnadelgewehre drastisch vor Augen geführt wurde.

Rund 180 Infanteristen der 5. Kompanie des I. dänischen Regiments griffen mit aufgesetztem Bajonett in dichter Formation etwa 124 Preußen an, die am nördlichen Ausgang des Ortes in Stellung gegangen wa-

Abb. 78: Preußische Photographie nach dem Sturm – eine der ersten Kriegsphotographien in Europa. Tote wurden vorher abtransportiert, weil sie nicht auf die Photos kommen sollten.

ren. Bis auf ca. 180 Schritt näherten sich die Dänen den preußischen Stellungen, als diese das Feuer eröffneten. Die Effektivität der preußischen Gewehre war verheerend. In nur drei schnell aufeinander folgenden Salven vernichteten die Preußen die Angreifer fast völlig. Die Bilanz: Die Preußen zeichneten lediglich drei Verwundete, während die Dänen 22 Tote und 66 Verwundete zu beklagen hatten.

Drei Tage vor dem Waffenstillstand konnte Dänemark doch noch einen Sieg verzeichnen.

Um die dänische Blockade norddeutscher Häfen zu durchbrechen, hatten die Österreicher ihre Adriaflotte unter Admiral von Tegethoff in die Nordsee beordert. Bei Helgoland kam es zu einem Seegefecht, bei dem die Dänen eines der österreichischen Schiffe in Brand schossen, sodass sich Tegethoff zum Rückzug entschloss. Auch wenn dieser Seesieg von keinerlei Bedeutung für den Kriegsausgang war, so war er doch Balsam für die dänische Seele.

So schreibt der dänische Dichter Andersen unter dem 11. Mai 1864 in sein Tagebuch: „*Dieser Sieg kam wie ein Sonnenstrahl in der Finsternis, wir lebten auf [...]*" (zitiert nach Perlet, Hrsg., Ja ich bin ein seltsames Wesen, Bd. 2, S. 432, Göttingen 2000).

Während eines am 12. Mai beginnenden Waffenstillstandes wurde auf der Konferenz der Signatarmächte von 1852 in London (20. 4.–26. 6. 1864) nach Lösungen gesucht. Nicht zuletzt die die Realitäten verkennende Position Dänemarks in der Grenzfrage ließ die Konferenz ergebnislos enden.

Die Zeit der Waffenruhe nutzten die Alliierten für die Vorbereitung künftiger Militäroperationen. Den Oberbefehl hatte Prinz Friedrich Karl übernommen, und sein Generalstabschef Moltke sah in dem schon früher erwogenen Plan zur Landung auf der Insel Fünen die beste Möglichkeit, den Widerstandswillen der Dänen endgültig zu brechen. Das aber scheiterte am Einspruch der Österreicher, die lediglich mit einer Einnahme Alsens und ganz Jütlands einverstanden waren.

Der Übergang nach Alsen

In der Vorbereitung des Übergangs nach Alsen hatte der preußische Generalstabschef von Moltke bewusst darauf verzichtet, die preußische Flotte aufmarschieren zu lassen, was die Dänen zweifellos alarmiert hätte. Moltke baute voll und ganz auf Überrumpelung.

Der Übergang über den Sund nach Alsen wurde durch das II. preußische Korps unter General v. Bitterfeld sorgfältig vorbereitet, um ihn gleich nach dem inzwischen verlängerten Waffenstillstand durchführen zu können.

Abb. 79: Der Übergang der Preußen nach Alsen

Am Morgen des 29. Juni um 2 Uhr wurden die Boote zu Wasser gelassen und der Übergang begann. Unter dem Schutz der Artillerie landeten die ersten Sturmabteilungen 15 Minuten später an und nahmen die dänischen Strandbatterien. Das dänische Panzerschiff „Krake" wurde durch 24-pfündige Artillerie daran gehindert, die Anlandung zu gefährden, und gegen 8 Uhr war Sonderburg genommen. Um 9 Uhr wurde die Verfolgung der Dänen abgebrochen, sodass sich deren Rückzug geordnet vollziehen konnte. Auf Transportschiffen setzten die dänischen Truppen nach Fünen über. Die Preußen verloren bei diesem Unternehmen 372 Mann, die Dänen 3.200 Mann, davon 2.500 Gefangene.

Nach diesem preußischen Sieg stellte Moltke in einem Brief an seine Frau vom 3. Juli 1864 fest, dass *„jetzt die Dänen erkennen müssen, dass sie auch auf ihren Inseln nicht mehr sicher sind"*, und er fragt, *„bleibt abzuwarten, ob die in Kopenhagen herrschende Gesellschaft die unglückliche Armee einer an Zahl, Bewaffnung und Tüchtigkeit weit überlegenen ferner gegenüberstellen wird"* (zitiert nach: Horst, M., Hg., Moltke, Briefe, Schriften, Reden, S. 283, Biersfelden o. J.).

Unter dem 1. August 1864 schreibt Moltke dann in einem Brief an seinen Bruder Adolf u. a.: *„Armes Dänemark. Armer König! Der Gründer einer neuen Dynastie, der sein Regiment damit anfängt, das halbe Reich abzutreten. Reduktion in Heer und Flotte, in Hofstaat und Verwaltung* *durchgreifendster Art sind unvermeidlich; man kann zweifeln, ob das Land als selbständiges Königreich überhaupt fortbestehen kann. Wir haben zwar kleinere in Deutschland, aber sie existieren nur in der Anlehnung an Österreich und Preußen. Sollten sie das vergessen haben und jetzt versuchen, gegen beide existieren zu wollen, so werden sie wohl zur Erkenntnis kommen*" (zitiert nach: Horst, M., Hg., Moltke, Briefe, Schriften, Reden, S. 285 f., Biersfelden, o. J.).

Auf dem Weg zum Preußisch-Österreichischen Krieg

Mit dem Vorrücken der Verbündeten bis nach Skagen befand sich das dänische Festland in Feindeshand, und nach der Eroberung Alsens hatte die dänische Regierung sehr wohl erkannt, dass sie selbst auf den Inseln nicht mehr geschützt war. Das Seegefecht bei Helgoland schließlich ließ befürchten, dass die unter Admiral Tegethoff in der Nordsee operierende österreichische Flotte auch in die Ostsee vordringen könnte. Seeland und Kopenhagen wären so dem Zugriff der Verbündeten ausgeliefert gewesen.

Die Widerstandskraft der Dänen war gebrochen, die dänische Regierung hatte die Hoffnung auf ein Eingreifen europäischer Staaten gegen Preußen und Österreich aufgegeben.

Es blieb ihnen keine Wahl, als am 12. Juli 1864 in Wien und Berlin um Waffenstillstand und Frieden zu bitten. Ein Waffenstillstand kam schon eine Woche später zustande und sollte bis zum Ablauf des 31. Juli dauern. Am 1. August folgte der Abschluss eines Vorfriedens und am 30. Oktober 1864 der endgültige Friedensschluss. Dänemark gab alle Rechte an den Herzogtümern einschließlich Lauenburg zu Gunsten Österreichs und Preußens auf.

Im Wiener Vertrag heißt es u. a.: „*Seine Majestät, der König von Dänemark, entsagt allen seinen Rechten auf die Herzogtümer Schleswig, Holstein, Lauenburg zu Gunsten Ihrer Majestäten des Königs von Preußen und des Kaisers von Österreich und verpflichtet sich, die Dispositionen anzuerkennen, welche die genannten Majestäten auf diese Herzogtümer treffen werden*" (zitiert nach: Hoff, E., Schleswig-Holsteinische Heimatgeschichte, Bd. II, S. 624, Leipzig 1910).

Die Regierungsgewalt wurde gemeinsam durch einen preußischen und einen österreichischen Kommissar übernommen, an deren Stelle schon bald ein Statthalter trat. Mit dem Vertrag von Gastein (14. 8. 1865) wurde die gemeinsame Verwaltung aufgehoben, Holstein kam unter österreichische, Schleswig unter preußische Oberhoheit. Lauenburg wurde gegen Entschädigung an Preußen abgetreten. Preußen erhielt Kiel als Flottenbasis, Rendsburg sollte deutsche Bundesfestung werden und zunächst eine preußisch-österreichische Besatzung erhalten.

Zum Bruch zwischen den beiden Mächten kam es, als Österreich die schleswig-holsteinische Frage auf die Tagesordnung des Deutschen Bundes brachte und ihrem Statthalter von der Gablentz die Einberufung der holsteinischen Stände befahl. Preußen sah darin einen Bruch der Abmachungen von Gastein und bestand auf erneuter Mitverwaltung Holsteins. General v. Manteuffel, der in Schleswig die Regierung führte, erhielt den Befehl, in Holstein einzumarschieren. Der Einmarsch nach Holstein erfolgte am 7. Juni mit den im Landesteil Schleswig und auch mit in Lauenburg stehenden preußische Verbänden. Ohne Gegenwehr zog sich der mit seinen 4.000 Soldaten in Itzehoe eingeschlossene österreichische Gouverneur in Holstein, Generalleutnant v. Gablentz, nach Altona zurück, das schon kurz darauf von preußischen Truppen eingeschlossen wurde. Die Österreicher beugten sich der Übermacht und begannen am 11. Juni ihre Truppen abzuziehen, und am kommenden Morgen verließen die letzten Österreicher holsteinischen Boden.

Schleswig-Holstein war Anlass, aber nicht Grund des Deutschen Krieges geworden. Über den weiteren Weg des Landes wurde jedoch auf dem Schlachtfeld von Königgrätz am 3. Juli 1866 entschieden. Im Prager Friedensvertrag vom 23. August 1866 trat der österreichische Kaiser seine Rechte an den Herzogtümern an Preußen ab.

Wenige Monate später wurde Schleswig-Holstein durch das Gesetz über die Einverleibung Schleswig-Holsteins im Januar 1867 in den preußischen Staat inkorporiert.

Aufstellung des IX. Armeekorps

Mit der Verfassung des Norddeutschen Bundes vom 16. April 1867 wurde auch das Kriegswesen auf eine neue Grundlage gestellt. Im Art. 63 der Verfassung hieß es dazu: „*Die gesamte Landmacht des Bundes wird ein einheitliches Heer bilden, welches in Krieg und Frieden unter dem Befehl seiner Majestät des Königs von Preußen als Bundesfeldherrn steht.*

Die Regimenter etc. führen fortlaufende Nummern durch die ganze Bundes-Armee [...]“.

Nach Ende des Krieges gliederte Preußen die neuen Gebiete Holstein, Hannover und Hessen in sein Staatsgebiet ein und stellte gleichzeitig drei neue Armeekorps auf. Das X. Armeekorps Hannover, das XI. Armeekorps Kurhessen (Kassel); für Schleswig, Holstein, Lauenburg, die Hansestädte und Mecklenburg wurde das IX. Armeekorps, bestehend aus der 17. und 18. Division, aufgestellt. Die in Schleswig-Holstein stationierten Truppenteile wurden der 18. Division unterstellt, das Kontingent Lübecks zusammen mit den Kontingenten Mecklenburgs und der Hansestädte der 17. Division zugeordnet. Die Truppenteile der 18. Division führten zunächst neben der durchlaufenden Nummerierung alle den Zusatz „Schleswig-Holsteinisches", einzige Ausnahme bildete das Jägerbataillon Nr. 9, das den Zusatz „Lauenburgisches" führte. Insgesamt standen in den Herzogtümern folgende Truppenteile:

- Infanterie-Regiment 84
- Infanterie-Regiment 85
- Infanterie-Regiment 86
- Jäger-Bataillon 9 (Lauenburgisches)
- Dragoner-Regiment 13
- Husaren-Regiment 16
- Ulanen-Regiment 15
- Feldartillerie-Regiment 9
- Pionier-Bataillon 9
- Train-Bataillon 9

Die Bevölkerung Schleswig-Holsteins war von der Eingliederung in den preußischen Staat nicht sehr begeistert. Nur schwer fanden sich die preußischen Neubürger mit den Gepflogenheiten der preußischen Monarchie ab. In seiner „Allerhöchsten Proklamation an die Einwohner der Herzogthümer Holstein und Schleswig" vom 12. Januar 1867 hatte der preußische König Wilhelm u. a. festgestellt:

„[...] Durch das Patent, welches Ich heute vollzogen habe, vereinige ich Euch, Einwohner der Herzogthümer Holstein und Schleswig, mit Meinen Unterthanen, Euren Nachbaren und Deutschen Brüdern.

[...]

Wenn manche von Euch sich nicht ohne Zögern von anderen Beziehungen losgesagt haben, so ehre Ich auch hierin die bewährte Festigkeit Eures Stammes und würdige dieselbe als eine Bürgschaft, daß Ihr und Eure Kinder auch Mir und Meinem Hause mit Treue angehören werdet. Ihr werdet die Nothwendigkeit des Geschehenen erkennen [...]

Eure kriegstüchtige Jugend wird sich ihren Brüdern in Meinen anderen Staaten zum Schutze des Vaterlandes treu anschließen, und mit Freude wird die Preußische Armee und Marine die tapferen und seetüchtigen Schleswig-Holsteiner empfangen, denen in den Jahrbüchern Deutschen Ruhms numehr ein neues Blatt eröffnet wird. [...]" (zitiert nach: IPTS, Hrsg., Quellen zur Geschichte Schleswig-Holsteins, II, S. 79 f., Kiel

1980). Dennoch, den preußischen Militäreinrichtungen begegnete man ziemlich reserviert, und ein nicht unwesentlicher Grund für die Abneigung lag darin, dass nun drei Jahre Wehrpflicht abzuleisten waren, im Gegensatz zu der früheren dänischen Wehrpflicht von lediglich neun Monaten. Man hatte sich auch recht gut damit eingerichtet, dass seit 1863 wegen der wechselnden Militärhoheiten ohnehin keine Einberufungen mehr stattgefunden hatten.

Der preußischen Heeresleitung war das bekannt, und so achtete man bei der Aufstellung der schleswig-holsteinischen Truppenteile darauf, dass sie mit „altpreußischen" Regimentern gemischt wurden. So wurden einige neu aufgestellte Verbände dem III. und IV. Armeekorps unterstellt und Truppenteile, meist frühere Besatzungstruppenteile, erhielten ihre Standorte in Schleswig-Holstein.

Deutsch-Französischer Krieg

Unmittelbar nach der Unterredung König Wilhelms von Preußen mit dem französischen Botschafter Benedetti in Bad Ems am 13. Juli 1870 (Emser Depesche) war den Preußen klar, dass es zum Krieg mit Frankreich kommen werde, und die Mobilmachung wurde für den 16. Juli 1870 angeordnet. Drei Tage später, am 19. Juli, erklärte Frankreich Deutschland den Krieg.

Schleswig-Holstein lag weitab vom eigentlichen Kriegsschauplatz, dennoch hegte man Befürchtungen, in das Kriegsgeschehen hineingezogen zu werden, da man annahm, Frankreich könnte eine Anlandung in Norddeutschland oder Jütland planen, wie es auch schon 1867 wohl ähnliche französische Planungen gegeben hatte. Einem solchen Unternehmen wäre die immer noch im Aufbau befindliche Marine des Norddeutschen Bundes aber kaum gewachsen gewesen.

Der Plan zu einer Landung der Franzosen wurde aber spätestens im August 1870 zu den Akten gelegt, als man die bereits für das Unternehmen in Cherbourg zusammengezogenen Truppen (ca. 10.000 Mann) zur Verteidigung des Vaterlandes an der Heimatfront benötigte.

Auch wenn Dänemark offiziell neutral war, unterstützte es die in die Nord- und Ostsee eingelaufene französische Flotte dennoch. Aber schon im September zogen die Franzosen die Flotte zurück.

Gleich nach Eingang der Kriegserklärung begann man mit der Mobilmachung, um die Armee auf volle Kriegsstärke zu bringen. Erst danach begann der Aufmarsch an der französischen Grenze. Für den Krieg teil-

Abb. 80: Die Schlacht bei Metz nach der Zeichnung eines beteiligten Offiziers

te die „Ordre de bataille" das Deutsche Heer in drei Armeen ein. Das IX. Armeekorps wurde zusammen mit dem Garde-, III., IV., X. und XII. (sächsisches) Armeekorps der 2. Armee unter dem Kommando des Prinzen Friedrich Karl zugeordnet. Das IX. Armeekorps trat jedoch nicht geschlossen zur 2. Armee, sondern die 17. Division schied aus dem Korps aus und verblieb unter dem Kommando des Großherzogs von Mecklenburg zunächst für die Küstensicherung zurück, die zusammen mit Ersatztruppen sicherzustellen war. An die Stelle der 17. Division trat die Großherzoglich Hessische (25.) Division.

Die Verbände des IX. Armeekorps wurden bereits um den 1. August in den Raum südwestlich Mainz verlegt, von wo aus sie ihren Vormarsch nach Frankreich antraten. Ihre erste Schlacht hatte die 18. Division vom 16. bis 18. August südwestlich von Metz bei Vionville-Mars la Tour zu bestehen. Der Durchbruch der Franzosen wurde hier verhindert, aber die Division verlor in diesem ersten Treffen bereits 41 Offiziere und 1.119 Mann.

Nachdem in Norddeutschland mit einem französischen Angriff von See her nicht mehr zu rechnen war, wurde die zurückgelassene 17. Division abgezogen und bildete zusammen mit der 2. Landwehr-Division das XIII. Armeekorps unter dem Großherzog von Mecklenburg. Am 24. August erhielt dieses Korps den Befehl, die Verstärkung der Einschließungsarmee Metz nach Frankreich zu verlegen.

1871–1914

Nach Ende des Krieges wurde das IX. Armeekorps in den folgenden Jahren mehrfach umgegliedert. Die nach dem Krieg von 1866 dem Korps zugeordneten altpreußischen Truppenteile wurden in ihre Heimat zurückverlegt. Dafür traten nun zum Korps das

- Füsilier-Regiment 86
- Dragoner-Regiment 13
- 1. Thüringische Infanterie-Regiment 31
- Husaren Regiment 15

Die Infanterieregimenter erhielten 1893 je vier Halbbataillone, aus denen dann 1897 die 81. Infanterie-Brigade (Lübeck) der 17. Division mit den Infanterie-Regimentern 162 (Lübeck/Eutin) und 163 (Neumünster/Lockstedt) gebildet wurden.

Der weitere Ausbau der Feldartillerie zog immer wieder Umgliederungen nach sich. Seit 1899 verfügte das Armeekorps über vier Feldartillerieregimenter (9, 24, 45, 60), zu denen dann kurz vor dem Ausbruch des Ersten Weltkriegs noch ein weiteres Regiment, das Lauenburgische Fußartillerie-Regi-

Abb. 81: Unteroffiziere Garde-Jäger-Bataillon

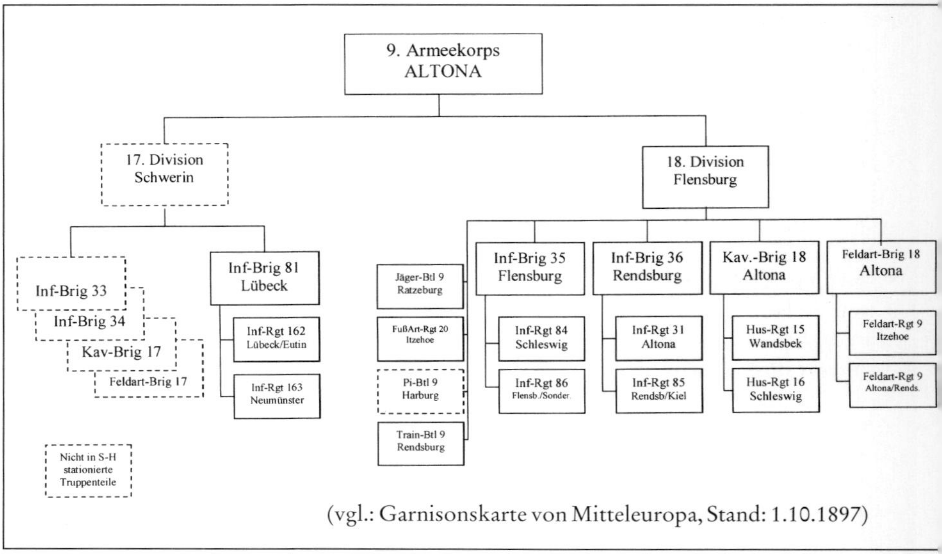

Abb. 82: Struktur des 9. Armeekorps

ment 20, hinzukam. Ab 1908, mit der Entwicklung der Maschinengewehre, wurde in den Brigaden zunächst eine, später allen Infanterieregimentern eine MG-Kompanie eingegliedert. In dieser Gliederung trat das IX. Armeekorps in den Ersten Weltkrieg ein.

Schleswig-Holstein im Ersten Weltkrieg

Nachdem Österreich-Ungarn am 31. Juli 1914 die Gesamtmobilmachung seiner Truppen angeordnet hatte, erklärte Deutschland zunächst den Zustand der drohenden Kriegsgefahr.

Am 1. August 1914, 17 Uhr, wurde eine Stunde nach Ausrufen der Mobilmachung in Frankreich und 48 Stunden nach Russland auch in Deutschland die Allgemeine Mobilmachung angeordnet. Am Abend dieses Tages überschritten russische Kavallerietrupps bereits die ostpreußische Grenze, noch bevor ihnen die deutsche Kriegserklärung bekannt sein konnte. Die offizielle Kriegserklärung an Frankreich erging dann am 3. August 1914.

Wie schon im Krieg 1870/71 lag Schleswig-Holstein weitab vom eigentlichen Kriegsschauplatz, dennoch wurden auch hier schon in der Mobilisierungsphase verstärkt Schutzmaßnahmen für die Nordseeinseln, den Kaiser-Wilhelm-Kanal und wichtige Bauwerke angeordnet.

Gegen Frankreich wurden sieben Armeen und gegen Russland eine Armee angesetzt. Das 9. Armeekorps verlegte mit Masse an die Westfront.

Schon am 2. August verließen die vier Kavallerieregimenter des 9. Armeekorps ihre Standorte, um zur 4. Kavallerie-Division zu treten. Stattdessen trat das in zwei Halbregimenter gegliederte 2. Hannoversche Dragoner-Regiment 16 aus Lüneburg als Divisionskavallerie zum 9. Armeekorps.

Auch in diesem Krieg erschien eine feindliche Anlandung an den norddeutschen Küsten nicht ausgeschlossen. Insbesondere hielt man es von deutscher Seite für denkbar, dass die Engländer unter Verletzung der dänischen Neutralität im Raum um Esbjerg eine Anlandung versuchen könnten. Um auf diesen Fall vorbereitet zu sein, begann man 1915/16 mit dem Ausbau der so genannten „Sicherungsstelle Nord". Bei dieser Anlage handelte es sich um eine etwa auf der Linie Schervebek – Knivsberg quer durch Nordschleswig verlaufende Befestigungsanlage. In einem tief gestaffelten System aus zwei vorderen Linien und einer

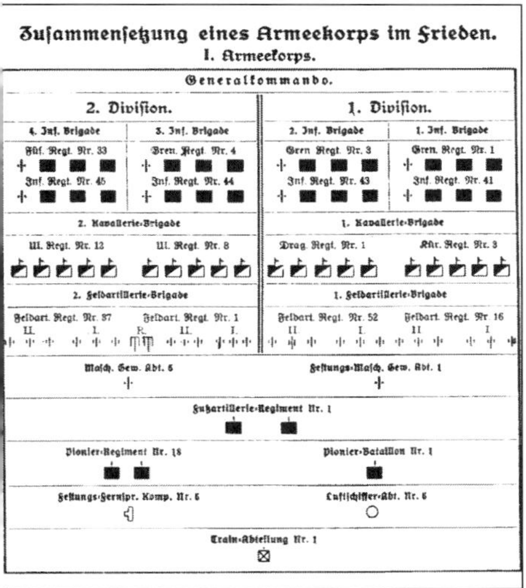

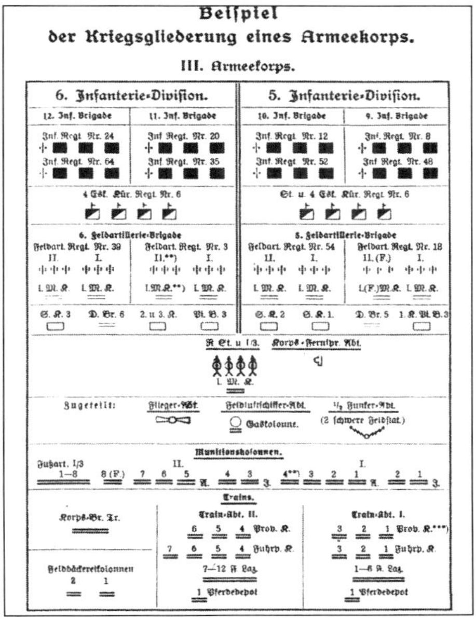

Abb. 83: Beispiel für die Gliederung eines Armeekorps im Frieden und im Krieg

kürzeren. ca. 10 km nördlich Tondern errichteten Linie wurden Infanteriestellungen vorbereitet und Betonbunker als Artilleriestellungen gebaut. Zusätzlich wurden Hindernisse wie Drahtverhaue und auch Überflutungen vorbereitet. Gebraucht wurden diese Stellungen aber nicht. Der Schutz durch die Flotte, die mit der Masse ihrer Einheiten in der Nordsee, mit kleineren, zum Teil älteren Einheiten in der Ostsee aufmarschiert war, erwies sich für den Schutz der Küste als ausreichend. Bei den Landstreitkräften in Schleswig-Holstein wurde ebenfalls Vorsorge getroffen, und aus Teilen des 9. Armeekorps wurde das 9. Reservekorps gebildet, das mit dem Schutz der Küsten Schleswig-Holsteins beauftragt wurde.

Als aktive Brigade trat die 81. Infanteriebrigade zum 9. Reservekorps über. Darüber hinaus wurden zwei gemischte Landwehr-Brigaden (33. und 34. L-Brig) und ein selbständiges Landwehr-Infanterie-Regiment aufgestellt. Das Landwehr-Infanterie-Regiment 85 wurde zur Sicherung von Sylt und Pellworm eingesetzt, bevor das Regiment im Winter 1914/15 durch Landsturmkräfte abgelöst und selbst zu den kämpfenden Truppen verlegt wurde.

Insgesamt war der Auftrag zur Küstensicherung für das 9. Reservekorps aber nur von kurzer Dauer. Die Küstenverteidigung wurde ab dem 24. Juli 1916 einem neu gebildeten „Oberkommando der Küstenverteidigung“ in Hamburg übertragen, das Vorbereitungen zur Abwehr eines denkbaren dänischen oder niederländischen Eingreifens treffen sollte.

Das 9. Reservekorps verlegte Ende August 1914 nach Belgien, wo es gegen den belgischen Ausfall aus Antwerpen eingesetzt wurde, bevor es zu den Truppen des rechten Flügels in Frankreich verlegt wurde.

Die Landwehr-Division des 9. Armeekorps wurde ebenfalls aus Schleswig-Holstein abgezogen und mit der Bahn nach Ostpreußen verlegt, wo sie unmittelbar in die Schlacht von Tannenberg ging. Trotz der für eine Feldverwendung nicht genügenden Ausstattung – die Division zählte nur zwölf Feldgeschütze und besaß kein einziges Maschinengewehr – gelang es, in sehr verlustreichen Kämpfen gegen die in Front, linker Flanke und teilweise im Rücken der Division stehenden Russen, den Abmarsch des 13. russischen Armeekorps zu verhindern, das brennende Hohenstein zu nehmen und am nächsten Tag große Teile des völlig eingekesselten 13. russischen Armeekorps zur Übergabe zu zwingen.

Dieser Einsatz fand sogar die Würdigung durch den Kaiser. In einem Divisionsbefehl heißt es dazu: *„Der Kaiser hat in einem Divisionsbefehl bei seinem Besuch im Osten der schleswig-holsteinischen Landwehr seinen Dank ausgesprochen. In dem Befehl heißt es: Euer Kaiser und König lässt Euch sagen, dass er zu Euch gekommen ist, um Euch für das zu dan-*

ken, was ihr in harten Kämpfen seit Monaten gegen einen Euch an Zahl weit überlegenen Feind geleistet habt – um Euch die Grüße Eurer Kameraden vom westlichen Kriegsschauplatz zu bringen, die Euch danken, dass Ihr hier unsere Heimat verteidigt, während sie die deutschen Fahnen siegreich bis weit in die feindlichen Lande getragen haben. Euer Kaiser dankt Euch! […]" (zitiert nach: Die Heimat, 25. Jahrg. 1915, S. 4).

Im Verlauf des Ersten Weltkriegs blieb Schleswig-Holstein von unmittelbaren Kriegshandlungen so gut wie völlig verschont. Zur einzigen wirklichen Kriegshandlung auf damals noch schleswig-holsteinischem Boden kam es am 23. März 1916 bei Tondern, wo die Marine einen autarken Luftschiffhafen mit eigenem Gaswerk, drei Luftschiffhallen, „Toni" und „Tobias" mit je 180 Metern Länge und die Doppelhalle „Toska" mit über 240 Metern Länge, und aller sonstigen erforderlichen Infrastruktur errichtet hatte. Das Hauptziel der hier stationierten Luftschiffe war England, das wiederholt Ziel nächtlicher Angriffe wurde. Der Platz stand daher natürlich auf der englischen Zielliste und wurde wiederholt angegriffen. Der erste Angriff englischer Flugzeuge ging fehl, da die Engländer den Platz bei Hoyer vermuteten und lediglich ein Flugzeug bis Tondern kam, aber Probleme mit der Bombenauslösung hatte. Ein weiterer Luftangriff am 4. Mai 1916 missglückte ebenso. Erst der dritte Versuch von einem der ersten Flugzeugträger aus (Flugzeugmutterschiff HMS „Furious") am 19. Juli 1918 führte zur Zerstörung der großen Halle und der Luftschiffe L 54 und L 60.

Abb. 84: Luftschiffhafen Tondern. Luftschiff bei der Einfahrt in die Halle „Toska" (o), L60 nach dem Luftangriff (u)
www.zeppelin-museum.dk

Der Erste Weltkrieg endete am 9. November 1918 mit dem Waffenstillstand. Die Truppen wurden in die Heimat zurückgeführt und demobilisiert.

Sämtliche Reserve-, Landwehr-, Landsturm- und sonstige Kriegsformationen wurden aufgelöst und die Abwicklung jeweils einem Truppenteil übertragen, der bereits vor dem Kriegsausbruch bestanden hatte. Nur diese blieben bestehen und die alten Unterstellungsverhältnisse traten wieder in Kraft (vgl.: Tessin, Georg, Deutsche Verbände und Truppen 1918–1939, 1. Abschn. S. 5, Osnabrück 1974).

Die Zeit der Reichswehr

Mit der Abdankung des deutschen Kaisers und der Ausrufung der Republik am 9. November 1918 war der Oberbefehl über das Feldheer entsprechend der letzten kaiserlichen Verfügung auf den Generalfeldmarschall von Hindenburg übergegangen.

Das an der Westfront noch in Millionenstärke stehende deutsche Heer befand sich zu diesem Zeitpunkt im Zustand fortschreitender Auflösung, musste aber nach den Waffenstillstandsbedingungen in geordneter Form zurückgeführt werden. Trotz großer innerer Probleme der Truppe bewältigte man diese Aufgabe in den folgenden Wochen. Es gelang jedoch nicht, 16 ausgesuchte Divisionen aus der Demobilisierung herauszunehmen, um sie der neuen Regierung als Ordnungsmacht zur Verfügung zu stellen. Beim Einmarsch in Berlin Mitte Dezember 1918 *„schmolzen die Truppen des Generalkommandos unter dem Einfluss der revolutionären Agitation innerhalb weniger Tage zusammen. Am Jahresende 1918 stand die neue Staatsmacht ohne eine bewaffnete Exekutivgewalt da“* (vgl.: Neugebauer, K.V., Hg., Grundzüge der deutschen Militärgeschichte, Bd. 1, S. 277, Freiburg 1993).

Um dem Chaos, das in militärischer Beziehung herrschte, ein Ende zu setzen und um der Reichsregierung Truppen zur Durchsetzung ihres Willens in die Hand zu geben, wurde am 6. März 1919 das Gesetz zur Bildung einer „Vorläufigen Reichswehr“ verabschiedet. Die neuen Streitkräfte sollten etwa 400.000 Mann umfassen.

Nach Annahme der von den Siegermächten gestellten Friedensbedingungen durch den Reichstag am 22. Juni 1919 lag die Wehrhoheit jedoch nicht mehr ausschließlich in den Händen der Reichsregierung. Die Friedensbedingungen legten u. a. fest, dass die allgemeine Wehrpflicht abgeschafft werden musste und die Streitkräfte nur aus Berufssoldaten gebildet werden durften. Der Umfang durfte 100.000 Mann, davon höchstens 4.000 Offiziere, nicht überschreiten. Die ursprünglichen Pläne waren damit Makulatur.

Um den neuen Gegebenheiten Rechnung zu tragen, wurde das Reichsgebiet, ohne die entmilitarisierten Gebiete, in sieben Wehrkreise eingeteilt. Schleswig-Holstein gehörte zusammen mit Mecklenburg und Pommern zum Wehrkreis II.

Nach Schaffung eines Übergangsheeres erhielt das am 1. Januar 1921 gebildete 100.000-Mann-Heer seine endgültige wehrrechtliche Form durch das Wehrgesetz vom 23. März 1921. Die Reichswehr bestand nun aus dem Reichsheer mit 100.000 Mann und einer Reichsmarine mit 15.000 Mann.

Durch die Friedensbedingungen war für das Heer die Aufstellung von zwei Korpsstäben gestattet, die als so genannte Gruppenkommandos, vergleichbar früheren Armeekommandos, in Berlin und Kassel gebildet wurden und in ihrer Grundgliederung bis 1934 bestanden. Den Gruppenkommandos nachgeordnet waren insgesamt sieben Infanterie- und drei Kavalleriedivisonen. Jede Infanteriedivision verfügte über drei Infanterieregimenter, ein Artillerieregiment sowie Divisionstruppen (Pionierbataillon, Nachrichten-, Kraftfahr-, Fahr- und Sanitätsabteilung). Den Kavalleriedivisionen unterstanden jeweils sechs Regimenter mit fünf bzw. sechs Schwadronen (vgl.: Tessin, G., Deutsche Verbände und Truppen 1918–1939, S. 187 ff., Osnabrück 1974).

Schleswig-Holstein fiel in den Zuständigkeitsbereich des Gruppenkommandos 1 (Berlin) und gehörte hier wiederum zum Wehrkreiskommando II, das den gesamten Küstenbereich der Ostsee umfasste. Die in Schleswig-Holstein stationierten Truppenteile gehörten damit zur 2. Division und zum Artillerieführer II (Stettin).

Im Einzelnen waren in Schleswig-Holstein folgende Truppenteile disloziert:

- Stab 6. Infanterie-Regiment, Lübeck
- II. (Hanseatisches) Infanterie-Bataillon mit Stab und 5. und 8. Kompanie in Lübeck und 6. und 7. Kompanie in Eutin
- III. (Preußisches) Infanterie-Bataillon mit Stab und 9. und 12. Kompanie in Flensburg
- Ausbildungs-Bataillon mit Stab und 14. und 15. Kompanie in Ratzeburg
- III. Abteilung des 2. Artillerie-Regiments mit Stab und 7. und 8. Batterie in Itzehoe
- 2. (Preußische) Fahr-Abteilung mit Stab und 3. und 4. Eskadron in Rendsburg

(vgl.: Neugebauer, K.V., Hg., Grundzüge der deutschen Militärgeschichte, Bd. 2, S. 278, Freiburg 1993)

Die neu geschaffene Reichswehr war nach dem Willen der Sieger eine Berufsarmee, in der Unteroffiziere und Mannschaften 12 Jahre, Offiziere mindestens 25 Jahre aktiven Dienst tun mussten. Damit sollte verhindert werden, dass Reserven aufgebaut werden konnten.

Schon frühzeitig überlegte man daher, wie die Streitkräfte verstärkt werden könnten. In seiner Denkschrift über *„Grundgedanken für den Wiederaufbau unserer Wehrmacht“* vom Januar 1921 brachte Generaloberst v. Seekt den Gedanken an ein „Führerheer“ in die Debatte, wobei vorgesehen war, jeden Soldaten in der nächst höheren Führungsebene einsetzen zu können.

Reichswehrminister Geßler forderte am 29. November 1926 im Kabinett, dass das Reichsheer *„…stets in der Lage sein müsse, den Kern, gewissermaßen das Lehrbataillon, eines modernen Heeres abzugeben“*. Die politischen und rechtlichen Hindernisse für eine solche Struktur wurden aber erst nach 1933 aus dem Weg geräumt oder ignoriert.

Ab 1934 begann eine Vermehrung der Verbände durch Teilung der Bestehenden sowie durch vermehrte Einstellung von Freiwilligen. Aus den sieben vorhandenen Infanteriedivisionen wurden nun 21. So entstand u. a. aus der Reichswehrdienststelle Hamburg die 20. Infanteriedivision

Abb. 85: Dislozierung der Reichswehr 1921–1933

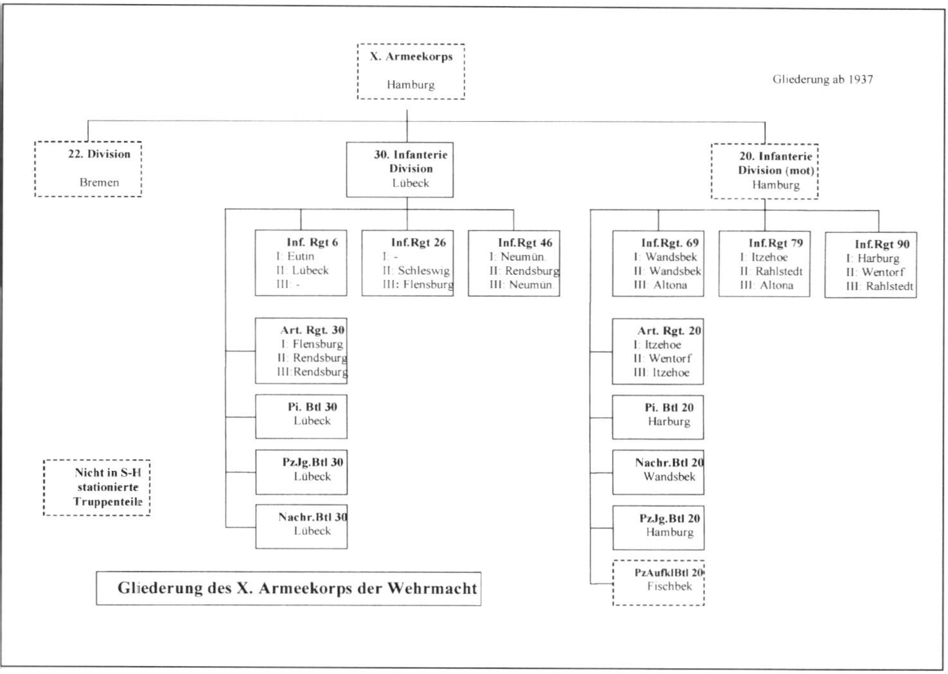

Abb. 86

in Hamburg. Aus den Infanterie-Regimentern wurden u. a. als erste Welle aus dem bisherigen Infanterie-Regiment 6 jetzt die Regimenter 6 in Lübeck, 26 in Flensburg und 46 in Neumünster gebildet, die der 12. bzw. 20. Division unterstellt wurden.

Mit dieser Umstrukturierung war die Umwandlung des Freiwilligenheeres in ein Wehrpflichtigenheer eingeleitet. Am 16. 3. 1935 wurde dann mit dem „Gesetz für den Aufbau der Wehrmacht“ der Umfang der jetzt als Wehrmacht bezeichneten Armee auf 12 Armeekorps mit 36 Divisionen festgelegt (vgl.: Reichsgesetzblatt Nr. 28 vom 16. März 1935). In der Folge wurde u. a. in Hamburg der Stab des X. Armeekorps aufgestellt, dem die 20., 22. und 30. Infanteriedivision nachgeordnet wurden.

Die 20. Infanteriedisvision, die ab 1936 im Bereich des X. Armeekorps aufgestellt worden war, wurde 1937 zur motorisierten Infanteriedivision umgegliedert und ab 1938 dem XVI. Armeekorps (Guderian) in Magdeburg unterstellt. Im Verlauf des Krieges änderten sich dann die Unterstellungen der Divisionen sehr häufig.

Beide Divisionen, die ihren Ursprung in Hamburg und Schleswig-Holstein hatten, nahmen bereits am Einmarsch in Polen teil und hatten zum Teil bereits hier schwere Verluste zu verzeichnen.

Schleswig-Holstein und der Zweite Weltkrieg

Beginn und Ende des Zweiten Weltkriegs sind untrennbar mit dem Namen „Schleswig-Holstein" verbunden. Der Krieg begann, als das deutsche Linien-/Schulschiff „Schleswig-Holstein" am 25. August 1939 zu einem normalen „Routinebesuch" in Danzig einlief und am 1. September 1939 um 4.47 Uhr von diesem Schiff das Feuer auf die von den Polen besetzte Westerplatte eröffnet wurde. Der Krieg endete, als Dönitz am 8. Mai 1945 über den Sender Flensburg die Kapitulation bekannt gab.

Dazwischen lagen fünfeinhalb Jahre Weltkrieg.

Ein knappes Jahr nach den Schüssen der „Schleswig-Holstein" sollte das gleiche Schiff 1940 an dem Unternehmen „Weserübung" teilnehmen, das die Besetzung Dänemarks und Norwegens zum Ziel hatte. Die „Schleswig-Holstein" aber lief bereits beim Anmarsch auf Nyborg auf Grund und kam erst nach Stunden wieder frei.

Schleswig-Holstein als Operationsbasis war für die geplante Einnahme Dänemarks und Norwegens jedoch von einiger Bedeutung. Neben Wilhelmshaven, Rostock und Stettin wurde Kiel zum Ausgangspunkt für die Operationen der Marine, deren erste Einheiten am 7. April 1940 in Richtung Norden ausliefen.

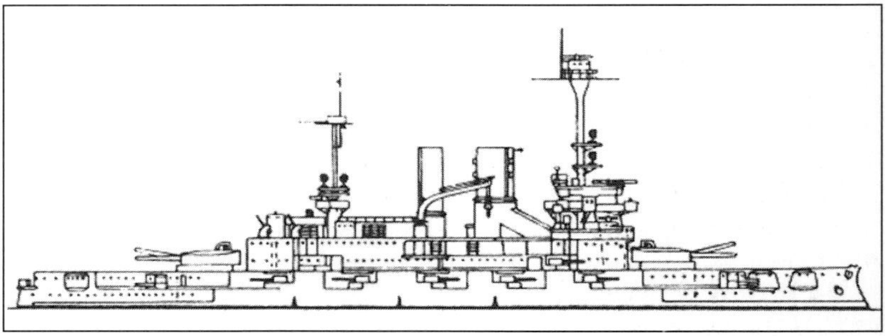

Abb. 87: Schulschiff Schleswig-Holstein

Am 9. April um 4.15 Uhr überschritten deutsche Truppen zwischen Aventoft und Krusau ohne Kriegserklärung die deutsch-dänische Grenze. Auf nennenswerten Widerstand stießen sie im Westen lediglich bei Bredebro und Bredevad, nördlich bzw. nordwestlich Tondern. Für die im ostwärtigen Bereich vorstoßenden deutschen Truppen kam es bei Hokkerup, Lundtoftbjerg, Bjergskov, Apenrade und schließlich im Raum Hadersleben zu teilweise schwereren Gefechten mit dänischen Streitkräften. Parallel zu den über die dänische Grenze vorgehenden Bodentruppen startete zur gleichen Zeit vom Fliegerhorst Uetersen die 8. Staffel des Kampfgeschwaders zur besonderen Verwendung 1 (8./Kg z.b.V.1) mit zwölf Ju 52, die die 4. Kompanie des Fallschirmregiments 1 an Bord hatte, in Richtung Norden. Eine knappe Stunde später wurden sie über der Storströmbrücke, der Verbindung zwischen Falster und Seeland, abgesetzt, die sie im Handstreich nahmen und bis zum Eintreffen deutscher Bodentruppen sicherten. Von Schleswig-Holstein aus war damit der erste Kampfeinsatz von Fallschirmjägern im Krieg ausgegangen.

Eine zweite Gruppe Fallschirmjäger wurde wenig später über den beiden Aalborger Flugplätzen abgesetzt und eroberte diese ebenfalls handstreichartig.

Von Uetersen aus starteten dann in Laufe der frühen Morgenstunden noch mehr als 50 Transportmaschinen vom Typ Ju 52 mit Ziel Aalborg und Stavanger in Norwegen.

Der zweite Flugplatz, von dem aus die Operation „Weserübung" unterstützt wurde, war Neumünster. Hier waren bereits am 2. April 1940 Gebirgsjäger und andere Infanteriekräfte zusammengezogen worden, die dann am 9. April mit Ju 52 des Kampfgeschwaders 102 bzw. mit Ju 90 und Junkers G 38 des Kampfgeschwaders 107 nach Oslo und Narvik verlegt wurden. Beide Flugzeuge gehörten damals zu den „Großraumflugzeugen", die 40 (Ju 90) bzw. 34 (G 38) Passagieren Platz boten.

Dänemark, das mit Deutschland noch am 31. Mai 1939 einen Nichtangriffspakt geschlossen hatte, blieb bis zum Ende des Krieges von Deutschland besetzt.

Das Gebiet Schleswig-Holsteins selbst blieb während des Zweiten Weltkriegs von unmittelbaren Kampfhandlungen weitgehend verschont. Der Bombenkrieg aber forderte auch hier seine Opfer.

Der Luftkrieg erreichte Schleswig-Holstein im März 1940. Drei Tage, nachdem die deutsche Luftwaffe am 16. März Luftangriffe auf den britischen Stützpunkt Scapa Flow geflogen hatte, an denen Bomber des in Westerland auf Sylt stationierten Kampfgeschwaders 30 beteiligt waren, schlugen die Engländer am 19. März zurück. Englands Premier Chamberlain unterbrach die laufende Debatte im Unterhaus und verkündete

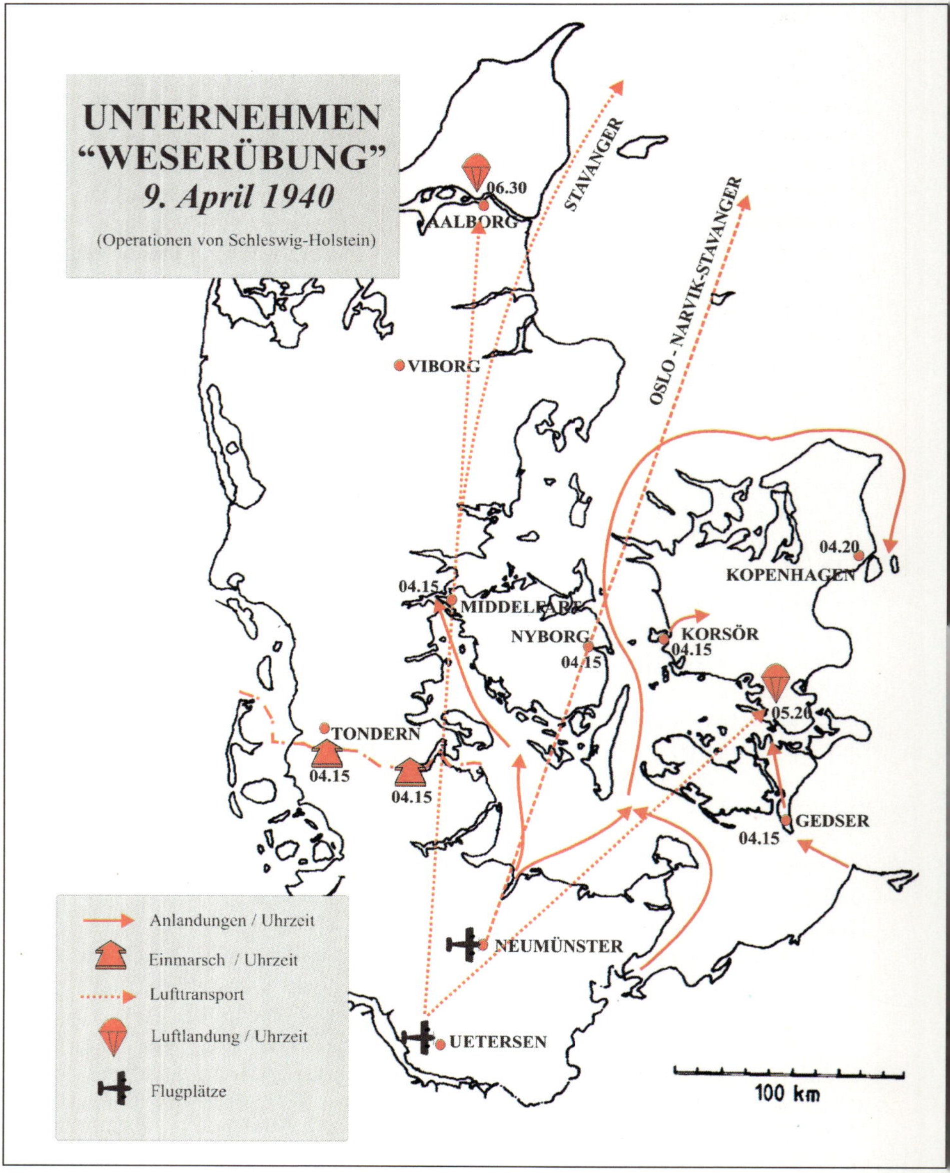
UNTERNEHMEN
"WESERÜBUNG"
9. April 1940
(Operationen von Schleswig-Holstein)
STAVANGER
OSLO - NARVIK-STAVANGER
06.30
AALBORG
VIBORG
04.15
MIDDELFART
NYBORG
04.15
KORSÖR
04.15
04.20
KOPENHAGEN
05.20
TONDERN
04.15
04.15
GEDSER
04.15
NEUMÜNSTER
UETERSEN
100 km
Anlandungen / Uhrzeit
Einmarsch / Uhrzeit
Lufttransport
Luftlandung / Uhrzeit
Flugplätze

Abb. 88

den Abgeordneten: „*Die Royal Air Force hat den Luftstützpunkt Hörnum auf Sylt angegriffen und schwere Schäden verursacht … Es ist einer jener Stützpunkte, von denen aus deutsche Bomber gegen unsere Kriegs- und Handelsmarine operieren …*“ Und der Daily Mirror erschien am 20. März mit der Schlagzeile: „*RAF bomb Sylt – all night revenge*“. Die Schäden allerdings hielten sich in Grenzen. Weder die Hangars noch die Flugzeuge und Rollbahnen oder der Hindenburgdamm, die die Briten treffen wollten, waren zerstört.

Neben Neumünster und Lübeck war Kiel im Laufe des Krieges wegen seiner Marineeinrichtungen und Werften immer wieder Ziel alliierter Luftangriffe.

In erster Linie flogen britische Kampfbomber die Angriffe, die in der Nacht vom 1./2. Juli 1940 bei einem Angriff auf Kiel erstmals eine so genannte 2.000 lb-Bombe (906 kg) einsetzten, die aber ihr eigentliches

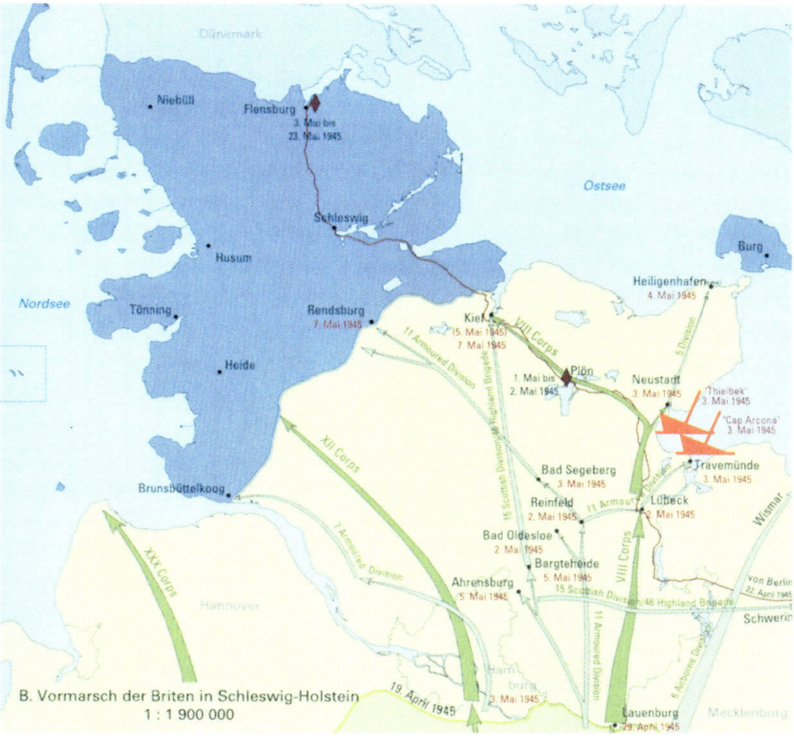

Abb. 89: Besetzung Schleswig-Holsteins durch britische Truppen im Mai 1945

Ziel, das Schlachtschiff „Scharnhorst", verfehlte. Weitere Angriffe auf Kiel durch die RAF erfolgten am 16./17. 10. 1940; 11./12. 3. 1941; 8./9. 4. 1941 mit 84 Toten; 2./3. 8. 1941; 23./24. 10. 1941; 12./13. 3. 1942 und am 13./14. 10. 1942. Am 13. Juni 1943 erschienen dann erstmals amerikanische Bomber der 8. USAF über Kiel, bevor am 16./17. 8. 1944 wiederum die RAF 900 t Bomben über Kiel abwarf. Den Todesstoß erhielten die Kieler Werften in der Nacht vom 9./10. April 1945, als die RAF 2.634 t Bomben auf die Kieler Hafenanlagen abwarf. Neben zahlreichen kleineren Schiffen wurde auch der Schwere Kreuzer „Admiral Scheer" versenkt.

Letztmalig flog die Royal Air Force am 2./3. Mai 1945 Luftangriffe auf Deutschland und warf 174 ts Bomben auf den Kieler Hafen ab. Die Bilanz des Bombenkriegs in Kiel: ca. 2.900 Tote und über 30.000 zerstörte Wohnungen.

Auch Lübeck blieb vom Bombenkrieg nicht verschont. Die Stadt wurde das erste Opfer des neuen Oberbefehlshabers des britischen Bomberkommandos, Luftmarschall Arthur Harris, der 1942 das Kommando übernahm. Er verlegte den Schwerpunkt der Bombenangriffe auf zivile Objekte. In der Nacht vom 28./29. März 1942, dem Palmsonntag, griff die Royal Air Force mit 234 Wellington und Sterling-Bombern Lübeck an und verwandelte die Altstadt durch Flächenbombardement in ein Flammenmeer. Mehr als 300 Menschen starben und über 1.400 Gebäude wurden völlig zerstört. Als Vergeltung für diesen Angriff ordnete Hitler am 14. April *„neben der Bekämpfung von Hafen- und Industrieanlagen"* jetzt auch *„im Rahmen der Vergeltung Terrorangriffe gegen Städte außer London"* durchzuführen. Der Befehl Hitlers wurde dann am 24./25. April mit 25 deutschen Bombern auf Exeter ausgeführt und forderte 80 Tote (vgl.: Hillgruber, Hümmelchen, Chronik des Zweiten Weltkriegs, S. 64 ff., Frankfurt/M 1966).

Alles in allem wurden im Luftkrieg in Schleswig-Holstein 61.089 Wohnungen zerstört (vgl.: Statistisches Jahrbuch Deutscher Gemeinden 1949, in: Bundesminister für Vertriebene, Flüchtlinge und Kriegsgeschädigte, Hg., Der Luftkrieg über Deutschland 1939–1945, S. 271, München 1964).

In der Endphase des Krieges rückte Schleswig-Holstein dann noch einmal ins Rampenlicht. Am Abend des 20. April 1945 hatte Hitler seinen Ministern und Staatssekretären die Weisung erteilt, sich einzeln nach Schleswig-Holstein in den Raum Plön–Eutin durchzuschlagen. Kurzfristig wurde so das Eutiner Landratsamt zum Sitz der „Reichsregierung", bevor Dönitz sein Hauptquartier in das Ausweichlager „Forelle" am Suhrer See bei Plön verlegte. Hier erhielt Dönitz einen vom Reichsleiter Bormann aufgesetzten Funkspruch aus dem Führerbunker in Berlin, in dem ihm mitgeteilt wurde: „Anstelle des bisherigen Reichsmarschalls Göring setzte der Führer Sie, Herr Großadmiral, als seinen Nachfolger ein …“ (zitiert nach: Degn, Christian, Schleswig-Holstein, Eine Landesgeschichte, S. 292, Neumünster 1994). Dönitz nahm das Erbe an und bildete eine „geschäftsführende Reichsregierung“, die aber schon am 2. Mai wegen der auf Lübeck vorstoßenden Briten ihr Hauptquartier von Plön nach Flensburg-Mürwik verlegen musste, von wo aus er seine „Regierungsgeschäfte“ wahrnehmen konnte. Dönitz hat sich vor allem darum bemüht, die seit Anfang 1945 bereits in großem Umfang angelaufene Evakuierung von Flüchtlingen vor den anrückenden Russen über See so lange wie möglich fortzusetzen. Dazu wurden vor allem Schiffe der Marine eingesetzt, die die Menschen über die Ostsee in das noch unbesetzte Schleswig-Holstein transportierten. Zielhäfen waren vor allem Kiel, Neustadt und Flensburg. Mit „Führerbefehl“ vom 4. Februar 1945 hatte man Flüchtlinge aber auch in das besetzte Dänemark transportiert, wo sie nach der deutschen Kapitulation in Internierungslagern untergebracht wurden.

Mit der Teilkapitulation deutscher Truppen in Skandinavien und auf dem gesamten nördlichen Kriegsschauplatz am 5. Mai 1945 rückte das Kriegsende näher. Das VIII. Korps der 2. britischen Armee hatte am 29./30. April den Elbübergang bei Lauenburg erzwungen und am 2. Mai Lübeck erreicht.

Das XII. britische Korps (GenLt Richie) rückte am 3. 5. 1945 in das zur Freien Stadt erklärte Hamburg ein, und britische Truppen besetzten am 4. Mai Kiel. Nach mehreren Teilkapitulationen deutscher Streitkräfte wurde am 7. Mai 1945 die Gesamtkapitulation der deutschen Streitkräfte im Hauptquartier General Eisenhowers in Reims unterzeichnet, die am 9. 5. nochmals in Berlin-Karlshorst im sowjetischen Hauptquartier wiederholt wurde. Dönitz verkündete am 8. Mai 1945 über den Sender Flensburg die Kapitulation des Dritten Reichs. Unabhängig davon ließen die Siegermächte die „Reichsregierung“ im Amt, und die von den Briten eingeräumte Enklave Mürwik blieb erhalten. Für den 23. Mai waren Dönitz, Generaladmiral v. Friedeburg und Generaloberst Jodl aufgefordert worden, vor der Kontrollkommission zu erscheinen, wo sie verhaftet wurden. In Schleswig-Holstein übernahmen die Briten das Kommando, und in die Kasernen hielten britische Soldaten Einzug.

MILITÄRREGIERUNG
DEUTSCHLAND

Gebietsverbot

1. Eintritt in dieses Gebiet ist untersagt. Das Überschreiten dieses Punktes ist allen Personen, mit Ausnahme von Angehörigen der Alliierten Streitkräfte, strengstens verboten.

2. Wer dieses Gebiet unerlaubt betritt, kann verhaftet und militärgerichtlich verfolgt werden. Es kann auf überschreitende Personen ohne Anruf geschossen werden.

IM AUFTRAGE DER MILITÄRREGIERUNG

Abb. 90: Hinweisschild an den Zugängen zu den Gefangenensammelzonen

Britische Besatzung

Bis zum 7. Mai 1945 hatten die Briten das Gebiet südlich des Nord-Ostsee-Kanals und mit Inkrafttreten der Gesamtkapitulation auch den nördlichen Landesteil besetzt. Die Enklave Mürwik hingegen blieb noch bis zum 23. Mai 1945 bestehen.

Eine der ersten Maßnahmen, die die Briten zunächst noch in Zusammenarbeit mit der „Geschäftsführenden Reichsregierung“ in Angriff nahmen, war die Demobilisierung der Deutschen Wehrmacht. In Schleswig-Holstein wurden dazu zwei Gefangenenareale, das „Sperrgebiet F“ in Ostholstein und das „Sperrgebiet G“ in Dithmarschen/Eiderstedt, eingerichtet. In diese Gebiete wurden seit dem 15. Mai die in Nordwestdeutschland gefangen genommenen und entwaffneten Soldaten zusammengefasst. Allein im Sperrgebiet F sollen rund eine Million Wehrmachtsangehörige zusammengetrieben worden sein. Die Briten überließen die Verantwortung für diese Gebiete deutschen Kommandostellen, die für eine geordnete Entlassung der Soldaten sorgen sollten. Sie selbst beschränkten sich auf gelegentliche Kontrollen. Als im September 1945 das „Sperrgebiet G“ aufgelöst wurde, kamen die restlichen Internierten dieses Gebiets in die „Zone F“, bevor auch diese im März 1946 aufgelöst wurde (vgl.: Prühs, Geschichte der Stadt Eutin, S. 334 f., Eutin 1994).

Die militärischen Anlagen und Einrichtungen im Lande wurden durch die Engländer übernommen. In die Kasernen zogen englische Soldaten ein, später zum Teil auch dänische und norwegische Truppen. Soweit Kasernen nicht als Truppenunterkünfte genutzt wurden, dienten sie vielfach als Notunterkünfte für Flüchtlinge.

Die Engländer reduzierten aber schon bald aus wirtschaftlichen Gründen ihre Truppenpräsenz und ließen nur noch Kampftruppen in Schleswig-Holstein. Gut zehn Jahre blieben sie im Lande, bevor sie ab Mitte der 1950er Jahre die Kasernen an die Deutschen zurückgaben.

Entstehung und Aufstellung der Bundeswehr

Unter dem Eindruck der Berliner Blockade vom 24. 6. 1948 bis 12.5. 1949 und des Überfalls auf Korea im Juni 1950 wies Adenauer die Westalliierten in einer Denkschrift auf die Gefährdung der Bundesrepublik Deutschland hin. Am 26. Oktober 1950 wurde Theodor Blanck zum *„Beauftragten der Bundesrepublik für alle Fragen, die mit der Vermehrung der alliierten Besatzungstruppen zusammenhingen"* ernannt (Amt Blanck). Der von Adenauer stark favorisierte Plan zum Aufbau einer Europäischen Verteidigungsgemeinschaft (EVG) unter Beteiligung der Bundesrepublik scheiterte 1954 am Widerstand der französischen Nationalversammlung. Bereits im Oktober 1954 forderten die Westmächte die Bundesrepublik und Italien auf, dem 1948 gegründeten Brüssler Vertrag beizutreten. Als 15. Staat trat die Bundesrepublik am 5. Mai 1955 der NATO bei. Im gleichen Monat wurde die Dienststelle Blanck in das Bundesministerium für Verteidigung umgebildet, und im Juli verabschiedete der Deutsche Bundestag das Freiwilligengesetz. Mit der Ernennung der ersten 101 Soldaten am 12. November 1955, dem 200. Geburtstag Scharnhorsts, und dem Einrücken der ersten 1.000 Freiwilligen in die Kaserne von Andernach nahm die Bundeswehr am 2. Januar 1956 ihren eigentlichen Anfang.

Die ursprüngliche Planung, etwa gleichzeitig zwölf Divisionskader zu bilden, wurde nach der sowjetischen Niederschlagung des 1956er Volksaufstandes in Ungarn auf Drängen der NATO fallen gelassen. Von der Bundesregierung wurde daraufhin am 7. November zunächst die vollständige Aufstellung von zunächst sieben Divisionen angeordnet.

Die 6. Panzergrenadierdivison in Hamburg und Schleswig-Holstein

Abb. 91: Ärmelabzeichen 6. PzGrenDiv

Der „Aufstellungsstab Nord" hatte am 1. Juli 1956 die Aufstellung der 1. Grenadierdivision – der späteren 1. Panzerdivision – in Hannover und ab 2. Juli die der 3. Panzerdivision in Hamburg – später in Buxtehude – befohlen. Beide Divisionen wurden am 15. September 1956 dem I. Korps unterstellt. Nach dem

Gliederung im Mai 1958		
Kampfgruppe A6, Flensburg (später PzGrenBrig 16)	**Kampfgruppe B6, Neumünster** (später PzGrenBrig 16)	**Divisionstruppen**
Grenadierbataillon 16 Grenadierbataillon 26 III./Feldartillerieregiment 6 (später FArtRgt 61) 3. Sanitätsbataillon 6	Grenadierbataillon 31 Grenadierbataillon 46 (später PzGrenBtl 182) Panzerbataillon 13 (später PzBtl 183) Panzerjägerbataillon 3 (später PzBtl 194)	Pionierbataillon 6 mit Schwimmbrückenkompanie 733 Fernmeldebataillon 6 Flugabwehrartilleriebataillon 6 (später FlaBtl 6) leichte Feldzeuginstand- setzungs-Kompanie 6 Chirurgisches Lazarett 6 Musikkorps I B (später HMK 6)
(PzGrenBtl 3 und FeldzeugBtl 511 unterstanden der 3. Div.) (Quelle: I. Korps, 25 Jahre I. Korps, S. 146, Osnabrück 1982)		

Abb. 92: Gliederung der 6. Panzergrenadierdivision 1958 bei einem Personalbestand von ca. 4.000 Soldaten

System der Zellteilung wurde ab dem 1. Februar 1958 zunächst in Hamburg beim Stab der 3. Panzerdivision mit der Aufstellung der 6. Grenadierdivision begonnen, und am 1. April wurde der Divisionsstab nach Neumünster verlegt, zunächst in die Sick-, später in die Hindenburg-Kaserne, wo der Stab der ab 1. März 1959 in 6. Panzergrenadierdivision umbenannten Division bis zu ihrer Außerdienststellung im März 1994 verblieb. In der ersten Gliederung, noch auf der Basis so genannter Kampfgruppen, verblieb die Division nur kurze Zeit. Nach Abschluss einer Lehr- und Versuchsübung im Jahr 1958 kam man schnell zu der Überzeugung, dass eine Brigadegliederung als Kompromiss zwischen Kampfgruppe und Regiment die optimalere Führungsstruktur sei. Kleinere, schnell bewegliche Verbände, die sich aus verschiedenen Waffengattungen zusammensetzten, sollten zu selbständiger Gefechtsführung und Versorgung über mehrere Tage fähig sein. Ein Jahr später begann die erste Umgliederung, von der die Bundeswehr in den kommenden Jahrzehnten noch etliche erleben sollte. Im Sommer 1959 gab es neben den Divisionstruppen drei Brigaden (16, 17, 18) und das Artillerieregiment 6. Eineinhalb Jahre später, am 31. 12. 1960, wurde die Division offiziell der NATO unterstellt, und 1964 wuchs der Personalumfang dieses Großverbandes erstmals auf über 20.000 Mann an.

Hauptwaffensysteme waren bis in die 1960er Jahre in den Panzerverbänden die amerikanischen Kampfpanzer M 47, die ab 1966 auf M 48 umgerüstet wurden. Die Panzergrenadierbataillone wurde zunächst mit dem umstrittenen Schützenpanzer HS 30 ausgerüstet. Anfang der 1980er Jahre begann dann die die Umrüstung auf neue Gefechtsfahrzeuge. Die Panzerverbände erhielten den Kampfpanzer Leopard und die Panzergrenadiere stiegen auf Marder um. Auch die Artillerie wurde im Laufe der Jahre modernisiert. Angefangen hatte es bei der Feldartillerie mit der amerikanischen Feldhaubitze M 44 vom Kaliber 155 mm, für die ab ca. 1967 die Feldhaubitzen M 109 G und ab 1987 die M 109 A3 eingeführt wurden. Ein weiterer technologischer Sprung fand bei der Flugabwehr statt, die bis 1977 mit dem Korea-Veteranen M 42 ausgerüstet war, bevor das Flugabwehrsystem Gepard eingeführt wurde.

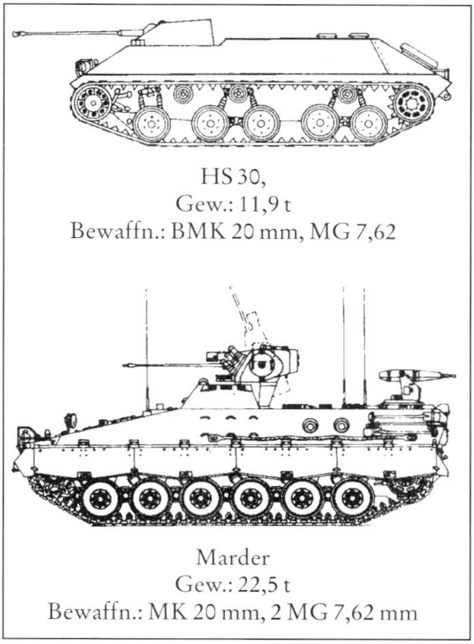

Abb. 93: Panzerfahrzeuge der Panzergrenadiere

Die 6. Panzergrenadierdivision hatte im deutschen Heer von jeher eine Sonderstellung eingenommen. Mit einem Personalumfang von bis zu rund 24.000 Soldaten im Frieden und etwa 35.000 Mann im Verteidigungsfall sowie mit rund 8.000 Rad- und 1.500 Kettenfahrzeugen war die „Sechste“ die stärkste Heeresdivision. Als einzige Bundeswehrdivision war sie dem NATO-Kommandobereich Nord (AFNORTH) zugeordnet. Im Frieden unterstand die Division dem deutschen I. Korps und im Verteidigungsfall dem multinationalen

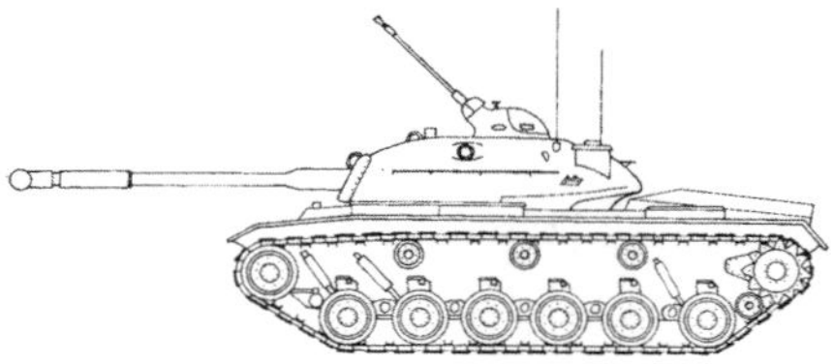

M 48 A2
Gew.: 45 t
Bewaffn.: BK 90 mm, 2 MG 7,62

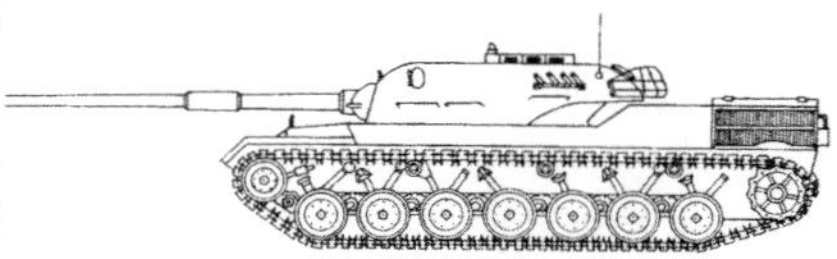

Leopard
Gew.: 36,9 t
Bewaffn.: BK 105 mm, 2 MG 7,62

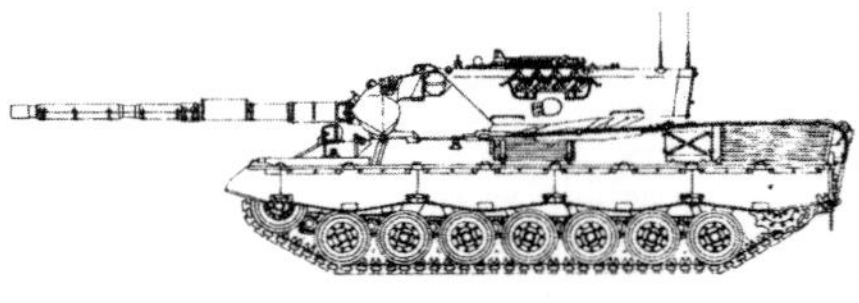

Leopard 1A4
Gew.: 42,4 t
Bewaffn.: BK 105 mm, 2 MG 7,62

Abb. 94: Kampfpanzer

Korps LANDJUT in Rendsburg, logistisch dem Territorialkommando Schleswig-Holstein.

Ab 1967 wurde der Auftrag des Heeres um die Aufgaben der „Territorialen Verteidigung“ ergänzt. Vor dem Hintergrund der aus Sicht der NATO gewachsenen Bedrohung durch die Streitkräfte des Warschauer Vertrages wollte man auch für die Bundeswehr zu einer Steigerung von Präsenz, Kampfkraft und Führungsfähigkeit kommen. In der Struktur 4 sollte daher Feld- und Territorialheer umgegliedert werden. Auch Schleswig-Holstein war von dieser tief greifenden Strukturveränderung betroffen.

Das Heer wurde in Feldheer und Territorialheer aufgegliedert, und in Schleswig-Holstein wurde das Heimatschutzkommando 13 mit Stab in Eutin im Wesentlichen aus Verbänden der 6. PzGrenDiv aufgestellt und dem Territorialkommando Schleswig-Holstein unterstellt. Ab 1970 erfolgte dann bereits wieder eine Rückunterstellung des jetzt in die Heimatschutzbrigade 51 umgegliederten Kommandos als 4. Brigade der Division.

Die größten Veränderungen, bis hin zur Auflösung der 6. Panzergrenadierdivision, erfolgten dann im Zuge der Wiedervereinigung Deutschlands.

Schleswig-Holstein in der Zeit des „Kalten Krieges“

1917 besaß Russland einen Küstenstreifen von rund 50 km im Bereich der Ostsee. Am Ende des Zweiten Weltkriegs hatte sich der Einflussbereich Russlands auf 2.000 km Ostseeküste ausgeweitet; der „Eiserne Vorhang“ begann bei Lübeck. Schleswig-Holstein hatte damit, zusammen mit den dänischen Inseln, nach Ende des Zweiten Weltkrieges eine bedeutendere strategische Lage bekommen. Das Land

- bildete die Flanke zu den Ostsee-Zugängen
- war Landbrücke zwischen Nord- und Ostsee
- und stellte das Bindeglied zwischen Zentral- und Nordeuropa dar.

Der NATO-Kommandobereich wurde dann auch entsprechend geschnitten.

Unter dem Befehlshaber für Gesamteuropa (SACEUR) wurde für Nordeuropa der Kommandobereich Nordeuropa (AFNORTH) gebildet, der sich von der Elbe bis zum Nordkap erstreckte und dem drei Kommandobereiche, Nordnorwegen, Südnorwegen und der Kommandobereich der Alliierten Streitkräfte Ostseezugänge (BALTAP), nachgeordnet waren. Im letzteren Kommandobereich waren die dänischen Streitkräfte und die in Schleswig-Holstein stationierten Landstreitkräfte der Bundeswehr integriert.

Den Streitkräften der NATO standen im Bereich BALTAP insbesondere die amphibischen Landungskräfte des Warschauer Paktes gegenüber, von denen anzunehmen war, dass sie in einer Welle über 5.000 Mann mit schwerem Gerät hätten anlanden können. Darüber hinaus hatte die Sowjetunion Anfang der 1970er Jahre in der Ostsee, dem kleinsten Seegebiet, in dem sie eine Flotte unterhielt, allein rund ein Viertel des Gesamtbestandes ihrer Seestreitkräfte stationiert (vgl.: Höpker, Weltmacht zur See, S. 28, Stuttgart o. J.). Insgesamt war die sowjetische Flotte im Laufe der Jahre ständig modernisiert worden, sodass die Sowjetunion erstmals in ihrer Geschichte zu einer unbestrittenen Seemacht geworden war. Auch die Luftstreitkräfte des Warschauer Paktes verfügten in diesem Bereich über etwa 700 Kampfflugzeuge, die denen des Westens aus technischer und operativer Sicht in keiner Weise nachstanden. Schließlich waren auf diesem potenziellen Kriegsschauplatz etwa 14 Divisionen im nördlichen Polen und in der ehemaligen DDR, darunter eine Luftlandedivision, stationiert. Im baltischen Militärbezirk standen weitere sieben Divisionen, von denen die Hälfte Panzerdivisionen waren, wobei diese sowjetischen Divisionen bereits im Frieden auf

Kriegsstärke hochgefahren waren. Zusätzlich standen in diesem Bereich ca. 11.000 Soldaten der amphibischen Kräfte, die zum Teil mit Luftkissenfahrzeugen beweglich gemacht wurden. Insgesamt verfügte der Warschauer Pakt im Ostseebereich über ein Kräftepotenzial, das den Bedarf weit überstieg. Um der potenziellen Bedrohung zu begegnen, unterstanden dem Befehlshaber der Alliierten Landstreitkräfte in Schleswig-Holstein, Jütland und Fünen (COMLANDJUT), dessen Kommandostab in Rendsburg lag, im Kriegsfall die deutschen und dänischen Heeresverbände sowie eventuelle Verstärkungskräfte. Diese Kräfte sollten die Inbesitznahme Schleswig-Holsteins und Jütlands durch Landstreitkräfte des Warschauer Paktes sowohl über die Landbrücke zwischen Ostsee und Elbe als auch von See her und aus der Luft verhindern.

Hauptträger der Verteidigung in diesem Abschnitt wäre die deutsche 6. Panzergrenadierdivision gewesen, die als einziger Großverband ohne größere Vorbereitungen einsatzbereit gewesen wäre.

Die ebenfalls für die grenznahe Vorneverteidigung vorgesehene dänische Jütland-Division hätte erst nach entsprechender Zustimmung des dänischen Parlaments mit wesentlichen Teilen im eigenen Land mobil gemacht werden müssen, um dann im Landmarsch über weite Entfernungen in ihren Einsatzraum im südlichen Schleswig-Holstein verlegt zu werden. Zusätzlich waren britische und amerikanische Verstärkungskräfte für diesen Raum vorgesehen, die aber auch erst hätten zugeführt werden müssen.

Die 6. Panzergrenadierdivision hätte sich also darauf einstellen müssen, die grenznahe Verteidigung Schleswig-Holsteins in dem dafür güns-

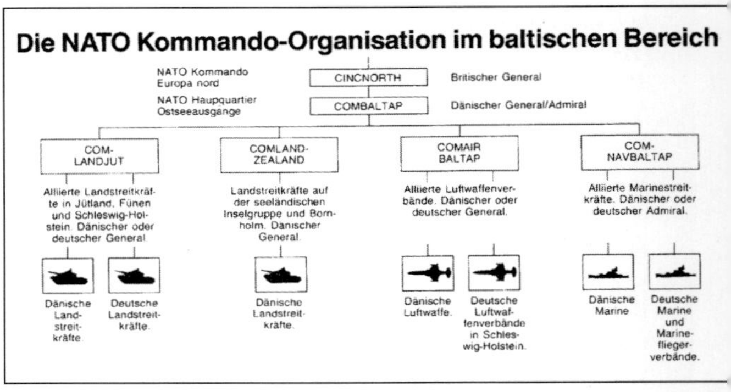

Abb. 95

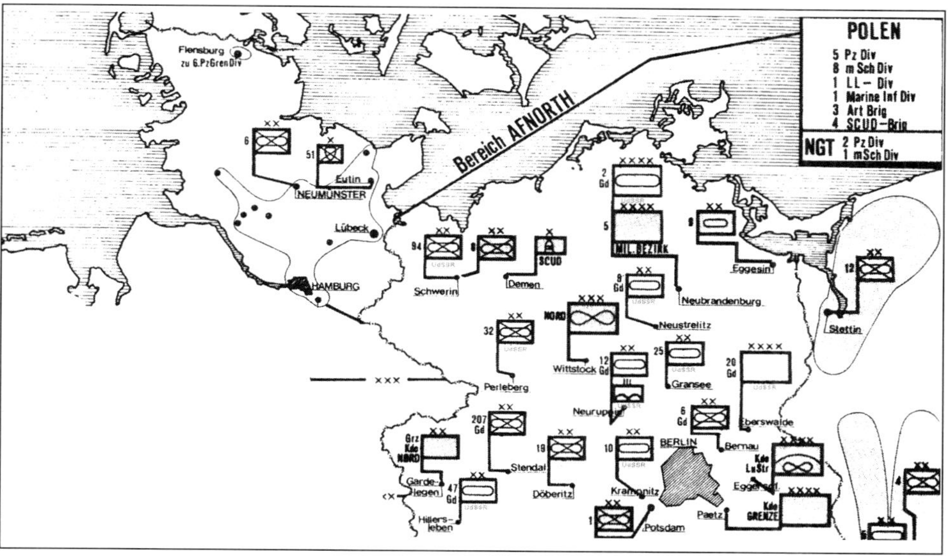

Abb. 96: Vergleich zwischen den Landstreitkräften in Schleswig-Holstein und den Kräften der NVA und Sowjetarmee im nördlichen Bereich der ehemaligen DDR (Quelle: ÖMZ 1/1985)

tigen Gelände zwischen Lübeck und Lauenburg bei einem Angriff nach kurzer Warnzeit zunächst alleine aufzunehmen und dabei die Voraussetzungen für das Vorführen der dänischen Jütland-Division und die Eingliederung der verbündeten Streitkräfte zu schaffen (vgl.: 6. PzGrenDiv, CdS, vom 1. 7. 1987).

Im Zusammenwirken mit den anderen NATO-Streitkräften hatte die Division den Auftrag, den Stoß der Warschauer-Pakt-Streitkräfte in Richtung Hamburg, Nord-Ostsee-Kanal und weiter zur Nordsee zu verhindern.

Wie dieser Angriff aus Sicht des Warschauer Paktes hätte aussehen können, verdeutlicht die Grundlage einer Stabsrahmenübung des Warschauer Paktes aus dem Jahre 1983, bei der u. a. ein massiver Angriff auf Schleswig-Holstein und Jütland geplant war.

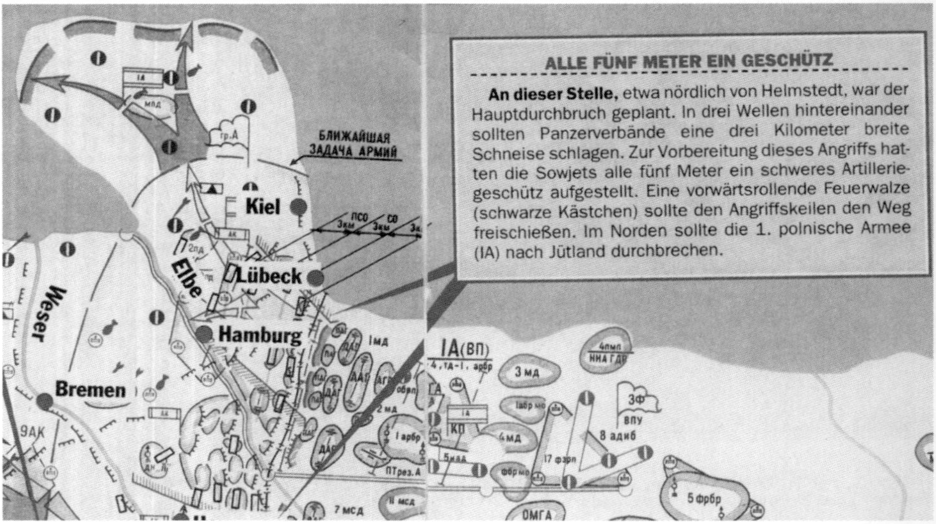

Abb. 97: Ausschnitt aus der Unterlage zu einer Stabsrahmenübung des Warschauer Paktes, 1983. Im Rahmen der ersten Staffel der 3. Front (Heeresgruppe) gehen im Norden motorisierte Schützen- und Panzerkräfte, unterstützt von Artillerie, gegen Schleswig-Holstein und Jütland vor, während an der Ostseeküste starke Anlandungen vorgesehen sind.

Schleswig-Holstein nach 1990

Der Zusammenbruch des Ostblocks und der damit verbundene Wegfall des Ost-West-Konflikts sowie die Integration der Nationalen Volksarmee in die Bundeswehr und die schon in Zusammenhang mit den „2+4-Gesprächen" festgelegte Bundeswehrhöchststärke von 370.000 Mann, die bis 1994 zu erreichen war, forderte ein vollständiges Umdenken. Das Heer musste um 85.000 Soldaten auf 255.000 Man reduziert werden. Das konnte auch an der 6. Panzergrenadierdivision nicht spurlos vorübergehen. An Auflösung von Brigaden oder gar der ganzen Division dachte zu diesem Zeitpunkt aber wohl noch niemand. Im Gegenteil, man dachte z. B. über die Bildung eines „Generalkommandos Schleswig-Holstein" oder „Generalkommandos Küste" durch Zusammenfügen von Territorialkommando Schleswig-Holstein und 6. Panzergrenadierdivision nach.

Gekommen ist es anders.

Erste gravierende Einschnitte in der Struktur der Division wurden im Frühjahr 1991 für die breite Öffentlichkeit erkennbar, als die Medien die „Streichlisten“ veröffentlichten.

„Bundesverteidigungsminister Gerhard Stoltenberg hat nach langer Geheimhaltung gestern Abend die Katze aus dem Sack gelassen: 22 von 80 Bundeswehrstandorten in Schleswig-Holstein sollen bis 1999 geschlossen werden“, so in der Norddeutschen Rundschau vom 24. 5. 1991. Landauf, landab meldeten sich Bürgermeister zu Wort, auch in solchen Kommunen, in denen man der Bundeswehr bislang reserviert gegenübergetreten war. Weniger die Zuneigung zu ihren Soldaten trieb die Kommunalpolitiker zu Solidaritätsbekundungen als vielmehr der drohende Wegbruch des „Wirtschaftsfaktors Bundeswehr“.

Die traditionsreiche „Sechste“ begann zu schmelzen, und ihr endgültiges Aus als eigenständige Division kam am 24. März 1994 mit der Außerdienststellung der Division und der gleichzeitigen Indienststellung des neu gebildeten Kommandos „Wehrbereichskommando I/ 6. Panzergrenadierdivision“ in Kiel, dessen erster Befehlshaber/Kommandeur der bisherige Kommandeur der 6. Panzergrenadierdivision Generalmajor v. Falkenhayn wurde.

Unter Berücksichtigung von militärischen, organisatorischen und Stationierungsgesichtspunkten fiel die Entscheidung, das Wehrbereichskommando VIII in Neubrandenburg und das Kommando der 6. Panzergrenadierdivision in Kiel aufzulösen. Gleichzeitig wurden die Wehrbereiche neu geordnet, sodass das Heer in der neuen Struktur noch über sechs fusionierte Wehrbereichskommandos/Divisionen, ein eigenständiges Wehrbereichskommando (WBK I) mit Sitz in Kiel und eine eigenständige Division (14. PzGrenDiv) mit Sitz in Neubrandenburg verfügt. In dieser neuen Struktur hat von den Verbänden der ehemaligen 6. Panzergrenadierdivision letztlich nur die Panzerbrigade 18 in Neumünster, Boostedt und Bad Segeberg „überlebt“.

Ein weiterer Meilenstein in der Zeit nach dem Ende des „Kalten Krieges“ wurde dann am 5. September 1998 gesetzt, als die Verteidigungsminister Deutschlands, Dänemarks und Polens den Vertrag über die Bildung des „Multinationalen Korps Nordost“ unterschrieben, der nach dem Beitritt Polens zur NATO im März 1999 umgesetzt wurde. Am 18. September 1999 wurde das multinationale Korps der drei Ostseeanrainer in Stettin in Dienst gestellt. Gleichzeitig wurde das NATO-Hauptquartier LANDJUT in Rendsburg aufgelöst.

Damit wurde endgültig Abschied genommen von Strukturen, die über fünf Jahrzehnte gewachsen waren.

Die Zeit der großen Heere in Schleswig-Holstein ist Vergangenheit. Die meisten Standorte sind geräumt. Kasernen sind umgewandelt zu Einkaufszentren, Wohnungen oder Technologieparks, Standortübungsplätze sind Biotope, in denen sich manches erhalten hat, was anderswo längst verschwunden ist.

Der „*Flugzeugträger der NATO*", wie man Schleswig-Holstein in der Vergangenheit manchmal respektvoll titulierte, wird abgewrackt. Noch um 1980 war die Bundeswehr im nördlichsten Bundesland mit über 64.800 Soldaten überproportional vertreten. Heute schlägt hier der Truppenabbau dementsprechend auch härter zu Buche.

Der Auftrag der Bundeswehr hat sich gewandelt. Die unmittelbare Bedrohung vergangener Jahrzehnte ist neuen, nicht immer greifbaren

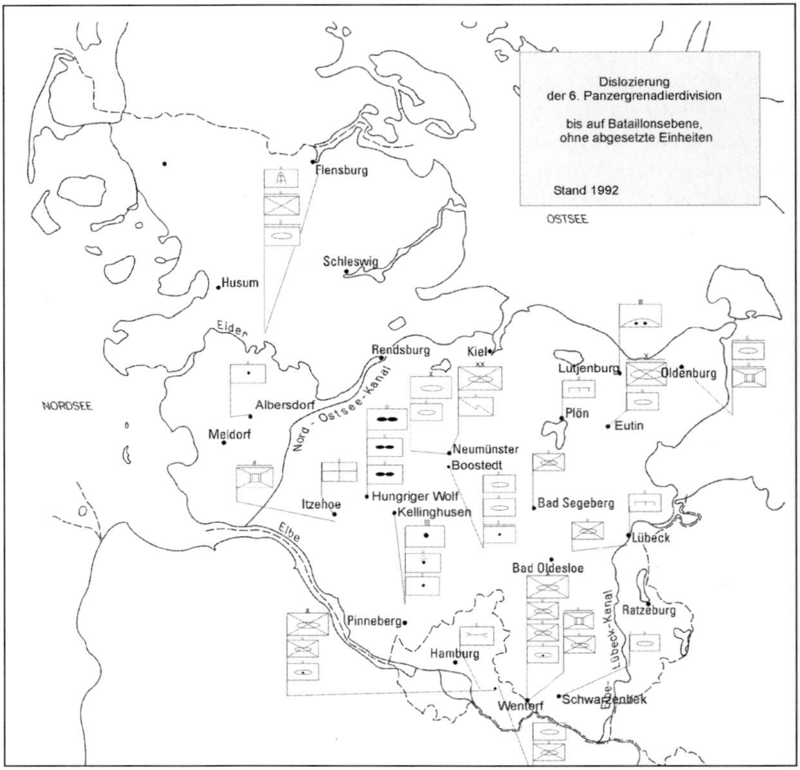

Abb. 98: Im Zuge der Neustrukturierung des Heeres wurde schon wenig später die Auflösung eines Wehrbereichs- und eines Divisionskommandos erforderlich.

Bedrohungen gewichen. Streitkräfte müssen heute anders aussehen als noch vor einem guten Jahrzehnt. Für Schleswig-Holstein bedeutet das, dass von den heute noch vorhandenen Truppenteilen von Heer, Luftwaffe und Marine in den kommenden Jahren noch so mancher Verband den geänderten militärischen Rahmenbedingungen oder auch ganz einfach buchhalterisch dem Rotstift zum Opfer fallen dürfte. Von den Heerestruppenteilen musste als vorerst letzter Verband das Heeresfliegerregiment 6 nach 44 Jahren seinen Standort „Hungriger Wolf" bei Itzehoe im Mai 2003 aufgeben. Für den Norden Schleswig-Holsteins stehen die nächsten Einschnitte dieses Mal insbesondere bei der Marine bervor, wenn ab 2005 das Marinefliegergeschwader in Tarp/Eggebek aufgelöst wird. Für die betroffenen, strukturschwachen Regionen dürfte das schwer wiegende Folgen mit sich bringen. Der „Wirtschaftsfaktor Bundeswehr" kann aber für die Verteidigungsplanung, wenn überhaupt, nur eine untergeordnete Rolle spielen. Tatsache ist: *„Die herkömmliche Landesverteidigung gegen einen konventionellen Angriff als allein strukturbestimmende Aufgabe der Bundeswehr entspricht nicht mehr den aktuellen sicherheitspolitischen Erfordernissen. Die für diesen Zweck bereitgehaltenen Fähigkeiten werden nicht länger benötigt"*, so die nüchterne Feststellung in den „Verteidigungspolitischen Richtlinien" des Bundesministeriums der Verteidigung vom 21. Mai 2003.

Für Schleswig-Holstein hat das zur Folge, das sich das zu Zeiten des Kalten Krieges am dichtesten mit Bundeswehrstandorten belegte Land hin zu einer von militärischer Infrastruktur weitgehend freien Region entwickelt.

Ortsregister

Literatur/Quellen

Bücher

- Andersen, H., Das Danewerk, Neumünster 1996
- 6. PzGrenDiv, 20 Jahre 6. Panzergrenadierdivision, Neumünster 1978
- Archäologisches Landesmuseum, Hg., Wikinger Museum Haithabu, Neumünster o. J.
- Baudissin, A., Schleswig-Holstein, Meerumschlungen, Reprint, Kiel 1987
- Bismarck, O. von, Gedanken und Erinnerungen, München o. J.
- BMVg, FüS 13, Hg., Scharnhorst, Bonn 1985
- BMVG, Weißbuch 1969 zur Verteidigungspolitik der Bundesregierung, Bonn 1969
- Bohn, R., Dänische Geschichte, München 2001
- Bracher, U., Geschichte Skandinaviens, Stuttgart 1968
- Brandt, O., Geschichte Schleswig-Holsteins, Kiel 1957
- Brockhaus Konversationslexikon, Bd. 4, Deutsches Heerwesen, Leipzig 1908
- Bundesminister für Vertriebene, Flüchtlinge und Kriegsgeschädigte, Hg., Der Luftkrieg über Deutschland 1939–1945, München 1964
- Bundesrepublik Deutschland, Jährlicher Informationsaustausch über Verteidigungsplanung 1996 und 1997
- Degn, Chr., Schleswig-Holstein, Eine Landesgeschichte, Neumünster 1994
- Deutsche Stiftung Denkmalschutz, Hg., Die Hanse, Macht des Handels, Bonn 2002
- Dieckmann, M., Das Gelände im südlichen Teil Schleswig-Holsteins, FüAKBw 1981
- Eckert, H. A./Monten, D., Das Deutsche Bundesheer, Band IV, Dortmund 1981
- Espersen, M., u. a., Dänemarks Landesverteidigung, Kopenhagen 1986
- Espersen, M., The Baltic-Balance and Security, Kopenhagen 1982
- Fiedler, S., Taktik und Strategie der Einigungskriege, Augsburg 1991
- Fiedler, S., Taktik und Strategie der Kabinettskriege, Augsburg 1986
- Fiedler, S., Taktik und Strategie der Landsknechte, Augsburg 1985
- Fiedler, S., Taktik und Strategie der Millionenheere, Augsburg 1993
- Fiedler, S., Taktik und Strategie der Revolutionskriege, Augsburg 1988
- Fontane, Th., Der Schleswig-Holsteinische Krieg im Jahre 1864, Düsseldorf/Köln 1981
- Habich, J. u. a., Stadtkernatlas Schleswig-Holstein, Neumünster 1976
- Heine, A., Hg., Helmold, Chronik der Slaven, Kevelar 1990
- Hellesen, J. / Tuxen, O., Historisk Atlas Danmark, Kopenhagen 1988
- Herre, F., Moltke, Stuttgart 1984
- Hillgruber / Hümmelchen, Chronik des Zweiten Weltkrieges, Frankfurt/M. 1966
- Historischer Atlas Schleswig-Holstein1867–1945, Neumünster 2001
- Hoff, E., Schleswig-Holsteinische Heimatgeschichte, 2 Bde., Kiel/Leipzig 1911
- I. Korps, HG., 25 Jahre I. Korps 1956–1981, Osnabrück, 1982
- IPTS, Hg., Quellen zur Geschichte Schleswig-Holsteins, Teil III, Kiel 1986
- Jankuhn, H., Die Wehranlagen der Wikingerzeit zwischen Schlei und Treene, Neumünster 1937
- Jessen / -Klingenberg / March, Kleiner Atlas zur Geschichte Schleswig-Holsteins, Braunschweig 1986
- Keiling, Das deutsche Heer 1939–45, Bad Nauheim, o. J.
- Kinder, H. / Hilgemann, W., dtv-Atlas zur Weltgeschichte, Bd. 2, München 1995
- Kleen, J., u. a., Heimatbuch des Kreises Rendsburg, Rendsburg 1922
- Knüppel, G., Das Heerwesen des Fürstentums Schleswig-Holstein-Gottorf 1600–1715, Neumünster 1972
- Köbler, G., Historisches Lexikon der deutschen Länder, München 1992
- Kock / Willers, Heimatbuch des Kreises Eckernförde, Eckernförde 1928
- Korpskommando I. Korps, Hg., 25 Jahre I. Korps 1956–1981, Osnabrück 1982
- Lammers, W., Die Schlacht bei Hemmingstedt, Neumünster 1953

- Landesvermessungsamt, Hg., Topographischer Atlas Schleswig-Holstein, Neumünster 1963
- Lange, U., u. a., Historischer Atlas Schleswig-Holstein seit 1945, Neumünster 1999
- Lange, U., Hg., Geschichte Schleswig-Holsteins, Neumünster 1996
- Lohmeier, D., Hg., Friedrich Brandt – Ein Pionier der Photographie in Schleswig-Holstein, Heide 1989
- Lorenzen-Schmidt, K.-J., u. a., Schleswig-Holstein-Lexikon, Neumünster 2000
- Ludwig, K.-J. / Schmidtchen, V., Propyläen Technik Geschichte, Bd. 2, Berlin 1997
- Mertens, Das Gelände im nördlichen Schleswig-Holstein, Hamburg 1981
- Militärgeschichtliches Forschungsamt, Hg., Verteidigung im Bündnis – Planung, Aufbau und Bewährung der Bundeswehr 1950–1972, München 1975
- Militärgeschichtliches Forschungsamt, Hg., Handbuch zur deutschen Militärgeschichte, Band IV, Teil 8, München 1979
- Militärgeschichtliches Forschungsamt, Hg., Handbuch zur deutschen Militärgeschichte, Band II,Teil 4, 1908, München 1979
- Momsen u. a., Historischer Atlas Schleswig-Holstein 1867–1945, Neumünster 2001
- Montgomery of Alamain, Kriegsgeschichte, Weltgeschichte der Schlachten und Kriegszüge, Frankfurt/Main 1972
- Müller, H. M., Schlaglichter der deutschen Geschichte, Bonn 1996
- Neugebauer, K. V., Hg., Grundzüge der deutschen Militärgeschichte, Freiburg 1993
- Obermann, E., Hg., Verteidigung, Stuttgart 1970
- Opitz, E., Österreich und Brandenburg im Schwedisch-Polnischen Krieg 1655–1660, Militärgeschichtl. Studien, H.10, Boppard 1969
- Opitz, E., Schleswig-Holstein, Hamburg 1988
- Ortenburg, G., Waffen der Einigungskriege, Augsburg 1990
- Ortenburg, G., Waffen der Landsknechte, Augsburg 1984
- Ortenburg, G., Waffen der Millionenheere, Augsburg1992
- Ortenburg, G., Waffen der Revolutionskriege, Augsburg 1988
- Ortenburg, G., Waffen der Kabinettskriege, Augsburg 1986
- Panzerbrigade 18, Hg., 850 Jahre Neumünster, Tag der Bundeswehr, Neumünster 1977
- Panzerbrigade 18, Hg., Panzerbrigade 18, Holstein, Geschichte der Brigade 1959–1992, Neumünster 1992
- Paulsen, J., Heimatkunde der Provinz Schleswig-Holstein, Leipzig 1935
- Piening, A., Chronik von Bornhöved, Bad Segeberg 1953
- Ploetz, K., Auszug aus der Geschichte, Leipzig 1910
- Prühs, E.-G., Das Ostholstein-Buch, Neumünster 1972
- Putzger, Historischer Schulatlas, Leipzig 1908
- PzGrenBrig 16, Hg., Panzergrenadierbrigade 16, Wentorf 1988
- Rode, F. C., Kriegsgeschichte Schleswig-Holsteins, Neumünster 1935
- Scharff, A., Schleswig-Holsteinische Geschichte, Würzburg 1982
- Schulze, H., Kleine deutsche Geschichte, München 1996
- Stiftung Oldenburger Wall, Hg., Museumshof Oldenburg, Oldenburg o. J.
- Stolz, G., Die schleswig-holsteinische Erhebung, Husum 1996
- TerrKdo S-H, Militärlandeskundliche Beschreibung, Kiel 1991
- Tessin, G., Deutsche Verbände und Truppen 1918–1939, Osnabrück 1974
- Thimen, Geschichte des Feldartillerie-Regiments General-Feldmarschall Graf Waldersee, Berlin 1908
- Tøjhusmuseet, Hg., Der Deutsch-Dänische Krieg 1864, Kopenhagen 1991
- Tøjhusmuseet, Hg., Treårskrigen 1848–51, Kopenhagen 1993
- Vaupel, O., Den Danske Hærs Historie til Nutiden og Den Norske Hærs Historie indtil 1814, Kopenhagen 1872
- Verein Dithmarscher Landeskunde e.V., Hg., Geschichte Dithmarschens, Heide 2000
- Witt, M., u. a., Schleswig-Holstein von den Ursprüngen zur Gegenwart, Hamburg 2002

Zeitschriften

- 6. Panzergrenadierdivision, in: Bund und Beruf, 1990, Heft 1/ 2 , S. 16–20
- Auls, Das I. Armeekorps der Bundeswehr, in: Militärwesen, DDR; 1988, Heft 2, S. 49–54
- Caspar, G.-A., 1945 Kriegsende in Deutschland, in: Inf. für die Truppe Heft 5/85, S. 58
- Dethlefsen, Die schleswig-holsteinische Marine, in: Die Heimat, 18. Jahrg. 1908, S. 61 ff.
- Ehlers, W., Der Russenwinter 1813/14, in: Die Heimat, 24. Jahrg. 1914, S. 108 ff.
- Fluchtpunkt Eutin, in: Lübecker Nachrichten vom 24. u. 30. 08. 1989
- Gloy, A., Aus dem Polackenkriege von 1658/59, in: Die Heimat, 19. Jahrg. 1909, S. 104–111
- Graf, F., Düppel, in: Die Heimat, 24. Jahrg. 1914, S. 90 ff.
- Hildebrand, K., In den Schützengräben von Düppel 1864, in: Die Heimat, 27. Jahrg. 1917, S. 186 ff.
- Hingst, H., Heerwege in Schleswig-Holstein, in: Schleswig-Holstein 1962, S. 11f.
- Hoff, H. E., Österreichische Waffentaten im schleswig-holsteinischen Befreiungskriege von 1864, in: Die Heimat, 26. Jahrg. 1916, S. 75ff., und Die Heimat 1916, S. 99 ff.
- Jansen, K., Die Schlacht bei Idstedt, in: Die Heimat, 2. Jahrg. 1892, S. 186 ff.
- Kinze, H., Der Zustand des dänischen Heeres im Jahre 1864, in: Die Heimat, 29. Jahrg. 1939, S. 65 ff.
- Kirchhoff, H., Die Kieler Bucht als Kriegsschauplatz der Vergangenheit, in: Zeitschrift für Schleswig-Holsteinische Geschichte, 39, 1909, s. 320 ff.
- Kock, Chr., Missunde, in: Die Heimat, 24. Jahrg. 1914, S. 36 ff.
- March, U., Die mittelalterliche Wehrorganisation im Amt Segeberg, in: Heimatkundliches Jahrbuch für den Kreis Segeberg, 1974
- Opitz, E., Stefan Czarniecki und die „polnische Furie" in Schleswig-Holstein und Jütland 1658–1659, Militärgeschichtliche Mitteilungen, Bd. 24, 1978, S. 77 ff.
- Philippsen, H., Schleswig in den ersten Februartagen 1864 und die Gefechte bei Oberselk und Oeversee, in: Die Heimat, 24. Jahrgang 1914, S. 58 ff.
- Ratjen, J., „Bomben in ungemeiner Quantité werden eingeworfen", in: Schleswig-Holstein, Heft 6/2002, S. 6 ff.
- Sager, W., Festungen in Schleswig-Holstein, in: Schleswig-Holstein 9/2002, S. 8 ff.
- Sager, W., Segeberg in den Kriegen vergangener Jahrhunderte, in: Schleswig-Holstein 7+8/2002, S. 11 ff.
- Schöppa, A., Der Große Kurfürst in Schleswig-Holstein, in: Die Heimat, 19. Jahrg. 1909, S. 173–181
- Stegemann, H., Stellvertretung im Wehrdienst vor 100 Jahren, in: Heimatkundliches Jahrbuch des Kreises Segeberg, Segeberg 1966 S. 77 f.
- Stolz, G., Schwierigkeiten beim Aufbau und Wesen der Schleswig-Holsteinischen Armee, in: Die Heimat, Jahrgang 1974, S. 130 ff. und S. 202 ff.
- Tamm, H., Vom Übergang nach Alsen, in: Die Heimat, 24. Jahrg. 1914, S. 181 ff.
- The Division between the Seas, in: Afnorth No 4/90, S 19–25

Internet

- www.megalink.net/~dschorr/DanInf.html#anchor96964
- www.uni-kiel.de/gza/5/Rendsburg
- www.geschichte.schleswig-holstein.de/vonabisz/festungen.htm

Abbildungsverzeichnis

Inhalt